Bernard Selling

Schreiben wie der Schnabel wächst
Kreatives Schreiben für kleine und große Kinder

Bernard Selling
mit Jim Strohecker

Schreiben wie der Schnabel wächst

Kreatives Schreiben für kleine und große Kinder

AURUM VERLAG · BRAUNSCHWEIG

Die amerikanische Originalausgabe erschien unter dem Titel
„In Your Own Voice. Using Life Stories To Develop Writing Skills"
im Verlag Hunter House, Alameda.

Ins Deutsche übersetzt von Thomas Mennicken und Miriam Schultze.

Umschlaggestaltung: Andrea Heissenberg unter Verwendung eines
Gemäldes von Marleen Brendemühl (8 Jahre alt)

Die Deutsche Bibliothek – CIP-Einheitsaufnahme

Selling, Bernard:
Schreiben wie der Schnabel wächst : kreatives Schreiben für
kleine und grosse Kinder / Bernard Selling. Mit Jim
Strohecker. [Ins Dt. übers. von Theams Mennicken
und Miriam Schultze]. –
Braunschweig : Aurum-Verl., 1996
Einheitssacht.: In your own voice .
ISBN 3-591-08384-4

1996
ISBN 3-591-08384-4
© 1994 Bernard Benjamin Selling
© der deutschen Ausgabe Aurum Verlag GmbH, Braunschweig
Gesamtherstellung: Westermann Druck Zwickau GmbH

Inhalt

Meinen Söhnen Will und Jeff gewidmet

....

*Ich wurde 38 und wollte Bilanz meines Lebens ziehen –
ergründen, was schiefging und was glückte.
Ich ging ganz zurück bis zur ersten Erinnerung.
Und als ich zur ersten Erinnerung meines Lebens kam,
begann alles zu fließen.*
Sting

Zum Geleit

Im Frühjahr 1981 verfaßte ich einen Artikel für die Literatur-zeitschrift MELUS (Multi-ethnische Literatur in den USA) unter dem Titel „Kulturelles Bewußtsein und seine Bedeutung in der Literatur".

Der Artikel beschreibt, wie die verschiedenen Einwanderer- und Durchwanderergruppen in Nordamerika jeweils eigene kollektive kulturelle Sprachen entwickelten, mit denen sie sich ihrer Anwesenheit auf dem Kontinent versichern. Von den frühesten und tiefsten Stimmen der Ureinwohner bis zu den neuesten Einwanderergruppen aus Asien, Lateinamerika und Osteuropa haben alle diese Gruppen eigene kulturell ge-färbte Stimmen hervorgebracht, und im Lauf der Zeit haben sich diese Stimmen gegenseitig beeinflußt und überlagert. Diese Prozesse setzen sich fort. Sie sind dynamisch, nicht sta-tisch.

Obwohl bis zur Mitte des zwanzigsten Jahrhunderts die Stimme der Weißen in der amerikanischen Literatur vorherr-schend war, darf man nicht vergessen, daß während dieser Zeit die Afroamerikaner, die indianische Urbevölkerung, die Asiaten und die Hispanoamerikaner ihre Kulturen für ein zukünftiges Wiedererstarken am Leben erhielten. Anfang des einundzwanzigsten Jahrhunderts werden sich Amerikas Stimmen stark von denen zu Beginn des zwanzigsten Jahr-hunderts unterscheiden – es wird sich eine sehr viel größere Unterschiedlichkeit und Multikulturalität entwickeln, was eine interessante Herausforderung für unser zukünftiges glo-bales Dorf der Vielfalt darstellen wird. Die Völker der Erde haben sich in Amerika versammelt und ihre Kulturen einan-der gegenübergestellt. Manchmal haben sie Brücken zwi-schen den Kulturen geschlagen, um neue Stimmen und neue Gemeinschaften hervorzubringen. Ein solcher „Brücken-schlag" kann nur dann stattfinden, wenn die brückenschla-genden Kulturen genügend Vertrauen in ihre eigenen kultu-rellen Identitäten setzen und gleichermaßen den Wert aller anderen Kulturen anerkennen, besonders derer, mit denen sie sich vermischen.

Zum ersten Mal traf ich Bernard Selling achtzehn Jahre bevor ich den Artikel über das kulturelle Bewußtsein schrieb. Wir waren Anfang zwanzig und lehrten beide Literaturwissenschaft an einer Universität. Seitdem sind wir recht verschiedene Wege gegangen, ich den einer eher konventionellen Karriere an der Uni, er als Musiker, Filmemacher und Schriftsteller. Als ich dann aber sein erstes Buch *Writing from Within* las, wurde mir klar, daß seine Beschäftigung mit individuellen Lebensgeschichten viel mit meinem Interesse für kulturelle Gruppen gemeinsam hat. Und als ich schließlich *Schreiben wie der Schnabel wächst* las, wurde mir noch klarer, daß sein Mikrokosmos die ideale Ergänzung zu meinem Makrokosmos bildet.

Kulturen und einzelne Menschen können sich nur entfalten, wenn sie sich als Teile eines Zusammenhangs begreifen, in dem Menschen über längere Zeiträume hinweg in biologischer und kultureller Hinsicht gemeinschaftlich die Gegenwart geschaffen haben. Sie müssen den Wert ihrer individuellen und kollektiven Vergangenheit anerkennen, um in einer zunehmend komplexer werdenden Welt bestehen zu können. Erfreulicherweise versucht dieses Buch den einzelnen genau darin zu unterstützen. Denn wenn jemand den Wert seines eigenen Lebens erkennt, erkennt er als Folge davon den Wert des Lebens von Menschen an, die ihm ähnlich sind. Und als weitere Folge erkennt er den Wert des Lebens von Menschen an, die sich von ihm unterscheiden. Vertrauen in die eigene Kultur sollte die erste Voraussetzung sein, um Achtung und Verständnis für andere zu entwickeln und in der reichen Vielfalt grundlegende Ähnlichkeiten zu entdecken.

Schreiben wie der Schnabel wächst gibt dem einzelnen Anregungen, seine eigene Stimme zu entdecken und das Selbstvertrauen zu entwickeln, um seine Gedanken und Gefühle auszudrücken, ohne dies ausschließlich als Selbstzweck zu begreifen. Selling sagt dazu: „Wer seine Erfahrungen mit Hilfe des Schreibens von Erlebnisberichten erkundet, ist in einer viel besseren Ausgangsposition für analytisches Arbeiten, als jemand, dem diese Erfahrung fehlt."

Jede Betrachtungsweise fördert Verständnis für und Reflektion über die Ereignisse der Welt sowie Toleranz und Objektivität gegenüber der kleinen Welt eigener Erfahrung und dem größeren Erfahrungsuniversum um sie herum, das man oft aus den Augen verliert, aber niemals vergißt. Seine eigene Stimme verstehen zu lernen, ist der erste Schritt auf dem Weg zum Verständnis von allem. Dies wußten auch die Dichter Emerson und Thoreau. Thoreau wußte, daß jeder Mensch in der Lage sein sollte zu erklären, wo er oder sie lebt und wofür. Dieses Buch kann den Weg zu einem solchen Verständnis eröffnen, wenn man sich wirklich darauf einläßt. Dann vermag es die Fähigkeit jedes Menschen zu stärken und zu erhöhen, in einer komplexen und harten Welt erfolgreich zu sein.

Wayne C. Miller

Wayne Miller ist Autor von acht Büchern über Kulturwandel in Amerika. Neben seinen wissenschaftlichen Veröffentlichungen war er als Autor und Produzent für das Fernsehen tätig.

Die Methode des „Schreibens von innen" begann Form anzunehmen, als ich in den frühen achtziger Jahren gebeten wurde, einen Seniorenlehrgang zum Thema „Schreiben von Erlebnisberichten" im San-Fernando-Tal in Kalifornien durchzuführen. Die Teilnehmer nutzten den Lehrgang als Möglichkeit, um packend geschriebene Geschichten als Botschaft an nachfolgende Generationen zu verfassen und zugleich das eigene Leben neu zu überdenken, seine Stärken zu erkennen und sich seine Schwächen zu verzeihen. Der Erfolg dieses Lehrgangs brachte mich mich dazu, ähnliche Lehrgänge an verschiedenen Orten innerhalb von Los Angeles durchzuführen und auch andere Lehrer für diese Tätigkeit auszubilden.

An der Antioch-Universität in Marina del Rey begann ich meine Methode für das Schreiben von Erlebnisberichten in Form eines Workshops zu lehren. Kluge junge (und weniger junge) Collegestudenten, die sich auf ein Studium mit dem Schwerpunkt Psychologie vorbereiteten, erlebten es als beeindruckende Erfahrung, sich selbst besser kennenzulernen und gleichzeitig Fertigkeiten und Techniken einzuüben, die sowohl ihrem wissenschaftlichen als auch ihrem kreativen Schreiben zugute kamen. Zur selben Zeit wurden auch ein paar Lehrer – zumeist aus dem Schulbezirk Los Angeles – auf die Methode aufmerksam und baten mich um Mitwirkung bei dem Versuch, das Schreiben für die Schüler leichter und interessanter zu gestalten.

Die beteiligten Lehrer und Verwaltungsleute, die vorwiegend mit benachteiligten und lernschwachen Kindern zu tun hatten, stellten fest, daß die Schüler geradezu dramatisch auf die neuen Möglichkeiten reagierten, die sich ihnen boten. Das Aufschreiben frühester starker Erinnerungen, das laute Vorlesen des Ergebnisses und das enthusiastische Feedback durch die Klassenkameraden vermittelte den Schülern das Gefühl, daß sich ihre Fähigkeiten rasch entwickelten. Im gleichen Maß wuchs ihr Selbstwertgefühl. Vor allem machte es ihnen Spaß. Schwierige und lästige Schulaufgaben wurden zum Vergnügen. Ich möchte daher allen engagierten Lehrern, Verwaltungsleuten, Eltern und Großeltern dafür danken, daß sie diesen neuen Ansatz an die jungen Leute herangetragen haben, besonders Andrew Siegenfeld, Lynne Porter, Roz Goldstein und Stella Goren in Los Angeles und Stella Ford in North Carolina.

Schließlich möchte ich Jim Strohecker für seine unschätzbare Hilfe besonders in der Entstehungsphase dieses Buches danken. Seine Begeisterung für die Ziele dieser Veröffentlichung, seine außergewöhnliche Fähigkeit, zu den anstehenden Ideen das richtige Feedback und die richtige kontextuelle Einordnung zu liefern, und auch die Genauigkeit, mit der er voraussah, was die Leser interessieren würde und was nicht, haben dazu beigetragen, daß dieses Buch in sehr viel kürzerer Zeit entstehen konnte, als es ohne seine Hilfe möglich gewesen wäre.

Ich hoffe, daß die Methode den Leserinnen und Lesern und ihren Schülerinnen und Schülern genausoviel Nutzen bringen wird wie mir, als ich sie verwendete, um mir und anderen das „Schreiben von innen" beizubringen.

Einleitung

....

*„Die Vereinigten Staaten der achtziger Jahre sind vielleicht die erste
Gesellschaft in der Geschichte, in der Kinder deutlich schlechter dran
sind als Erwachsene."*
Senator Daniel Moynihan

Als eines der wichtigsten nationalen Themen gilt die Zukunft
der Kinder. Unsere Gesellschaft wird ständig mit Themen wie
Kindesmißbrauch, Kinderbetreuung, Kindererziehung, Kindesmißhandlung und ähnlichem bombardiert. Wichtige Fragen sind, wie man begabten Kindern helfen kann, sich zu entfalten, mit ihrer Begabung zurechtzukommen, sich zu integrieren, zu lernen und sich einzubringen. Eine andere Frage ist, wie man Kinder in die Lage versetzt, erwachsen zu werden, ohne aufgrund der oft schmerzhaften Anforderungen des Erwachsenwerdens zu verkümmern.

Die meisten Menschen würden zustimmen, wenn man sagte, die englische Sprache entwickle sich zum Schlechten hin. Aber im allgemeinen herrscht die Meinung vor, daß durch bewußte Anstrengungen nichts dagegen getan werden könne, so als ob Sprache rein naturwüchsig sei und nicht vielmehr ein Werkzeug, das sich unseren Zwecken anpassen läßt ...

George Orwell
Politik und englische Sprache

Unsere Gesellschaft ist sich darüber im klaren, daß die Kindheit einen Lebensabschnitt darstellt, während dessen Schaden vom Kind abgewendet werden und gleichzeitig ermöglicht werden muß, daß es die positiven Werte der Erwachsenenwelt verinnerlichen kann. Unsere Gesellschaft erkennt allmählich auch, daß sie in beiden Punkten versagt. Das Kind wird weder vor Schaden bewahrt noch verinnerlicht es die positiven Werte der Gesellschaft. Daher fragt man sich: „Wie läßt sich diese Entwicklung umkehren?"

Kindheit als
geistigen Zustand anerkennen

Die Kindheit – Kind sein – ist mehr als ein Lebensabschnitt. Sie ist auch ein geistiger Zustand. Sie ist ein geistiger Zustand, aus dem heraus die Welt frisch und mit neuen Augen betrachtet wird, genauso wie die Reaktionen eines Kindes frisch und voller Dramatik erfolgen. Als Lebensabschnitt ist die Kindheit ein Zustand, den die meisten von uns so schnell wie möglich hinter sich lassen wollten, um erwachsen zu werden. Als geistiger Zustand ist sie eine Erfahrungsweise, die viele von uns weggesperrt und verloren haben – ein Verlust, der häufig beklagt wird. Viele von uns wissen noch nicht einmal etwas von der Kindheit als geistigem Zustand.

Zum Glück haben einige populäre Persönlichkeiten im therapeutischen Bereich – Alice Miller, John Bradshaw, Lucia Cappacchione, Charles Whitfield und andere – erkannt, wie wichtig es ist, das Kind, das in uns allen verborgen ist, als Erfahrungsmöglichkeit wiederherzustellen *und diesen Zustand mit in das Erwachsensein hinüberzunehmen und dort zu bewahren.*

Eine moderne psychotherapeutische Richtung vertritt die Auffassung, daß Menschen ihre Wunsch-Eltern in sich, in ihrem Geist und in ihren Herzen neu erschaffen müssen, wenn die realen Eltern unfreundlich oder unaufmerksam waren oder sonst auf irgendeine Weise nicht den Erwartungen oder Bedürfnissen entsprachen, die von ihren Kindern an sie gestellt wurden. Das bedeutet, sich neue Eltern zuzulegen, damit man seine volle Leistungs- und Funktionsfähigkeit entfalten kann. Daraus ergibt sich aber auch, daß man das innere Kind als einen geistigen Zustand wiedererlangen *und diesen Zustand sein Lebtag beibehalten muß.*

Was hält das jedem innewohnende Kind für uns bereit, wenn wir das Erwachsenenalter erreichen? Das Kind ist die Quelle des Spielerischen, endlosen Schöpfertums, des Experimentierens und der Entdeckung. Das Kind sieht und hört alles zum ersten Mal und gibt allem besondere Namen. Kindheit als geistiger Zustand bedeutet, von momentanen Sorgen und momentanem Leid befreit zu sein. Kindheit heißt, jeden Augenblick als Schritt ins Unbekannte zu empfinden, in eine verzauberte Welt, aus deren Ungewißheit man jedoch in die Geborgenheit der Elternliebe zurückkehren kann.

Viele bildende Künstler des zwanzigsten Jahrhunderts sind uns weit voraus, wenn es darum geht, Kindheit als geistigen

Zustand zu erkennen und in ihn einzutreten. Paul Klee, Joan Miro, Hans Arp, Alexander Calder, Henri Matisse und Pablo Picasso betraten die Welt der Kinder und entdeckten verspielte Bilder, Spontaneität und Unschuld. Mit den Ergebnissen bereicherten sie unser aller Leben.

Diejenigen, für die Kindheit kein gegenwärtiger geistiger Zustand, sondern eine zurückliegende Entwicklungsstufe ist, neigen dazu, sich an sie als an eine gemiedene, vergessene oder abgelehnte Zeit zu erinnern. Es war eine Zeit der Verwirrung, des Leidens, der Unterwerfung, der Disziplin und des Gehorsams. Je weniger man darüber spricht, desto besser.

Einige der aufmerksamsten Beobachter unserer Gesellschaft wie Carl Gustav Jung, Abraham Maslow und Robert Bly weisen darauf hin, daß ein gesunder Mensch (und erst recht die Gesellschaft) das spielerische Element – den „Homo ludens" oder die „Kindheit als geistigen Zustand" lebenslang in sich tragen muß. Darauf beruhen unser Lebenshunger, die Bereitschaft, sich auf Unbekanntes einzulassen, und der Sinn für den „Trickster", den göttlichen Clown als Teil des Lebens.

Die beste von allen ist die Gabe der Unreife, ermöglicht sie uns doch in unseren menschlichsten Augenblicken, die Fähigkeit zum Spielen zu bewahren.

Joseph Campbell
Die Masken Gottes: Primitive Mythologie

Weil wir in einer ernsten Zeit leben, scheinen wir nur denjenigen Achtung entgegenzubringen, die ihre Aufgaben versiert, aber ohne Ehrfurcht verrichten. Und dennoch: der mit Worten spielende William Buckley, der mit Bildern spielende Picasso, der mit dem Basketball spielende Magic Johnson und der mit Musik spielende Louis Armstrong lassen uns neugierig werden.

Kindheit als geistigen Zustand während des ganzen Lebens zu bewahren, bedeutet eine Herausforderung. Nur wenige begreifen, wie leicht ein Kind geschädigt und aus seiner oder ihrer natürlichen Bahn geworfen werden kann. Ich habe fast ein Jahrzehnt lang mit älteren Menschen gearbeitet, die versuchten, ihre Kindheit wiederzuentdecken. Während dieser Zeit habe ich zahllose Geschichten über Erinnerungen an die Zeit zwischen der Geburt und dem Alter von sechs Monaten gehört. Abgesehen von der fehlenden Sprache im Säuglingsalter, existiert sehr oft eine klare Erinnerung an bestimmte

Ereignisse. Diese Erfahrung bestätigt mir, wie wichtig es ist, Kinder gut zu behandeln. Auch das, was sie als Säuglinge erleben, begleitet sie ein Leben lang.

„Kritik" als Gegenspieler der Kindheit als geistigem Zustand

Eine weitere Macht, die den geistigen Zustand der Kindheit gefährdet, ist der dauernde Angriff der „Kritik", die das Leben praktisch eines jeden bestimmt. Wie ein eifersüchtiger Gott begegnet sie allem, was ihr vorausging, mit Mißtrauen und versucht sogar, es zu bezwingen. Kindheit als geistiger Zustand ist empfindlich und leicht einzuschüchtern. Gerade in den Momenten, wo man sie am meisten braucht, versteckt sie sich vor der furchteinflößenden Macht der Kritik.

Den beiden menschlichen Gehirnhälften sind beachtliche Forschungsanstrengungen gewidmet geworden. Die rechte Gehirnhälfte enthält das bildliche Vorstellungsvermögen, die Fähigkeit zur Verknüpfung von Bewußtseinsinhalten, und ermöglicht eine ganzheitliche Betrachtungsweise. Der rechten Gehirnhälfte entspechen Gestalten wie die des Schöpfers, des Tricksters und des Dionysos. Diese sind alle Relikte aus der kindlichen Spielphase.

Die linke Hälfte ist für andere Funktionen zuständig: analytisches Denken, sprachliche Kommunikation, Schaffung abstrakter Symbole als Stellvertreter realer Dinge und schrittweises Lernen. Die Kritik ist eine warnende Stimme. Sie befindet sich zuoberst in der linken Gehirnhälfte und wacht darüber, was man tun sollte und was nicht. Es ist die warnende Stimme, die uns aus Schwierigkeiten heraushilft und uns den Weg zu selbstbestimmtem gefahrlosem und konstruktivem Verhalten weist. Es ist die Stimme der Vernunft, die Stimme Apollos.

Die meisten Menschen tendieren mehr zu einer der beiden Seiten. Sie leben aus ihrer linken Gehirnhälfte und verhalten sich dem Leben gegenüber analytisch mit einer ziemlich rationalen Einstellung. Andere werfen mit der Schrankenlosigkeit der rechten Gehirnhälfte alle Vorsicht über Bord. Doch im Erwachsenenalter kommt es in Wirklichkeit darauf an, die beiden Stimmen zu integrieren: die Stimme der Vorsicht und die Stimme der Kreativität.

Die kritisierende Stimme bestimmt das Arbeitsleben der meisten Menschen ab der Pubertät und beginnt erst nachzulassen, wenn man über sechzig ist. Wenn man gut vorgesorgt hat, kann man sich dann auf einen Lebensabschitt freuen, der einem die Möglichkeit bietet, über das eigene Leben nachzudenken. Dieses Nachdenken löst ein Verwundern darüber aus, was man alles erlebt hat. Der geistige Zustand der Kindheit kommt wieder stärker zur Geltung. Von den Bekenntnissen des heiligen Augustinus bis heute bedeutete diese rückwärtsgewandte Schau nichts anderes, als die wandelbare Vergangenheit aus der unwandelbaren Perspektive des „älteren" Menschen zu betrachten, der zurückblickt. Man muß herausfinden, wie man die Stimme des Kindes so aus der Vergangenheit zu sich sprechen lassen kann, als wäre sie unmittelbar gegenwärtig.

Die authentische Stimme des Kindes durch Schreiben wiedererwecken

Meine Theaterarbeit nach der Stanislawski-Methode, bei der es darum geht, daß sich der Schauspieler auf der Bühne buchstäblich in den darzustellenden Charakter verwandelt, brachte mich dazu, nach Möglichkeiten zu suchen, mit denen ein rückblickender Autobiograph mehr zu erreichen vermag, als bloße Rückschau zu halten. Er oder sie sollte sich „in" der Vergangenheit befinden.

Meine Suche förderte eine systematische Methode zur Wiedererweckung der Stimme des Kindes zu Tage, einer Stimme, so intim und unschuldig, daß sie lange unter der Übermacht der Stimme des Erwachsenen begraben war. In dieser Stimme des Kindes verbirgt sich jedoch die eigene authentische Stimme, mit der man Erlebnisse auf intime, echte, einfache und gefühlvolle Weise zur Sprache bringen kann. Mit ihrer Hilfe kann man Geschichten so erzählen, daß sie von Kindern verstanden und geglaubt werden. Mit ihrer Hilfe kann man sein

Erwachsenen-Selbst ablegen und sein Selbst wiederentdek-
ken, wie es zu einer anderen Zeit und an einem anderen Ort
existierte. Auf diese Weise gelingt es, Erlebnisse nicht so zu
beschreiben, als wären sie weit weg – am Ende eines langen
Tunnels – sondern so, als wäre man „mitten drin". Es ist die
Stimme eines Geschichtenerzählers.

Durch diese Art des Schreibens von Erlebnisberichten wird
es möglich, sich Ereignissen und Erfahrungen wahrheitsge-
mäß und zugleich kreativ anzunähern. Dabei wird deutlich,
daß Schreiben kein magischer Akt ist, den nur wenige beherrschen. Jeder ist schöpferisch. Jeder kann schreiben. Doch wie
läßt sich das verwirklichen? Indem man seine Kritik entschärft, unterstützendes Feedback sucht und sich den eigenen
Schaffensprozeß bewußt macht. Dabei lernt man seine eigene
authentische Stimme als Schriftsteller kennen und kann diesen Lernvorgang an Kinder weitergeben.

Zuerst müssen wir als Lehrer und Eltern anfangen, das Leben mit den unschuldigen Augen eines Kindes zu betrachten.
Das erreicht man, indem man seine alte erwachsene Art zu
schreiben ablegt und das Kind in sich entdeckt. Dadurch gelingt einem das Schreiben frischer, direkter, anschaulicher
und gefühlvoller Geschichten, und man lernt, diese Fähigkeit
auch anderen zu vermitteln.

Als nächstes kann man dem Kind dabei helfen, seine oder
ihre eigene „authentische Kinderstimme" zu entdecken, die
der Lebendigkeit kindlichen Erlebens entspricht. Wenn es gelingt, im Kind diese Stimme zu entdecken und zu fördern,
besteht die weitere Aufgabe darin, die authentische Stimme
am Leben zu halten, auch wenn das Kind heranwächst und
die Fähigkeit zur Selbstkritik entwickelt. Wenn man es bereits
mit einem älteren Kind zu tun hat, sollte man ihm dabei helfen, sich von der eigenen Kritik freizumachen und die authentische innere Stimme des Kindes zu entdecken.

Bedeutet die Suche nach der „authentischen Kinderstimme", daß man eine „unauthentische Kinderstimme" überwinden muß? Die Antwort lautet ja und nein. Ja, es gibt ein
Gegenteil zu „authentisch", und nein, die Bezeichnung dafür
ist nicht „unauthentisch". Die passende Bezeichnung lautet
wahrscheinlich „formlos". Ein jüngeres Kind trägt viele le-

bendige und frische Erinnerungen mit sich herum, bis es sich dann später, im dritten oder vierten Schuljahr, genügend ausdrücken kann, um viele dieser Erfahrungen wiederzugeben. Aber dem Kind muß vermittelt werden, wie Erleben und Sprache in Einklang gebracht werden können. Das will dieses Buch erreichen.

Auch sich selbst überlassen, entwickelt das Kind größere Ausdrucksfähigkeit, aber oft auf Kosten der Authentizität. Warum? Weil die Lehrer sich größtenteils nur darum kümmern, dem reifenden Kind dabei zu helfen, erwachsen zu werden. Dieses Buch versucht denjenigen beizustehen, die Kindern helfen möchten, sprachgewandt *und* authentisch zu sein, und die versuchen, die Stimme des Kindes lebendig zu halten.

Wenn das Kind zum Teenager geworden ist, ist die Stimme des Kindes größtenteils verlorengegangen. Der Weg von der Kindheit ins Erwachsenenalter war ohne Übergangsriten oder Beistand der Älteren ein schmerzhafter Sprung, wie Robert Bly es ausdrücken würde. In meinen über dreißig Jahren als Englischlehrer an der Universität habe ich nur wenige Studenten getroffen, die in der Lage waren, einfach, direkt und klar zu schreiben. Ein Anliegen dieses Buches besteht darin, Teenagern dabei zu helfen, die Stimme des Kindes wiederzubeleben und ihre eigene „authentische Schreibstimme" zu formen.

Was nützt diese Betonung „authentischen" persönlichen Schreibens im universitären Bereich, wo es um das Schreiben von Problemanalysen und Forschungsberichten geht? Da beides eng zusammenhängt, habe ich ein Kapitel über analytisches Schreiben beigefügt, in dem beide Bereiche miteinander verglichen und einander gegenübergestellt werden.

Kindheit als geistiger Zustand in der Erziehung

Während des größten Teils des zwanzigsten Jahrhunderts haben zwei erzieherische Traditionen um die Vorherrschaft gekämpft. Die traditionelle Erziehung, die auf dem englischen Schulsystem basiert, geht davon aus, daß man den großen

Vorbildern vergangener Zeiten nacheifern sollte. Das Lesen literarischer Werke, das sich daran orientierende Schreiben und das Erlernen der Rechenkunst liegen nah beieinander. Diese Tradition geht oft von einem Menschenbild aus, das den religiösen Wertmaßstäben entspricht, die das westliche Denken beherrschen: Der Mensch ist aus einem Zustand der Gnade gefallen und sein schlechtes, böses, unwissendes und eitles Selbst muß dazu diszipliniert werden, sich human und zivilisiert zu verhalten.

Die zweite Tradition, auf den Lehren von John Dewey und William James beruhend, ermutigt Kinder, die Welt unter möglichst geringer Beeinflussung durch Lehrer zu erforschen. Sie baut darauf, daß der starke innere Drang nach Wissen und der starke Einfluß der jeweiligen Bezugsgruppe Kinder hervorbringen, die voller Neugier und unbeeinflußt durch Vorurteile sind. Dieser Ansatz geht davon aus, daß das Kind gut und weise wie Rousseaus Naturmensch ist und sich entfaltet, wenn man es sich selbst überläßt.

In ländlichen Gebieten und „primitiven" Kulturen gibt es noch eine dritte Tradition: die Tradition des Geschichtenerzählens. Die Eigenschaften der großen und guten Helden und auch der falschen und böswilligen Götter sind in zugleich spannende und lehrreiche Geschichten eingeflochten. Diese Eigenschaften werden im Werk Joseph Campbells wunderbar dargestellt, vor allem in *Der Heros in tausend Gestalten* und in *Die Masken Gottes*. Leider wurde diese Tradition vom amerikanischen Erziehungssystem völlig ignoriert. Dies ist einer der Gründe, warum die amerikanischen Ureinwohner, Afroamerikaner und viele andere Einwanderergruppen Schwierigkeiten mit unserem Erziehungssystem haben. Jede dieser Gruppen besitzt eine altehrwürdige Tradition des Geschichtenerzählens,

Seit der Renaissance glaubt man im Westen, die Aufgabe der Erziehung sei es, einem Informationen über die Welt, in der wir leben, einzubleuen ... [Aber] darum ging es früher nicht und geht es im Orient auch heute nicht.

In der primitiven, archaischen und orientalischen Welt hat Erziehung immer dazu gedient – und es besteht kein Zweifel, daß sie dort auch in Zukunft dazu dienen wird – Gemeinschaften auf der Grundlage gemeinsamer Erfahrungen zu schaffen, in denen die Ansichten heranwachsender Individuen in alle wichtigen Angelegenheiten lokaler Gruppen einbezogen werden.

Joseph Campbell
Die Masken Gottes:
Primitive Mythologie

die von der vorherrschenden Kultur der Weißen nicht respektiert wird.

Doch am Horizont zeichnet sich ein Hoffnungsschimmer ab. Das Theater, das in unserer Kultur die Tradition des Geschichtenerzählens bewahrt, hat während der letzten zwanzig Jahre zunehmenden Einfluß auf das Erziehungssystem gewonnen.

In Los Angeles führt das Los Angeles Theater Center zum Beispiel ein umfangreiches Erziehungsprogramm an Schulen durch, in dem die Stimmen von Minderheitskulturen, Heimatlosen und Rechtlosen zu Wort kommen.

„Schreiben von innen" kann teilweise als Versuch angesehen werden, dem Geschichtenerzählen zu seinem rechtmäßigen Platz im Zentrum der Kindererziehung zurückzuverhelfen. Es geht dabei nicht um Geschichtenerzählen als bloß windiges Phantasieren (verwandt dem Lügen, würden konservative Leute vielleicht sagen), sondern um Geschichtenerzählen, mit Hilfe dessen das Kind seine lebhaftesten Erfahrungen dazu nutzen kann, sich selbst und seine Umgebung besser zu verstehen.

Viele Erzieher vertreten die Ansicht, daß Erziehung zum Ziel hat, Kinder in Erwachsene zu verwandeln. Diese Auffassung wird jedenfalls von konservativen Erziehern vertreten. Die liberale Richtung möchte das Kind sich selbst überlassen, damit es sich entfalten kann. Beides ist ein Holzweg. In der Erziehungsfrage spaltet sich unser Land genau wie in Wirtschaftsfragen und anderen wichtigen Gebieten in zwei gegensätzliche Lager. Einige marschieren nach links in Richtung der liberalen Seite des politischen Spektrums und propagieren den freien Fluß der rechten Gehirnhälfte. Andere marschieren nach rechts ins vorsichtige politische Lager und verschreiben sich ganz den analytischen Funktionen der linken Gehirnhälfte. Erziehung jedoch sollte uns den Zugang zu beiden Seiten ermöglichen. Sie sollte jedem von uns ermöglichen, die seinem Wesen am besten entsprechende Ausdrucks- und Lernform zu finden.

Das hiesige Erziehungssystem nimmt Schreiben sehr ernst. Neuerdings gibt es starke Bestrebungen in Richtung des sogenannten literaturbezogenen Schreibens. Dieser Ansatz beinhaltet die Auffassung, daß Erwachsene Kindern viel vermitteln können. Durch Kenntnis der Literatur – und durch Schreiben über Literatur – lernt das Kind, so zu schreiben wie die Erwachsenen. Leider kann man auf diese Weise nicht wirklich schreiben lernen. Unsere früheste Stimme ist erzählend und nicht analysierend. Kinder, die Literatur lesen, um schreiben zu lernen, verlieren dabei ihre wertvolle innere Stimme. Die Erfahrung zeigt, daß Kinder (genau wie Erwachsene), die man dazu anregt, ihre authentische innere Stimme zu entdecken, zuerst Lust zum Schreiben bekommen und dann Lust, sich mit Lesen und Literatur zu beschäftigen.

Die frühesten Schriftfunde in den Wüsten des Mittleren Ostens belegen, daß Schreiben nicht durch vorheriges Lesen entstand. Es entstand aus der Notwendigkeit, Informationen über Tages- und Familienereignisse und später auch über Gefühle festzuhalten. Erst danach kam das Lesen – damit das Niedergeschriebene weitergegeben werden konnte.

Erwachsene können von Kindern viel über das Schreiben lernen. Das beste, was wir als Erwachsene tun können, ist, die kindliche Stimme in uns allen in Ehren zu halten. Absicht dieses Buches ist es, jeden von uns an seine eigene Stimme heranzuführen.

Die Großstadt und Kindheit als geistiger Zustand

Die Ghettos und Armenviertel unseres Landes stecken voller Kinder, die etwas lernen könnten, es aber nicht tun und sich stattdessen nur mit Sex, Drogen, Rap und Rock beschäftigen. Warum? Kann man sie wieder auf den Weg bringen? Kann die hier vorgestellte Schreibmethode dabei helfen?

In den späten sechziger und frühen siebziger Jahren untersuchte ich diese Probleme in einer Reihe von Dokumentarfilmen, die ich im Osten von Los Angeles drehte. Ein junger Mann, den ich mehrere Jahre lang begleitete, hatte mit familiären Problemen zu kämpfen: dem Tod seines mexikanischen Vaters, der Alkoholabhängigkeit seiner indianischen Mutter und einem im Gefängnis sitzenden Bruder. Er war ein sensibler und intelligenter Junge, der schnell von der Schule flog und danach lange mit Drogen und Gesetzeskonflikten zu tun hatte.

Als ich ihn im Laufe der Jahre besser kennenlernte, begleitete ich ihn auf seinen Streifzügen und lernte dabei einige andere Jugendliche in einem Ausbildungsprogramm im Osten von Los Angeles kennen. Eines wurde mir dabei klar: Auf Kindern aus armen Verhältnissen lasten pausenlos enorme Probleme. Das Leben besteht für sie aus einer endlosen Aneinanderreihung von Miniaturdramen. Jedes dieser Probleme stellt einen Grund mehr dar, von der Schule wegzubleiben, denn die Dramen, die auf der Straße stattfinden, werden in der Schule nicht behandelt.

Ich fragte mich: „Was kann man tun, um solche jungen Leute in der Schule zu halten? Kann man die Probleme abbauen? Können Schulen für diese Jugendlichen interessanter und bedeutsamer gestaltet werden?" Damals dachte ich, daß eine Kombination betreuender Erwachsener die Lösung wäre: verständnisvolle Lehrer, die mit den Eltern über die Schüler reden, Eltern, die mit Sozialarbeitern reden, die wiederum mit Polizeibeamten reden.

Jetzt, fünfundzwanzig Jahre später, stelle ich die Frage anders: „Wie kann die Schule den Jugendlichen dabei helfen, mit den Dramen ihres jungen unsicheren Lebens fertigzuwerden? Welche Rolle kann das ‚Schreiben von innen‘ im Leben der Jugendlichen spielen?"

Zum einen ermöglicht das Schreiben von Erlebnisberichten und ganz besonders das „Schreiben von innen" den Kindern die Erforschung des einzigen, was sie wirklich gut kennen – ihres eigenen Lebens. Es erlaubt ihnen, zu betrachten und zu überdenken, und die Einsicht, daß Familienstreitigkeiten zur Grundlage genau beobachteter Erzählungen und emotionaler Entlastung werden können und daß „die blöden Spinner, die einem auf die Nerven gehen" Figuren abgeben, die eine Geschichte erst zum spannenden Lesestoff werden lassen. Zum anderen ermöglicht dieser Schreibvorgang den Kindern, die Sprache der Straße (Dialog) und die Sprache der Schule (Erzählung, innere Gedanken und Gefühle) gleichzeitig anzuwenden, anstatt von ihnen zu verlangen, daß sie einen sehr realen Teil ihrer selbst aufgeben, wenn sie die Schule betreten. Schüler, die sich nicht so gut ausdrücken können, werden durch „Schreiben von innen" dazu ermutigt, einfache Formulierungen auf wirkungsvolle und direkte Weise einzusetzen. Eine solche Beherrschung von Sprache und Gefühl stärkt ihr Selbstvertrauen und kann ihr zukünftiges Lernverhalten auf äußerst positive Weise beeinflussen.

Emotionale Gesundheit und Kindheit als geistiger Zustand

Die hier behandelte Methode, Erlebnisberichte zu verfassen, dient sowohl dem Ziel, Schreiben zu lernen, als auch dazu, größere emotionale Gesundheit zu erreichen. In unserer Kultur wird leider viel zu wenig Wert darauf gelegt, das Erzählen von Geschichten als Erziehungsmittel und in der Kinderbetreuung einzusetzen. Geschichtenerzählen wird mit Erfinden und Konstruieren in Verbindung gebracht und deswegen als verwandt mit dem Lügen angesehen.

Das Schreiben ist und war schon immer ein natürliches Ausdrucksmittel, das zum Nachdenken über die eigenen Lebensumstände dient. „Schreiben von innen" gibt Kindern Werkzeuge an die Hand, mit denen sie ihre eigenen Lebensumstände erforschen können, um ein waches Bewußtsein ihrer selbst und ihrer Umgebung zu entwickeln. Das besondere Gewicht, das auf dem Erzählmoment, dem Dialog, dem Gefühlsausdruck und der Gedankenäußerung liegt, entspricht der natürlichen Entwicklung der kindlichen Selbstwahrnehmung. Vom Nabel des Universums ausgehend beginnen sie, ihre Umgebung als etwas Faszinierendes und Wichtiges wahrzunehmen, um sich dann, besonders als Teenager, wieder nach innen, in die Welt der Gedanken und Gefühle zu wenden.

Die vorliegende Methode des „Schreibens von innen" soll Kindern dabei helfen, sowohl tatsächliche, als auch erfundene Begebenheiten festzuhalten. Diese Art, Geschichten zu erzählen, soll Kinder dazu anregen, ihre Welt nicht als schalen Abklatsch der Welt der Erwachsenen kennen und akzeptieren

zu lernen, sondern als üppige, lustige, rührende und erschrek-
kende Welt für sich.

„Schreiben von innen" ermöglicht es auch allen, die über
unzureichende Kenntnisse der Sprache des Landes verfügen,
in dem sie leben, oder deren sprachliche Ausdrucksmöglichkeiten aufgrund ihrer sozialen Situation eingeschränkt sind,
ein klares Bewußtsein ihrer selbst zu entwickeln und sich anderen Menschen in der einfachen, würdevollen und ausdrucksstarken Sprache des Kindes mitzuteilen, das in uns allen steckt.

Und im Endeffekt hilft „Schreiben von innen" den Schreibenden nicht nur, sich selbst besser zu verstehen, sondern
bringt Kunstwerke hervor, auf die ihre Verfasser zu Recht
stolz sein können.

Das Schöne an dieser Methode ist, daß sie, gerade weil sie
so einfach ist, vom vierten Schuljahr an aufwärts von jedem
genutzt werden kann. Es ist, als würden alle, die weiterkom-
men möchten, mit ein und demselben Zug fahren: Die jüngeren Schreibenden steigen früher aus, und die älteren Schreibenden fahren noch ein wenig weiter. (Dabei zeigt sich, daß
die Worte „jung" und „alt" in diesem Zusammenhang keine
chronologische, sondern eine psychologische Bedeutung haben.)

Als Lehrer und Eltern dürfen wir mit einigem Recht darauf
hoffen, daß die Erkundung von Lebensweisen und Wertvor-
stellungen, wie sie im „Schreiben von innen" stattfindet, Kindern dabei hilft, Irrwege zu meiden.

Dieses Buch ist dem geistigen Zustand der Kindheit gewidmet. Es soll Kindern helfen, diesen Zustand zu ehren und ihm
Ausdruck zu verleihen. Erwachsenen soll es dazu verhelfen,
diesen Zustand in sich wiederzuentdecken und ihm Ausdruck zu verleihen. Wer ihn entdeckt, nährt, neuentdeckt und
ihm nahe bleibt, für den erweist sich das Schreiben aus der
inneren authentischen Stimme heraus als ein unerschöpf-
licher Quell des Selbstwertgefühls und besseren Selbstver-
ständnisses.

Kindheit als geistiger Zustand, Tagebuchschreiben und andere Formen des Schreibens

Das vorliegende Buch behandelt eine neuartige und recht ungewohnte Schreibtechnik. Sie steht aber nicht im Konflikt zu anderen Techniken, die gegenwärtig in Schulen und Freizeitkursen gelehrt werden. Dazu gehören effektive Methoden, wie zum Beispiel solche, die das kreative innere Kind zum Tagebuchschreiben nutzen.

„Schreiben von innen" sollte vielmehr als Methode angesehen werden, die dort ansetzt, wo die Tagebuchmethode aufhört. „Schreiben von innen" ermöglicht Kindern und Erwachsenen, die sich zu therapeutischen Zwecken oder zur Selbsterfahrung mit der Kindheit als geistigem Zustand befassen, ihre Erfahrungen zu vertiefen, indem sie lernen, sie auszudrücken. Schreibende lernen, die Stimme ihres inneren Kindes als authentische Stimme anzuerkennen, die sich schreibend äußert. Sie entwickeln Selbstvertrauen, anderen ihr inneres Kind zu offenbaren. „Schreiben von innen" erlaubt es darüber hinaus, auf die Eigenschaften der äußeren Welt einzugehen, ohne dabei die Möglichkeit zur Darstellung innerer Gefühle einzubüßen, die das Tagebuchschreiben bietet.

Eine weiterer wichtiger Vorzug der „Schreiben von innen"-Methode liegt darin, daß sie die Fähigkeit des Schreibenden fördert, zwischenmenschliche Beziehungen dadurch zu verstehen, daß er Menschen und Ereignissen beschreibt und die eigenen Reaktionen auf das Verhalten und die Eigenschaften anderer untersucht. „Drama heißt, Psychologie in Handlung umzuwandeln", sagt Elia Kazan, Regisseur von *Endstation Sehnsucht*. So gesehen entdeckt man das Drama des inneren Kindes, indem man Psychologie in Handlung umwandelt.

Tagebuchschreiben diente schon immer dazu, Gefühle zu verstehen und zu erinnern. Der große Vorteil des Tagebuchschreibens besteht darin, daß es den Tagebuchschreibenden dazu bringt, die Welt der Fakten beiseite zu lassen und der inneren Welt der Impulse und Gefühle freien Lauf zu lassen. Auch „Schreiben von innen" regt den Schreibenden dazu an, in die Welt der inneren Gefühle und Gedanken einzutreten, wobei es gleichzeitig den Zugang zur Welt der Fakten und zwischenmenschlichen Beziehungen verbessert.

Unter dem Schreiben einer Autobiographie wurde oft das Aufschreiben von Lebensdaten verstanden, ohne die Gefühle zu berücksichtigen, die mit diesen Erfahrungen verbunden waren. „Schreiben von innen" bietet die Möglichkeit, Gefühle, Erkenntnisse und Beziehungsdramen in das Gewebe der Erinnerungen einzubauen.

Eine weitere bekannte Methode ist das sogenannte kreative oder fiktionale Schreiben. Bücher wie zum Beispiel Natalie Goldbergs *Writing Down the Bones* enthalten viele praktische und phantasieanregende Hinweise, wie man kreativ schreibt. Auf jeden Versuch, kreativ zu schreiben, fällt jedoch der Schatten der großen Vorgänger, der Giganten des fiktionalen Schreibens – der Joyces, der Manns, der Hemmingways und der O'Conners. Sie schauen einem über die Schulter und geben zu allem, was man schreibt, ihr Urteil ab. Wenn man sich in einem solch exklusiven Rahmen bewegt, ist es schwer, sich nicht ein wenig deplaziert zu fühlen. „Schreiben von innen" bietet Gelegenheit, kreativ zu arbeiten und die Techniken fiktionalen Schreibens zu nutzen, ohne dabei das Gefühl zu haben, mit großen Vorbildern wetteifern zu müssen. Denn das Thema beim „Schreiben von innen" ist das eigene Leben, und niemand kennt sich damit besser aus als man selbst.

Schreibangst überwinden

Den meisten Menschen macht die Aufgabe, ihre Gedanken und Gefühle zu Papier zu bringen, große Angst. Lehrer, Schüler und sogar professionelle Schriftsteller – alle leiden unter dieser Angst.

Mich selbst hat es Jahrzehnte gekostet, meine Schreibangst zu durchschauen und ihr beizukommen. Von meinem Vater, der ein hochgebildeter Psychiater und Schriftsteller war, wurde ich von klein auf zum eigenständigen Denken angehalten. Schon in der Mittelstufe war es für mich kein Problem, lange Thesenpapiere zu schreiben, aber vor persönlichen Themen und künstlerischem Schreiben schreckte ich zurück. Obwohl ich sehr belesen war, konnte ich mir nicht wirklich vorstellen, über mich selbst zu schreiben oder Figuren zu erfinden. „Ihr selbst und eure persönlichen Ansichten interessieren niemanden", sagten die Lehrer zu uns, „fixiert euch bloß nicht auf euch selbst." Dadurch prägte sich mir ein: „Du bist unwichtig." Auch mein Vater nahm als Wissenschaftler fast allem gegenüber eine objektive Haltung ein. Ich nahm an, daß alle diese Respektpersonen Recht hätten. Ich war unwichtig, und unpersönliches Schreiben war die einzige Art zu schreiben, die zählte.

Als ich sechzehn war, starb mein Vater. Ich hätte mich am liebsten vor allem und jedem verkrochen. Ich gab alles auf, was mir vorher Spaß gemacht hatte – Musik, Sport und Mädchen. Es gab niemanden, dem ich mich anvertrauen konnte, und ich fand keinen Weg, meiner Einsamkeit Ausdruck zu verleihen.

Als ich mit Anfang zwanzig Lehrer an der Universität wurde und dort Schreiben unterrichtete, versuchte ich mich selbst mit kreativem Schreiben, aber ich fing immer schon nach zwei Seiten an, alles umzuändern. Dabei entglitt mir dann die Anfangsidee für die Geschichte, was dazu führte, daß ich aufgab. Dieses Muster wiederholte sich jahrelang immer wieder. Schließlich gab ich das Vorhaben auf, selbst schöpferisch zu schreiben.

Nachdem ich ein paar Jahre an der Universität gelehrt hatte, begann ich, für den Film zu arbeiten, wo ich Regie in Dokumentarfilmen und kurzen Spielfilmen führte. Ich begann eine Regisseursausbildung bei Lee Strasberg. Das machte vielleicht Spaß! Wenn ich das Phantasiepotential der Schauspieler nutzen konnte, um damit zu arbeiten, war ich ungeheuer produktiv. Meine Selbstkritik schlummerte, mein innerstes kreatives Selbst öffnete sich und gab Unmengen von plastischen persönlichen Erfahrungen frei, die den Schauspielern wichtige Anregungen lieferten.

Nachdem ich einige Jahre lang in diesem Beruf gearbeitet hatte, fragte ich mich, ob ich jetzt in der Lage wäre, meine Selbstkritik und Pedanterie zu meistern und wieder mit Schreiben anzufangen. Langsam begriff ich, daß ein Großteil der Schwierigkeiten daher rührte, daß ich mich nicht auf einem Blatt Papier mit meinen intimsten und persönlichsten Gefühlen auseinandersetzen wollte. Daher versteckte ich mich hinter „perfekten" Anfängen und objektiver Schreibweise. Die Angst, mich selbst und meine kindlichen Ängste offenzulegen, hielt mich davon ab, mich selbst ins „Rampenlicht" meiner Arbeit zu stellen. Ich wollte immer noch genauso unsichtbar bleiben wie zu der Zeit, als mein Vater starb.

Langsam begriff ich, daß ich mit diesem Problem nicht allein war. Die Studenten, die ich an der Universität unterrichtete, und auch die Erwachsenen, die ich in Kursen für autobiographisches Schreiben unterrichtete, hatten ungeheure Angst vor dem Schreiben. Die meisten glaubten, sie müßten erst sämtliche Grammatik- und Satzbauregeln auswendig können, bevor sie sich ans Schreiben wagen dürften. Sie hatten fürchterliche Angst, das, was sie sagten und wie sie es sagten, würde beurteilt und kritisiert werden.

Allmählich erkannte ich, wie man dieser Angst beikommen könnte: Ich motivierte die Studenten, persönliches Schreiben als Vorübung zum eigentlichen akademischen Arbeiten zu begreifen und die Erinnerungen an ihre Kindheit zu erforschen, *bevor* ihre überkritischen Erwachsenenpersönlichkeiten sich in den Vordergrund drängen konnten. Ich stellte fest, daß es meinen Studenten und mir durch das Erkunden dieser frühen Erinnerungen gelang, an starke Bilder und Gefühle aus der Vergangenheit heranzukommen. Diese Eindrücke wurde zunehmend deutlicher, als wir begannen, unsere Erinnerungen in kurzen, einfachen und kräftigen Worten und kurzen, kraftvollen Sätzen wiederzugeben. Wenn man so schreibt, scheint das dem Leser zu Herzen zu gehen, der die Menschen, von denen die Geschichten handeln, plötzlich plastisch vor sich sieht, hört, was sie sagen, und fühlt, was sie fühlen. Die Verfasser schienen mit dem Schreiben solcher Geschichten sehr gut klarzukommen und waren anscheinend gegen heftige Selbstkritik oder Kritik durch andere gefeit. Die Leser reagierten gerührt, bewegt und genossen es, wenn Schreibende zu ihrer eigenen authentischen Stimme fanden, die immer mehr der Sprache moderner Kurzprosa, Theaterstücke oder Filme ähnelte.

Ich war zugleich erfreut und überrascht, als ich feststellte, daß viele der Studenten mit eher mittelmäßigen Englischkenntnissen bei dieser Art des persönlichen Schreibens tatsächlich besser abschnitten, als einige der besser ausgebildeten Studenten, die erst lernen mußten, die unpersönliche und objektive Schreibweise abzulegen, die ihre tieferen Gefühle überdeckte. Als ich über mein eigenes Leben nachdachte, stellte ich fest, daß ich mich die meiste Zeit über, genau wie sie, hinter meiner Wortgewandtheit versteckt hatte und so gut wie nie meine Ängste, Unsicherheiten, Schamgefühle, schwachen und traurigen Momente preisgegeben hatte. „Du bist unwichtig", hatten meine Lehrer und mein Vater gesagt.

Ich war sogar noch erfreuter darüber, daß das Selbstvertrauen und die Fertigkeiten, die sich durch das persönliche Schreiben entwickelten, auch dem akademischen und analytischen Schreiben meiner Studenten zugute kamen. Dadurch, daß sie gelernt hatten, schreibend eine Brücke zwischen ihrem Herzen und den Herzen anderer zu bauen, fiel es ihnen jetzt auch viel leichter, von Kopf zu Kopf miteinander zu kommunizieren. Sie entdeckten, daß das Schreiben von Seminararbeiten oder Referaten in vieler Hinsicht dem persönlichen Schreiben ähnelt: Man muß den richtigen Ort und die richtige Zeit zum Schreiben finden, sich ein Thema einfallen lassen, mit der Beschreibung einer einprägsamen Erfahrung ansetzen, die Geschichte/die wissenschaftliche Arbeit überarbeiten, um einen roten Faden hineinzubringen, Dialoge/Zitate einfügen, um das Ganze lebendiger zu gestalten, und die Endfassung noch einmal überarbeiten und Korrektur lesen.

Weiterhin begann sich auch die Art und Weise zu ändern, in der wir wissenschaftliches Schreiben unterrichteten. Meine Kollegen und ich stellten fest, daß die Studenten einen eigenen Zugang zur Thematik brauchten. Es war durchaus wichtig, eine objektive Betrachtungsweise zu entwickeln, aber es war genauso wichtig, einen persönlichen Zugang zum Thema zu finden. Beides fiel jenen Studenten leichter, die sich in meinen Kursen für persönliches Schreiben mit sich selbst und ihren Erfahrungen befaßt hatten.

Studenten mit Hilfe des persönlichen Schreibens darin zu fördern, ihre Fertigkeit im Schreiben zu erproben und weiterzuentwickeln, erschien mir als das fehlende Bindeglied, nach dem ich während meiner ganzen Zeit als Lehrer immer gesucht hatte.

In den Tagen, Wochen, Monaten und Jahren, die auf den Tod meines Vaters folgten, machte ich eine echte Leidenszeit durch. Wenn es damals schon eine Schreibtechnik wie die hier beschriebene gegeben hätte, wäre mir sehr geholfen gewesen. Ganze Scharen von Schülern kommen jeden Tag mit genauso schwerwiegenden Problemen beladen zur Schule, wie ich sie als Oberschüler hatte. Man sollte ihnen vermitteln, daß die Fortschritte, die sie bei der Weiterentwicklung ihrer sprachlichen, schriftlichen und kommunikativen Fähigkeiten machen, ihnen helfen werden, besser mit ihren Gefühlen zurechtzukommen.

Ich hoffe, daß Lernende mit Hilfe dieser Methode einen leicht gangbaren Weg finden können, sich selbst und die Welt, in der sie leben, besser kennenzulernen. Vor einigen Jahren schrieb eine Problemschülerin eine sehr rührende Geschichte. Dafür bekam sie viel positives Feedback von ihren Klassenkameraden. „Die Geschichte ist wirklich rührend", sagten fast alle Schüler. Ich fragte sie, wie es sich anfühlt, so gut anzukommen. „Man fühlt sich nicht so allein", antwortete sie. Allein schon durch diese eine Aussage haben sich die dreißig Jahre meines Lehrerdaseins ausgezahlt.

Wie Lehrer dieses Buch benutzen können

Mit Hilfe dieses Buches können Sie Ihren Schülern das „Schreiben von innen" auf sehr effektive Weise vermitteln. Lesen Sie zunächst alle drei Teile des Buches und beginnen Sie den Unterricht mit Kapitel 3, nachdem Sie die beiden ersten Kapitel ein zweites Mal gelesen haben. Spezifische Übungsaufgaben für Schüler finden Sie innerhalb der Kapitel und ab Kapitel 4 auch am Ende jedes Kapitels.

In Teil eins gehen wir zunächst alle Stufen des „Schreibens von innen" durch. Dieser Teil enthält auch ein Kapitel über die Entwicklungsstufen des kindlichen Schreibens und darüber, auf welche Weise die „Schreiben von innen"-Methode diese Entwicklungsstufen berücksichtigt. Die einzelnen Stufen werden mit Beispielen illustriert, die deutlich machen, welche Fortschritte Kinder unterschiedlicher Herkunft auf den einzelnen Stufen machen.

Teil zwei enthält einige Vorschläge, wie man die Methode unterrichten kann, und schließt die Erfahrungen eines Lehrers ein, der die Methode bei „Problemschülern" anwandte. Vielleicht können Sie aus diesen Erfahrungen nützliche Schlüsse für Ihren eigenen Unterricht ziehen. Im selben Teil untersuchen wir verschiedene Möglichkeiten, wie man die Erlebnisbericht-Methode nutzen kann, um Schüler an das analytische Schreiben heranzuführen. Das ist besonders bei „Problemschülern" von Nutzen, weil hier Fähigkeiten genutzt werden, über die die Schüler bereits verfügen.

Teil drei enthält Beispiele aus dem Unterricht. Es wird Ihnen und Ihren Schülern vielleicht Spaß machen, diese Beispiele zu lesen. Älteren Schülern empfehle ich besonders die Geschichte „Sonnentop" von Liz Kelly, weil sie dem Ausdruck verleiht, was Schüler heute oft empfinden. Wenn Sie einen Einblick in die Erfahrungen eines jungen Latino-Gang-Mitglieds gewinnen wollen, lesen Sie bitte „Tod am Nachmittag". Diese Arbeit verdeutlicht auch, wie ein Schüler dadurch Fortschritte erzielen kann, daß er in Minutenschnelle drei Entwürfe ein und derselben Geschichte anfertigt. „Die Brücke" von Eddie White und „Abschied von der Plantage" von Florence Mayweather sind gute Beispiele dafür, daß man die Stimme der Kindheit auch im Erwachsenenalter lebendig erhalten kann.

Die hier beschriebene Unterrichtsmethode wurde vorwiegend an Gymnasiasten ab dem 5. Schuljahr erprobt. Unsere bisherigen Versuche deuten jedoch darauf hin, daß die Methode auch bei sehr viel jüngeren Schülern verwendet werden kann.

Teil eins

„Schreiben von innen"

1

Was ist „Schreiben von innen"?

„Es dauert sehr lange, bis man jung wird."
Pablo Picasso

Als ich klein war, erzählte mir meine Mutter, nachdem sie mich abends zu Bett gebracht hatte, Geschichten im Dunklen. Dabei zeichnete sie mit der Spitze ihrer brennenden Zigarette Bilder in die Luft, die die Geschichten untermalten. Am liebsten erzählte sie die Geschichte von dem Mann, der um die Ecke spucken konnte. Es war eine schöne Zeit, und ich hatte sie fast vergessen, bis ich mich hinsetzte, um dieses Kapitel zu schreiben.

Wie sehr beneiden wir Leute, die sich zurücklehnen, die Füße hochlegen, den Blick durch das Fenster in die Ferne schweifen lassen und dann anfangen, die Zuhörer mit Geschichten zu verzaubern. Und wer hat sich als Kind nicht träumen lassen, selbst einmal so ein Geschichtenerzähler zu werden? Nun, ich behaupte, daß jedes Kind, das eine Geschichte zu erzählen hat (und welches Kind hat das nicht), sie mit der „Schreiben von innen"-Methode zu Papier bringen kann.

„Nein, nein", werden vielleicht manche Eltern sagen, „ich will nicht, daß mein Kind kostbare Zeit mit Tagträumereien vertrödelt."

Geschichten mögen in mancher Hinsicht zwar Tagträumen ähneln, doch viele der packendsten Geschichten der Weltliteratur beruhen auf wahren Begebenheiten. Träumen, ob tagsüber oder nachts, ist ein wichtiger Bestandteil des Prozesses, Probleme zu lösen und sich selbst besser zu verstehen. Geschichten, die man selbst erlebt hat, sind ein wunderbares Mittel zur Selbsterkenntnis und zum Verständnis des Verhältnisses, das man zu seinen Mitmenschen hat.

Geschichten zu erschaffen heißt, sich mitten auf die Bühne des eigenen Lebens zu stellen.

Die gut erzählte Geschichte

Wodurch zeichnet sich eine gut erzählten Geschichte aus? Vor allem durch Unschuld und Magie und dadurch, daß Ereignisse in einer anderen Weise gesehen werden, als man es gewohnt ist. Oft stehen die Hauptfiguren zu Beginn der Geschichte vor der Aufgabe, gegen etwas zu kämpfen, das sie daran hindert, das zu bekommen, was ihnen rechtmäßig zusteht. In einem Märchen würde das so klingen: „In einem fernen Land lebte einmal ein schöner Prinz, der überall in seinem Königreich nach seiner Traumprinzessin suchte. Er wußte, daß es sie irgendwo gab, aber er konnte sie nirgends finden. Bis eines Tages ..." Manchmal handelt die Geschichte von einem Helden, der eines Tages im Zentrum der Macht stehen wird (als König), aber im Moment noch wartend auf der Schwelle steht und versucht, sein Leben zu ordnen.

Was auch immer der Gewinn ist, den der Held oder die Heldin erstrebt, es gibt noch einen größeren, weniger klar benannten Gewinn, zum Beispiel Selbsterkenntnis, Selbstachtung oder die Fähigkeit, Liebe für sich selbst empfinden zu können. In manchen Geschichten steht der Kampf des Helden für den Kampf einer größeren Menschengruppe, die sich nach Zuflucht, Erkenntnis, Liebe und Verständnis sehnt.

Wenn Geschichten bei einer überwältigenden Vielzahl von Zuhörern eine Saite zum Schwingen bringen, haben sie die Chance, auf die Stufe des Mythos gehoben zu werden. In *Der Heros in tausend Gestalten* beschreibt Joseph Campbell eindrucksvoll die Macht des Mythos und die charakteristischen Stadien, die der mythische Held durchläuft. Die Lebensgeschichten König Artus, Lanzelots, Parzivals, Odysseus und Kapitän Ahabs geben genauso den Stoff für Mythen ab wie die Geschichten über das Leben von Jesus, Mohammed und Buddha. Solche Geschichten gewinnen im Laufe der Zeit ein über das individuelle Leben hinausweisendes Format, während die historischen Tatsachen allmählich verblassen.

„Schreiben von innen"

„Schreiben von innen" ist eine besondere Art des Geschichtenerzählens. Hier wird tatsächlich Erlebtes zum Gegenstand der Geschichte, wobei der Verfasser die wahrhaftigsten Momente des Lebens so festhält, daß ein Gleichgewicht zwischen der äußeren Welt des Handelns, ihren Beziehungen und Ereignissen und der inneren Welt der Gedanken und Gefühle geschaffen wird. Dadurch findet jeder Geschichtenerzähler seine „authentische Stimme", die auf seiner „authentischen kindlichen Stimme" basiert.

Diese Art des Schreibens ist keine Wiedergabe von Fakten, wie es in gewöhnlichen Autobiographien der Fall ist. Es ist auch keine Reise durch das eigene Innenleben, die so intim ist, daß sie niemanden außer dem Verfasser selbst etwas angeht, wie es beim Tagebuchschreiben üblich ist. „Schreiben von innen" hält eine fein abgestimmte Balance zwischen der Wiedergabe von innerer und äußerer Welt, die mit anderen geteilt werden soll.

Ziel des Schreibenden ist es, eine Erfahrungswelt zu schaffen und die Leser in diese Welt einzuladen. Hierbei ist es das Wichtigste, den Leser von dieser Erfahrungswelt zu überzeugen. T. S. Eliot spricht in diesem Zusammenhang vom „freiwillig suspendierten Zweifel" des Lesers. Allzu oft schaffen Autoren eine Distanz zwischen Lesern und Erlebnis. Beim „Schreiben von innen" geht es darum, diese Distanz zu verringern und bei den Lesern so viel Anteilnahme für die Erlebnisse des Verfassers hervorzurufen, daß die Darstellung so umfassend wie möglich geglaubt wird.

„Schreiben von innen" führt den Schreibenden oder die Schreibende zu seinen oder ihren frühesten Erinnerungen zurück und ermöglicht es ihm oder ihr, diese Ereignisse so zu erfahren, als würden sie sich gerade ereignen. Beim „Schreiben von innen" werden die Erinnerungen vom Standpunkt eines Kindes aus erzählt, das diese Erfahrungen gerade gemacht hat. Auf diese Weise wird die Magie und das Wunder des Geschichtenerzählens geschaffen oder wiedererlangt.

Kunst ist eine Frucht, die aus dem Menschen wächst wie aus einer Pflanze. Sie wächst in ihm wie ein Kind in seiner Mutter.

Man Ray
Tagebucheintrag

Definitionen

Bevor es weitergeht, wollen wir einige der Begriffe, die in diesem Buch Verwendung finden, klären. Sie werden im Glossar ab Seite 216 noch einmal ausführlicher erläutert.

Erzählung ist die Darstellung von Ereignissen, die darauf abzielt, das Interesse des Lesers aufrechtzuerhalten. Die Erzählung gibt die Geschichte meist in einer objektiven und faktengetreuen Weise wieder.

Erzähler ist die Person, die die Geschichte erzählt. Der Erzähler kann die zentrale Figur in der Geschichte sein oder ein Betrachter, der die Ereignisse in der Geschichte von außen beobachtet. In der fiktionalen Erzählung tritt der Erzähler oft unpersönlich auf, mitunter gottähnlich, wie jemand, der aus der Ferne auf die Ereignisse herabblickt.

Perspektive ist der Blickwinkel, von dem aus die Geschichte erzählt wird. Im neunzehnten Jahrhundert war die Erzählperspektive zum Beispiel meistens gottähnlich oder unpersönlich. Im zwanzigsten Jahrhundert neigen die Leser dazu, Geschichten eher dann als glaubwürdig zu empfinden, wenn erkennbar ist, aus welcher Perspektive die Ereignisse betrachtet werden, das heißt, wenn erkennbar ist, wer sie erzählt.

Zentrale Figur ist die Person, um die herum sich die Ereignisse in der Geschichte entfalten. Seine oder ihre Abenteuer interessieren uns. Die zentrale Figur kann, muß aber nicht identisch mit dem Erzähler sein.

Person ist die Stimme, die die Geschichte erzählt. Die Geschichte kann in der ersten Person erzählt werden („ich ging zum Markt"), in der zweiten Person („du gingst zum Markt") oder in der dritten Person („sie ging zum Markt"). Die meiste Prosaliteratur wird in der dritten Person geschrieben („er ging", „sie ging" oder „sie gingen"). Erlebnisberichte faßt man hingegen am besten in der ersten Person ab.

Tempus ist eine der drei möglichen Zeiten, in der die Geschichte spielt: Vergangenheit, Gegenwart oder Zukunft. Erlebnisberichte schreibt man meistens in der Gegenwartsform. Warum? Wenn man in der Gegenwartsform schreibt, auch während man auf Vergangenes zurückblickt, wirken die Ereignisses so, als ob sie gerade jetzt, in diesem Augenblick passierten. Das beflügelt sowohl die Vorstellungskraft des Verfassers als auch die des Lesers.

Distanz oder distanzierender Effekt ist das Gefühl, das der Leser hat, wenn er sich ständig eine Armlänge von den Ereignissen in der Geschichte und von den Emotionen der zentralen Figur ferngehalten fühlt. Distanz kann frustrierend für den Leser sein, wenn er die Erlebnisse und Gefühle der zentralen Figur stärker nachempfinden möchte. Die Vergangenheitsform erzeugt automatisch ein Gefühl der Distanz. Zu viele Adjektive oder Adverbien schaffen ebenfalls Distanz. Intellektuelle und emotionslose Wörter schaffen Distanz. Steife und verschachtelte Sätze schaffen auch Distanz.

Intimität oder emotionale Nähe vermittelt den Eindruck zu wissen, was eine Figur denkt und fühlt. Sie macht es möglich, so dicht an die Ereignisse heranzukommen, daß der Leser sich augenblicklich in Handlungen und Gefühle miteinbezogen fühlt. Dialoge vermitteln den Eindruck von Intimität zwischen dem Erzähler und den anderen handelnden Personen. Innere Gedanken und Gefühle vermitteln das Gefühl, man kenne den Erzähler so gut, als ob man selbst der Erzähler wäre.

Dialog ist das, was zwei oder mehr Menschen einander sagen. Er macht jede Geschichte interessanter. Ein Dialog wirkt glaubwürdig, wenn man sich die sprechenden Personen dabei vorstellen kann.

Innerer Monolog oder innerer Dialog ist das, was die zentrale Figur im Inneren ihres Kopfes zu sich selbst spricht. Zum Beispiel: „Vati guckt beim ganzen Abendessen Fernsehen. ‚Ich wette, er merkt noch nicht mal, wenn ich etwas von seiner Eiscreme klaue‘, denke ich mir." Innerer Monolog macht eine Geschichte reichhaltiger.

Glaubwürdigkeit ist der Maßstab, mit dem die meisten Menschen den Wahrheitsgehalt einer Geschichte beurteilen. Wenn die Geschichte glaubhaft klingt, neigt man dazu, sie für wahr zu halten. Ziel praktisch jeden Autors ist es, den Leser dazu zu bringen, die Figuren und Begebenheiten seiner Geschichte für glaubwürdig zu halten. Fast jeder Leser begegnet geschriebenen Geschichten mit einer gewissen Skepsis. Das ist eine gesunde Einstellung. Aufgabe des Schreibenden ist es, die Leser dazu zu bringen, ihre natürliche Skepsis eine Zeitlang freiwillig beiseite zu lassen, ihnen den Einstieg in die von ihm geschaffene Welt zu ermöglichen und sie zum Bleiben in dieser Welt zu veranlassen.

Gleichgewicht: In einer guten Geschichte sollten sich Erzählung, Dialog und innerer Monolog die Waage halten. So kann der Verfasser dem Leser vermitteln, was in der äußeren Welt der Handlungen, Ereignisse und Emotionen und was in den Gedanken und Gefühlen, also in der inneren Welt der zentralen Figur geschieht.

Die äußere Welt ist die öffentliche Welt der Personen und Ereignisse, die außerhalb unserer selbst existiert.

Die innere Welt ist die private Welt, in der wir uns die meiste Zeit über aufhalten. Zu dieser Welt gehören die Dinge, die uns Spaß machen, die Dinge, die uns Angst machen, und die eigenen Gedanken.

Selbstkritik: In unserer inneren Welt sagen wir uns oft, daß wir Dinge falsch gemacht oder uns dumm benommen haben. Wenn wir uns selbst niedermachen, bekommen wir ein schlechtes Gefühl uns selbst gegenüber. Das bewirkt, daß wir aufhören, das zu tun, was wir gerade tun.

„Schreiben von innen" in zehn Schritten

„Schreiben von innen" – wie macht man das? Zehn Schritte führen zu diesem Ziel. Hier ein kurzer Überblick über jeden dieser zehn Schritte, die im weiteren Verlauf des Buches alle noch einmal ausführlich behandelt werden.

Als erstes sammelt man *die lebendigsten Erinnerungen* an eigene Erlebnisse und läßt daraus *geistige Bilder* entstehen.

Der zweite Schritt besteht darin, die *Gegenwartsform* zu benutzen. Indem man einen einfachen Satz in der Vergangenheitsform schreibt, wie „Ich erinnere mich, daß ich einen Hund hatte, als ich fünf Jahre alt war", hat man schon eine Distanz zu dem Ereignis geschaffen. Um näher an das Erlebnis heranzukommen und sich besser daran zu erinnern, ist es sinnvoller, die Gegenwartsform zu benutzen: „Ich bin fünf Jahre alt und habe einen Hund."

Drittens *schließt man Gefühle mit ein*. „Ich habe einen Hund, der Flecki heißt. Er ist groß und weiß und wedelt dauernd mit dem Schwanz. Am liebsten tolle ich mit ihm auf unserem Bauernhof herum. Wenn wir dann verschnaufen, leckt er mein Gesicht ab. Das finde ich schön." Diese Beobachtungen sind Ausdruck von Gefühlen und führen den Leser näher an die Erfahrung heran.

Viertens *schließt man alles aus, was erwachsen klingt*. Wenn man sechzehn ist und sich in die Welt eines Fünfjährigen zurückversetzt, muß man alles ausschalten, was ein Fünfjähriger nicht sagen würde, auch wenn man es mit sechzehn vielleicht sagen würde. Man schreibt in der Gegenwartsform aus dem Blickwinkel des Alters heraus, in dem das Ereignis stattfand. Dadurch kommt man viel näher an die Erfahrung heran.

Fünftens lernt man durch das *Feedback der anderen* von Anfang an, wie man unvoreingenommene, unaufdringliche, konstruktive und ermutigende Kritik übt und entgegennimmt.

Sechstens versucht man, *möglichst viele Dialoge* einfließen zu lassen. „Am liebsten tolle ich mit ihm auf unserem Bauernhof herum. ‚Los Flecki, schneller, schneller', rufe ich, während ich hinter ihm herrenne." Dadurch entsteht noch größere Nähe zu den Figuren in der Geschichte.

Siebtens bezieht man *Gedanken und Gefühle* in die Geschichte ein.

Achtens versucht man, dem Leser sofort das Gefühl zu geben, sich mitten im Geschehen zu befinden, indem man die Geschichte unmittelbar mit einer *Handlung* oder einem *Dialog* beginnen läßt. „‚Mach schon, Flecki, such das Stöckchen!' Ich werfe den Stock, und Flecki rennt ihm hinterher. Ich bin fünf Jahre alt und habe einen Hund namens Flecki. Er ist ..."

Neuntens sucht man den *Höhepunkt der Geschichte* und gestaltet ihn aus. Dadurch fesselt man den Leser noch mehr an die Geschichte.

Zehntens fügt man *ein Nachwort* hinzu, in dem man von heute aus einen Blick zurück auf die erzählten Ereignisse wirft.

Diese Schritte lassen sich in gewissem Ausmaß auf alle Formen und Schwierigkeitsgrade anwenden, in denen Schüler schreiben. Die späteren Kapitel werden sich näher mit den einzelnen Schritten befassen und erläutern, wie man sie für Kinder in jedem Stadium ihrer Entwicklung anpassen kann.

Die Schritte sollen letztlich zu einer packenden und echt wirkenden Darstellung persönlicher Erlebnisse führen. In ihr sollen sich die gebräuchlichen Mittel der Prosaliteratur – Erzählung, Dialog, innere Monologe und Gefühle – die Waage mit einer glaubwürdigen Erzählperspektive halten. Dies soll bewirken, daß der Leser in die Erfahrung eintaucht und dabeibleibt.

Wer sich die Zeit nimmt, schrittweise „Schreiben von innen" zu erlernen, wird sehr bald eine Verbesserung seiner Fertigkeiten beim Schreiben feststellen. Klarheit, genauere Struktur, bessere Grammatik und die Bereitschaft, mehr Zeit in das Überarbeiten von Texten zu investieren, sind nur einige der Erfolge, die sich einstellen werden.

Dabei lernt der oder die Schreibende, ein Gleichgewicht herzustellen zwischen den Einwänden der Selbstkritik und dem schöpferischen Bedürfnis, eine Geschichte zu schreiben.

2
Die Entwicklungsstadien kindlichen Schreibens

„Jedes Kind ist ein Künstler. Die Frage ist, wie es ein Künstler bleiben kann, wenn es erwachsen wird."
Pablo Picasso

Stell' dir vor, du wärst neun Jahre alt und deine Lehrerin würde dir die Aufgabe stellen, einen Aufsatz über deine Sommerferien zu schreiben. Du heißt Hans (von deinen Klassenkameraden wirst du allerdings Hans der Blödi genannt). Du nimmst deinen Bleistift. Aber genau in dem Moment, in dem du anfängst, über den vergangenen Sommer nachzudenken, springt ein riesiger grauer Menschenfresser mit einem stacheligen Vollbart durch das offene Fenster, packt deinen vor Furcht zusammengekauerten Körper und flüstert dir ins Ohr: „Du kannst das nicht!"

Angenommen, du verstehst die Worte des Menschenfressers nicht, aber du fühlst sie im ganzen Körper. Was passiert? Du wirst unruhig, mußt plötzlich auf's Klo oder wirst wahnsinnig müde.

Der Menschenfresser lacht dich aus, aber du versuchst es trotzdem: „Letzten Sommer ging ich ins Schwimmbad. Sehr oft. Jeden Tag. Am Montag und am Dienstag. Eines Tages ..." Der Menschenfresser lacht. Du hörst auf. „Sei lieber vorsichtig", sagst du dir, „es war echt lustig, als Peter ins Wasser gesprungen ist und dabei seine Badehose verloren hat und nicht mehr rauskonnte, aber das sollte ich vielleicht besser nicht schreiben ..."

„Paß bloß auf", sagt der Menschenfresser, „deiner Lehrerin wird das nicht gefallen. Wahrscheinlich wird sie deinen Aufsatz der ganzen Klasse vorlesen, und alle werden dich auslachen." Der Menschenfresser lacht fürchterlich. Deine Hand wird ganz taub, dein Kopf wird schwer. Du sackst in dich zusammen. Die Lehrerin kommt zu dir rüber. „An die Arbeit, Hans", sagt sie und nimmt dein Blatt.

„Frau Lehrerin, ich fühle mich so komisch", murmelst du. Sie liest und schüttelt den Kopf. „Nein, so geht das nicht. Ich möchte einen schönen Aufsatz. Du sollst nicht die Wochentage aufzählen. An die Arbeit ... oder ... ich lese das der Klasse vor." Sie liest es wirklich laut vor. „Ich möchte, daß ihr anderen etwas Besseres schreibt", weist sie die anderen an. Der Menschenfresser lacht ... und du beginnst, das Schreiben zu hassen.

Kommt Ihnen das bekannt vor? Die Schreibgewohnheiten und -erfahrungen viel zu vieler Erwachsener sind auf diese Weise geprägt worden. Der innere Menschenfresser, die Selbstkritik, untergräbt unser Vorhaben, erzeugt Zweifel und Frustration, und die Lehrerin gibt dem Menschenfresser auch noch eine Möglichkeit, zum Vorschein zu kommen. Manchmal kann die bedächtige Stimme der Selbstkritik nützlich für das Schreiben sein, aber bei den meisten setzt sie viel zu früh ein und zerstört alles bereits im Ansatz.

Als Lehrer kann man Schülern jedoch auch helfen, Selbstkritik zu erkennen, zu verstehen und effektiver damit umzugehen.

Die vier Entwicklungsstufen

Im folgenden Kapitel werden wir uns mit den Wandlungen des schöpferischen Potentials von Kindern auf vier Entwicklungsstufen beschäftigen.

1. Das junge Kind (Geburt bis etwas über 10 Jahre),
2. das mittlere Kind (11 bis 14),
3. das ältere Kind (15 bis 16),
4. der junge Erwachsene (17 bis 19).

Wenn man diese Kindheitsstadien in Relation zur Entwicklung von Schreibfertigkeiten betrachtet, ist man als Erziehender besser darauf vorbereitet, Kindern beim Umgang mit Schreibhemmungen zu helfen, die durch Selbstkritik verursacht werden. Je älter ein Kind wird (und je schneller sie oder er anfängt, die geistige Haltung analytischen und kritischen

Denkens einzunehmen), um so mehr wird Kritik die Kreativität und Ausdrucksfähigkeit unterdrücken.

„Schreiben von innen" und die vier Entwicklungsstufen

Obwohl diese Alterskategorien sehr eng gefaßt sind, decken sie sich mit den verschiedenen Stadien der kindlichen Schreibentwicklung. Kinder durchlaufen die einzelnen Stadien mit unterschiedlicher Geschwindigkeit, aber kein Kind kann ein Stadium überspringen. Jedes Stadium ist wichtig.

Stadium eins: Das junge Kind

In dieser ersten Phase (Geburt bis etwas über 10 Jahre) findet sich das Kind in einer Welt wieder, die neu und unbekannt ist. Die Natur ist lebendig und prall. Menschen sind groß und mächtig. Die Eltern sind die Quelle unendlicher Liebe, Ermutigung, Zuwendung oder des Schmerzes, der Zurückweisung, des Schreckens, machtvoller Handlungen und überwältigender Gefühle. Wenn Eltern oder andere Autoritätspersonen einem Kind in diesem Alter sagen, was es tun oder nicht tun soll, gehorcht es. Dieses Stadium durchläuft das Kind von der Geburt an, bis es ungefähr zehn oder elf Jahre alt ist.

Während dieser Zeit sollte man das Kind dazu anregen, an einprägsame frühe Erlebnisse zu denken (Schritt 1), und es ermutigen, nicht in der Vergangenheitsform, sondern in der Gegenwartsform zu schreiben (Schritt 2). Man sollte das Kind ebenfalls dazu anregen, Gefühle zu beschreiben (Schritt 3) und, schließlich, in Dialogform zu schreiben (Schritt 6). Auf diese Weise werden die Geschichten des Kindes eine lebendigere und klarere Form gewinnen.

Stadium zwei: Das mittlere Kind

In diesem zweiten Stadium (11 bis 14 Jahre) fängt das Kind an, seine innere kritische Stimme zu hören und zu fühlen. Das Kind tut, was man ihm sagt (oder es rebelliert), *sogar wenn die Autoritätsperson nicht in der Nähe ist.* In diesem Stadium stellt das schreibende Kind fest, daß es verschiedene gleichberechtigte Sprachen besitzt, um sich auszudrücken. Es lernt, entweder subjektiv zu schreiben oder analytisch.

Während dieser Zeit sollte man das Kind dazu anregen, an einprägsame frühe Erlebnisse zu denken (Schritt 1), und es ermutigen, nicht in der Vergangenheitsform, sondern in der Gegenwartsform zu schreiben (Schritt 2). Man sollte das Kind ebenfalls dazu anregen, Gefühle zu beschreiben (Schritt 3), elementares Feedback zu geben (Schritt 5), vom kindlichen Standpunkt aus (Schritt 4) und in Dialogform zu schreiben. (Schritt 6)

Stadium drei: Das ältere Kind

Im dritten Stadium (15 bis 16 Jahre) erlebt das Kind seine eigene kritische Stimme sehr stark und rebelliert oft gegen alle anderen kritischen Stimmen, einschließlich die von Lehrern und Eltern. Aufgeweckte Kinder versuchen sich oft in ungewöhnlichen Schreibweisen, wodurch sie sich allerdings um so mehr vom authentischem Schreiben des Kindes wegbewegen. Kinder mit weniger Selbstvertrauen lassen sich durch die Begabung der anderen einschüchtern. Während dieser Phase übt die Bezugsgruppe einen entscheidenden Einfluß aus, und oft wird Kreativität durch häufige und unsensible Kritik zerstört.

In dieser Stufe sollte man besonderen Wert darauf legen, daß die jungen Leute die Fähigkeit entwickeln, Gefühle auszudrücken (Schritt 3), Feedback zu geben (Schritt 5), vom Standpunkt des „inneren Kindes" aus zu schreiben (Schritt 4), mehr und bessere Dialoge zu schreiben (Schritt 6), einen Sinn für Form zu entwickeln (Schritt 8) und den Höhepunkt auszubauen (Schritt 9). So lernt der junge Autor dichtere und lebendigere Erlebnisberichte zu schreiben, die ein Gleichgewicht zwischen Beobachtung, Gefühl und effektiver Erzähltechnik bewahren.

Stadium vier: Der junge Erwachsene

In diesem vierten Stadium (17 bis 19 Jahre) merkt der Jugendliche, daß er sich von der Kindheit entfernt hat, und erkennt höchstwahrscheinlich den Wert sowohl der kindlichen Unschuld und Kreativität als auch der erwachseneren, vorsichtigeren und objektiveren inneren Stimme. Ziemlich sicher schätzen Erwachsene diese Stimme der Vernunft als etwas ein, das für zukünftige Herausforderungen lebensnotwendig sein wird: beim Verlassen des Elternhauses, beim Eintritt ins Berufsleben oder im Studium.

Während dieser Phase wird der Jugendliche mit den bereits erwähnten Techniken des Schreibens vertrauter. Natürlich engt die Selbstkritik Schreibfähigkeiten und Lebensfreude unerbittlich ein, weil sie schon auf die nächste Lebensphase vorbereiten möchte: den Eintritt ins Berufsleben oder die Anforderungen eines Studiums. Konflikte mit Autoritätspersonen kommen in dieser Phase praktisch immer vor. Schreibtechniken ermöglichen es dem Schüler oder der Schülerin, seinem oder ihrem Streben nach der äußeren Welt des Sich-Bewährens eine Form zu geben und gleichzeitig der inneren Welt der Gefühle – des Zweifels, der Wut, der Empörung, der Scham, der Verwirrtheit, der Verletzlichkeit und auch des Pflicht- und Verantwortungsgefühls Ausdruck zu verleihen. In dieser Phase sind Jugendliche auch schon in der Lage, die *Bedeutung von Lebenserfahrungen* zu reflektieren, indem sie dem Schluß einer Geschichte ein Nachwort hinzufügen.

Ob nun mit 10 oder 17 Jahren: Dieser Prozeß verhilft den Schülern in jedem Fall zu einer größeren Sprachbeherrschung und Erzählfertigkeit sowie zu größerem Verständnis und tieferem Respekt für ihre Art von Lebensgestaltung. Sie schaffen sich dadurch auch die Grundlage für eine größere Kompetenz in anderen Arten des Schreibens. (Siehe Kapitel 12, in dem das analytische Schreiben behandelt wird.)

> *Überzeugen zu können ... ist zunächst eine spontane Fähigkeit der Kindheit, eine magische Fähigkeit, durch die sich die Welt im Nu vom Banalen ins Magische verwandelt. Die Unausrottbarkeit dieser kindlichen Eigenschaft ist eine der universalen Eigenschaften der Menschen, die uns zu einer großen Familie machen.*
>
> Joseph Campbell.
> Die Masken Gottes:
> Der Mythos des Ursprungs

Das junge Kind: Natalie

Als erstes stelle ich Ihnen die Arbeit eines siebenjährigen Mädchens vor, das seine Großmutter in einen meiner Schreibkurse für Senioren begleitete. Während die Senioren ihre Geschichten lasen, schrieb Natalie ihre frühesten Erinnerungen auf. Am Abend fragte sie ihre Großmutter, woher die Familie stammte. Die folgende Geschichte ist die Antwort der Großmutter, wie Natalie sie gehört hat.

Diese Geschichte verdeutlicht die natürliche Unschuld und Ausdrucksfähigkeit des Kindes. Unschuld kann man auch in der Art und Weise erkennen, wie Natalie mit Fakten umgeht und welche Fakten sie ausläßt. Untersuchungen über die Art und Weise, in der Kinder in diesem Alter die Welt „sehen" (siehe dazu auch *Drawing With Children* von Mona Brooks) haben ergeben, daß jüngere Kinder die Welt „flach" wahrnehmen, ohne räumliche Tiefe, Perspektive oder Zeitwahrnehmung, obwohl sie in der Lage sind, Begebenheiten erzählerisch in eine klare Reihenfolge zu bringen.

Von einem Kind in diesem Alter analytisches Schreiben zu erwarten, ist genauso unangemessen, als verlange man von Mondrian, Matisse oder Cezanne im Stil von Leonardo, Raphael oder Michelangelo zu malen. In der Tat erinnert die Art, wie ein jüngeres Kind die Dinge sieht, sehr an moderne Künstler, deren Malstil sich absichtlich auf die Zweidimensionalität der Leinwand festlegt. Modernistische Künstler wie Paul Klee, Andre Breton und Joan Miro unternehmen größte Anstrengungen, Zugang zu jener wunderbaren Welt zu finden, in der Natalie zu Hause ist.

Das mittlere Kind: Lorena

Die mittlere Kindheit ist eine Phase des Übergangs. Das Kind sieht die Welt nicht mehr auf die gleiche unschuldige Weise, wie das junge Kind sie sieht, aber auch noch nicht wie ein Erwachsener. „Kritik" schleicht sich in die Arbeit des mittle-

Opa Willis Abendteuer

Geschrieben und gemalt
von Nathalie Chicha

Eine meiner Liblingsgeschiechten heißt Opa
Willies Apenteuer. Meine Oma erzählt mir immer
eine Geschiechte, wen ich am Feuer zu abend
esse und so ist es pasiehrt, das Opa Willie der
Opa von meiner Oma ist. Ich glaube, du magst
die Geschichte, stimmts?

Es fehngt so an:
  Eines Tages gieng eine Gruppe Soldaten an dem
jühdischen Dorf vorbei. Zuerst giengen die
  Soldaten zum Haus von Taba um ihn zu
warnen, weil der König hier Feuer legen wollte.

Willie war ein gesunder, reicher und schöner
Mann. Er ließ die Juhden mit dem Flugzeug zu
seinem Gruntstük kommen. Sie bauten neue
Häuser. Dann taten sie die Häuser dahin wo sie
wollten.

Nachdem sie fast ihr ganzes Geld für das
jühdische Dorf ausgegeben haben sind sie in
einen Waggon gegangen. Sie suchten ein Jahr
biß sie Bosten gefunden haben.

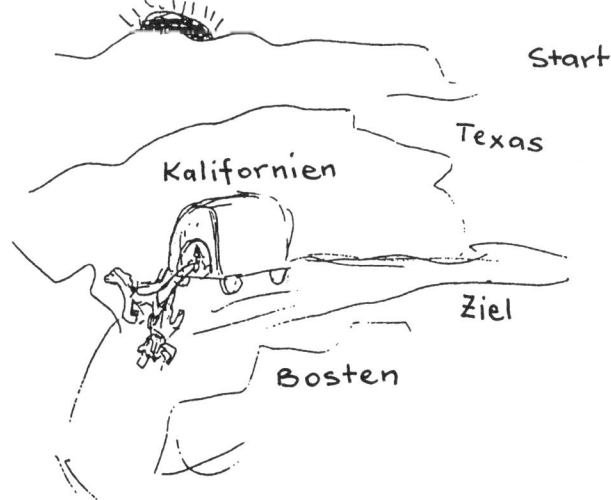

Sie sind in ein sehr schönes Haus in Bosten
gezogen. Alle haben geholfen, die Karrtongs
reinzutragen.

Als ein paar Tage vergiengen sah es so aus,
als ob noch mehr zu tun war. Eines
Nachmittags war was komisches draußen.
Mama hat es zuerst gesehen. Dan hat sie den
Rest der Familie gerufe. Sie sehen aus wie
Indianer! sagte Mama.

Aber dann konnten sie erkennen, was es war.
Das waren Oksen. Ich weiß auch nicht alles,
sagte Mama. Alle lachten sie aus und sie
fülte sich ganz blöd.

Am neksten Tag machte Opa Willie einen
Spaziergang. Plitzlich stieß er mit einem
Indianerhäuptling zusammen. Was ist los? fragte
Opa Willie. Der Häuptling antwortete:
  Meine Leute haben mich aus dem Dorf
rausgeschmissen. Willst du bei uns zu Abend
essen? fragte Opa Willie. Ja, sagte der
Häuptling. Komm heute abend um 6 Uhr zu uns
nach Haus. OK? OK!

Willie erzählte der Familie von dem
Indianerhäuptling. Als der Indianer kam, deckte
Mama den Tisch und brachte das Essen.
   Es gab Frankfurter Würstchen. Jeder durfte
nur eines haben, weil sie teuer waren. Mama ließ
ihres fallen. Aber sie hob es nicht auf, weil
sie Angst vor dem Indianer hatte. Billie hob es
auf und aß es und Mama guckte zu.

   Ihr habt mich vergieftet! Ihr habt mich
vergieftet! schrie der Indianer als er den Senf
gegessen hat. Ihr vergiftet mich!
        Ihr vergieftet mich!

In der neksten Woche guckte Willie in sein
Portmonee. Er hatte noch 40 Dollar. Er hatte eine
I dee. Die Familie ging zu einem Bauernhof
und kaufte ein Henne und einen Hahn. Billie
sollte den besten Hahn aussuchen und Susan
die beste Henne.

Willie verkaufte die Henne und den Hahn an
einen Indianer. Der Indianer gab ihnen Land und
ein bißchen Geld.

Als sie zu Hause ankamen fragte Billie seinen
großen Bruder Tim, wie Indianer essen. Tim
guckte in einem Buch nach und schaute auf die
Seite 112. Hier steht, daß die Indianer, Hühner
kochen. Danach rupffen sie ihnen die Federn
einzeln aus. Dann essen sie sie.

Aber das ist fast genauso, wie wir es machen.
sagte Billie. Ich weiß, sagte Tim. Dann legte
er das Buch weg. Endlich wurde das neue Haus
in Bosten ihr Zuhause.

In 20 Jahren habe ich Kinder wie du, sagte
Susan immer zu ihrer Mama und das stimmte.
Drei Medchen und einen Jungen. Ich war
das elteste Medchen. Und willie wurde OpaWillie.
Mama wurde Oma. Und Susan wurde eine
Mama. Beth wurde eine Tante und Billie und Tim
wurden Onkels.

Dann hat meine Oma, die elteste Tochter von
Susan vier Mädchen gekriegt. Eine von denen
hat mich gekriekt.

Dann frage ich, ob das jetzt das Ende der
Geschichte ist und sie sagt ja!

ren Kindes in Form einer Stimme ein, die wie die Stimme eines Erwachsenen klingt und auf jeden Fall noch nicht die eigene Stimme ist.

Die folgende Geschichte wurde von einem zwölfjährigen Mädchen geschrieben, als sie sich in diesem Entwicklungsstadium befand. Später werden wir uns Arbeiten anschauen, die sie anfertigte, nachdem ihr ein neuer Zugang zu ihrer kindlichen Sprache, ihrer natürlichen Fähigkeit, von innen zu schreiben, vermittelt worden war.

Meine erste Erinnerung
von Lorena Salazar
7. Schuljahr

Ich war ungefähr 6½ Jahre alt und ging in die erste Klasse. Unsere Klasse sollte einen Test in Rechtschreibung machen. Wir alle gehen auf die Matte vorne im Klassenraum, und unsere Lehrerin sagt uns, wir sollen uns hinlegen und unsere Hefte aufschlagen. Ich nehme ein Stück Papier aus meinem Heft und passe genau auf, ob mich jemand beobachtet. Niemand beobachtet mich, also verstecke ich das Papier unter der Matte.

Als der Test anfängt, weiß ich, wie man die ersten drei Wörter schreibt, dann beim vierten Wort weiß ich nicht weiter und sehe nach, ob ich beobachtet werde.

Ich hebe die Matte hoch und sehe nach, wie man das Wort richtig schreibt. Dann verstecke ich meinen Zettel wieder bis der Test vorbei ist, und als wir fertig sind, gebe ich der Lehrerin mein Heft, und auf dem Weg zu meinem Platz werfe ich den Zettel weg.

Lorenas Arbeit klingt in vieler Hinsicht erwachsen, wobei die meisten von uns selbstverständlich meinen, daß diese Erwachsenart die richtige Art des Schreibens ist. Die Teile sind in kohärenter und logischer Weise verknüpft, und die Verfasserin benutzt die Vergangenheitsform, um uns schön auf Distanz zu halten.

Nun schauen wir uns die Arbeit von Lorena noch einmal an, nachdem ihr ein neuer Zugang zu ihrer „inneren Kinderstimme" vermittelt worden war, auf die sie in Zukunft ihre eigene authentische Sprache aufbauen kann.

Meine erste Erinnerung
(zweite Version)
von Lorena Salazar

Ich bin 6½ Jahre alt. Ich gehe zur Schule, und meine Klasse muß nun einen Rechtschreibtest machen. Die Lehrerin ruft: „Gruppe zwei, nehmt eure Stifte und Hefte und kommt zur Matte." „Oh je", sage ich leise, nehme langsam meine Sachen und gehe zur Matte.

„Legt euch mit den Köpfen nach außen auf die Matte", sagt die Lehrerin. Ich mache, was sie sagt, und als ich sicher bin, daß niemand hinsieht, stecke ich ein Stück Papier, auf dem die Wörter stehen, unter die Matte.

Im ersten Teil des Testes weiß ich, wie man die Wörter schreibt. Dann sagt die Lehrerin, „buchstabiert *zweiter*". Ich gehe das Wort in meinem Kopf durch.

„Ich weiß es nicht", sage ich mir. Nachdem ich gucke, ob mich jemand beobachtet, hebe ich vorsichtig die Matte hoch und schaue nach, wie man das Wort schreibt.

Für den Rest des Testes muß ich auf den Zettel gucken.

„Sammelt eure Hefte ein und geht zurück zu euren Plätzen", sagt die Lehrerin. Ich warte, bis die anderen Kinder aufstehen, dann nehme ich den Zettel und verstecke ihn in meiner Hand. Ich gebe der Lehrerin mein Heft und gehe zurück zum Platz. Den Zettel werfe ich weg.

Beachten Sie, wie lebendig diese Version der Geschichte klingt. Sie schreibt die Geschichte in der Gegenwartsform und benutzt Dialoge. Dadurch wirkt Lorena viel stärker als reale Person, die wirklich sechs Jahre alt ist.

In den folgenden Kapiteln wird deutlich werden, wie Lorena diesen Wandel vollzogen hat. Sie hört sich nicht mehr wie ein Beinahe-Erwachsener an. Aufgrund der Einfachheit der

Wörter und der direkten Rede in der ersten Person klingt sie wie ein ausdrucksvolles, interessantes Kind.

Das ältere Kind: Sonia

Nun werden wir uns die Arbeit einer Schülerin anschauen, die gerade mit der Oberschule begonnen hat. In diesem Stadium machen Schüleraufsätze meist einen erwachsenen Eindruck. In der Tat wirken gerade begabte Schüler zunehmend erwachsen und weit von der Sprache des „authentischen Kindes" entfernt, weil sie einen besonders intellektuellen Eindruck machen möchten. Sie lesen Texte anspruchsvoller erwachsener Schriftsteller und ahmen sie nach.

Eine deutliche Erinnerung
von Sonia O.
10. Schuljahr

Ich war ungefähr acht oder neun Jahre alt das erste Mal meine Eltern hatten eine Streit die mit Scheidung endete. Ich erinnere mich, es war ein sonnige schöne Tag um vier oder fünf Nachmittag, ich schaute Fernsehen und paßte auf meine ein Jahr alte Schwester auf, als ich sah meine Mami ihre Schlafzimmertür zumachen und sie fing mit meinem Vater Steit an, ich schenkte nicht viel Aufmerksamkeit davon, weil ich wußte, vielleicht war wieder so ein Streit von Mami und Papi. Später so nach eine Stunde ich höhrte meine Mami schreien und furchtbare Sachen schreien, sie warfen Gegenständen auf sich ganz plötzlich hörte ich einen Schuß. Ich rannte zum Zimmer ich schlug die Tür und wollte sie aufmachen ich schrie „Aufhören, bitte aufhören!" Meine Mami kam aus dem Zimmer und nahm meine Hand, schnappte sich meine kleine Schwester und wir verließen das Haus. Das war das letzte Mal als ich meinen Vater sah, niemand war verletzt aber das war das Ende von ihrer Ehe.

Diese Geschichte wurde von einer Zehntklässlerin geschrieben, die Deutsch nicht als Muttersprache spricht. So ist zum

Beispiel das fehlende Subjekt („ ... ich wußte, vielleicht war (es) wieder ... ") im Sprachgebrauch ursprünglich Spanisch-sprechender durchaus üblich. Auch die zahlreichen Rechtschreibe-, Tempus-, Stil- und Zeichenfehler erklären sich aus der Tatsache, daß Sonia Deutsch nicht gut beherrscht.

Dennoch zeigt sich hier der typische Intellektualismus derjenigen, die dabei sind, die Unmittelbarkeit des „geistigen Zustands der Kindheit" zu verlieren. Bereits im ersten Satz nimmt sie zum Beispiel das Ende der Geschichte vorweg: „... hatten eine Streit, die mit Scheidung endete." Es finden sich auch noch andere Beispiele: Erzählen mit wenig Dialogen, Abstand vom Geschehen, fehlende Gefühle und Verwendung der Vergangenheitsform.

Schauen wir uns jetzt einmal an, wie sich die Geschichte in einer überarbeiteten Fassung anhört, nachdem Sonias Lehrer sie dazu ermutigt hatte, in der Gegenwartsform zu schreiben, mit „Ich bin ... Jahre alt und ich bin ..." zu beginnen und Gefühle und Dialoge hinzuzufügen.

Eine deutliche Erinnerung
(zweite Version)
von Sonia Ortiz

Ich bin acht Jahre alt, meine Eltern geraten in einen Streit.

Es ist ein schöner sonniger Tag, vier Uhr Nachmittag. Ich schaue Fernsehen und passe auf meine ein Jahr alte Schwester auf. Meine Mami macht ihre Schlafzimmertür zu, denn ich soll nicht hören, wie sie schreien und häßliche Dinge zu sich sagen, von denen ich weinen und Angst kriegen würde. Ich versuche nicht hinzuhören, weil ich sowieso nichts machen kann bei diesem Streit. Sie streiten sich nun schon eine Stunde und Mami brüllt und schmeißt alle Dinge im Zimmer kaputt. Ich denke, daß meine Mami ihn bittet zu gehen, weil ich höre, wie er zu ihr sagt: „Nein, ich gehe nicht, niemals." Ich rufe Mami und schreie: „Hört auf!" Sie kommt aus dem Zimmer, nimmt meine Hand und schnappt sich meine Schwester und wir gehen aus dem Haus. Ich habe Angst, daß sie nie wieder mit meinem Vater reden wird. (Dann gibt es die Scheidung.)

In dieser Version der Geschichte hat Sonia das unschuldige Kind in sich entdeckt. Sie ist viel näher dran am Geschehen als in der ersten Version, und das überträgt sich auch auf den Leser. Dieser erfährt auch mehr über den Grund des Streites („Nein, ich gehe nicht"), was besonders glaubwürdig wirkt, weil es durch den Dialog aufgedeckt wird. Außerdem wird in der zweiten Version das Weggehen des Vaters nicht als Tatsache ausgedrückt („das war das letzte Mal als ich meinen Vater sah"), sondern als Befürchtung („Ich habe Angst, daß sie nie wieder mit meinem Vater reden wird."). Es werden sogar ein paar Gefühle beschrieben („ ... von denen ich weinen und Angst kriegen würde").

Auch die grammatikalischen Fehler haben sich bis in Details hinein verbessert. „ ... hatten eine Streit" wurde zu „... geraten in einen Streit". „Ich schenkte nicht viel Aufmerksamkeit davon ..." wurde zu „Ich versuche nicht hinzuhören ..." Das ist nicht nur grammatikalisch besser, sondern zugleich eine gute Beobachtung von Verhalten unter Druck. Obwohl der Lehrer den Satzbau überhaupt nicht kritisierte, hat die Schülerin viele Fehler von sich aus korrigiert.

Am wichtigsten ist jedoch die Erkenntnis, daß sich hier ein zunehmendes Verständnis für zwischenmenschliche Beziehungen zeigt, das jüngere Kinder noch nicht haben, weil ihre Welt sehr stark auf das eigene Ich zentriert ist. Ein solches Verständnis wird durch Nähe zum „geistigen Zustand der Kindheit" vertieft, denn dieser geistige Zustand bedeutet Nähe zur Frische und Neuartigkeit des Lebens, zum Schmerz, zur Verwirrtheit und zu Verlustgefühlen.

Der junge Erwachsene

In diesem Stadium haben die Jugendlichen bereits eine deutlich stärkere Fähigkeit zur Selbstbefragung entwickelt. Allerdings müssen sie sich jetzt die Neigung zu Selbstkritik, Selbstzweifel und zur Schaffung von Distanz abgewöhnen. Erst dann können sie die Fähigkeit entfalten, ein Gleichgewicht zwischen der äußeren Welt der Ereignisse und Handlungen und der inneren Welt der Gedanken und Gefühle herzustellen.

6 3

Ein gutes Beispiel für eine Geschichte aus diesem Stadium ist *Sonnentop* von Liz Kelly aus Kapitel 17 (Seite 200). Diese Geschichte steckt voller Beispiele für Liz' Gedanken und Gefühle, aber gleichzeitig hält sie die Balance zu den Stimmen der Menschen in ihrer Umgebung, die ihr das Leben mehr oder weniger schwer machen.

Der Erwachsene

Diese abschließende Phase – Erwachsensein – wird in meinem Buch *Writing from within* ausführlich behandelt und soll daher nicht Gegenstand dieses Buches sein. Dennoch finden Sie auf den Seiten 205–215 Textbeispiele von Erwachsenen mittleren oder fortgeschrittenen Alters, die den „geistigen Zustand der Kindheit" wiedergefunden haben und nun beginnen, ihre Kindheitserlebnisse aus Sicht des inneren Kindes neu zu erfahren.

Die Geschichten aus den ersten vier Entwicklungsstufen der kindlichen Schreibfähigkeit sind genau die, mit denen man in jedem Klassenzimmer arbeiten kann. Schüler erproben ihre Fähigkeit zum Erzählen guter Geschichten sehr gern. Lehrer stellen fest, daß ihre Schüler bei dieser Art des Lernens besonders konzentriert arbeiten. Die Schüler empfinden es als Fortschritt und Bereicherung, wenn sie merken, daß es ihnen immer besser gelingt, der Klasse etwas über ihre ureigensten Anliegen zu vermitteln.

3

Vorbereitung auf das Schreiben

....

„Kinder brauchen eher Vorbilder als Kritiker."
Joseph Joubert Pensees

Angenommen, Sie haben eine zehnjährige Schülerin namens Sarah in Ihrer Klasse. Jedesmal, wenn Sie Ihre Klasse einen Aufsatz schreiben lassen, muß Sarah auf die Toilette. Sie lassen sie gehen, aber wenn sie wiederkommt, malt sie kleine Teufel auf ihr Blatt. Obwohl Sarah das vielleicht nicht weiß, drückt sie damit ihre Schreibangst aus.

Wie kann man jungen Autoren helfen, diese starke Hemmung zu überwinden?

Zuerst geht es darum, die Angst zu erkennen, auch wenn sie verdeckt auftritt, damit sie entschärft werden kann. Dann muß man eine Atmosphäre schaffen, in der sich das Kind sicher fühlt. Positive Gefühle, Bestätigung und Verständnis sollten dabei im Vordergrund stehen, Ablehnung und Kritik so weit wie möglich vermieden werden.

Wenn man jungen Leuten hilft, gut zu schreiben, und ihnen dann *Bestätigung* dafür gibt, daß sie etwas Positives geleistet haben, ist man in der Bewältigung der Schreibangst bereits ein gutes Stück vorwärtsgekommen.

Eine wichtige Voraussetzung für gutes Schreiben ist, ein interessantes Thema zu finden. Noch wichtiger ist es jedoch, Techniken und Fertigkeiten zu entwickeln, mit denen man selbst das unscheinbarste Thema interessant ausgestalten kann.

Nachdem ich Sie bisher ausschließlich als Lehrer und Erzieher ihrer Schüler und Kinder angesprochen habe, bitte ich Sie jetzt, die Übungen auch selbst zu machen. Auf diese Weise lernen Sie den Prozeß selbst kennen und genießen ihn, bevor Sie ihn an andere weitergeben. Das Kind in Ihren Schülern können Sie nur dann würdigen, wenn Sie mit dem geistigen Zustand der Kindheit in sich selbst vertraut sind und ihn achten.

Über Schreibangst reden

Bei Kindern über zwölf hilft es, Schreibängste anzusprechen. Wenn die Kinder jünger sind, können Sie gleich zum Abschnitt „Schreiben ohne aufzuhören" (Seite 69) übergehen.

Fragen Sie Ihre älteren Schüler zunächst: „Wie fühlt ihr euch beim Schreiben? Ist es euch unangenehm? Bekommt ihr Angst, wenn ihr aufgefordert werdet, etwas zu schreiben?" Wenn sie bejahen, fragen Sie: „Was macht euch Angst?"

Die Antworten könnten etwa so ausfallen:
– Angst, nicht gut schreiben zu können und dann von Freunden, Eltern, Verwandten und Lehrern kritisiert zu werden;
– Angst, nicht fertig zu werden oder vom Thema abzukommen;
– Angst, zuviel Persönliches preiszugeben und sich selbst oder andere dadurch zu blamieren;
– Angst, es einfach nicht zu können, unbegabt zu sein.

Vielleicht sagen Ihre Schüler auch: „Nein, ich habe keine Angst vorm Schreiben", obwohl Sie merken, daß sie einfach nur Angst haben, ihre Angst zuzugeben. Vielleicht können sie ihre Angst auch noch nicht erkennen. Dann können Sie folgende Fragen stellen:

1. Liest du den Text durch und streichst manche Stellen, noch bevor er ganz fertig ist?
2. Fühlst du dich gelangweilt oder denkst an etwas anderes, während du mitten im Schreiben bist?
3. Merkst du beim Schreiben, daß du lieber etwas anderes machen würdest?

Machen Sie Ihren Schülern klar, daß es normal ist, Schreibangst zu haben. Die Angst zu erkennen ist der erste Schritt, um dagegen vorzugehen.

Sie fragen sich vielleicht, ab welchem Alter man die Kinder über ihre Ängste befragen kann. Kinder entwickeln anscheinend ungefähr ab der 6. oder 7. Klasse ein Bewußtsein ihrer selbst und sind sehr interessiert an dem, was andere denken. Das kann natürlich auch schon früher oder erst später geschehen, aber ungefähr zu diesem Zeitpunkt spiegeln sich in dem, was die Kinder schreiben, angstbesetzte Themen wider. Auch fangen Kinder in dieser Alter an, über Ängste zu sprechen, also kann man sagen: „ungefähr mit dreizehn."

Die Überwindung von Schreibangst umfaßt zwei Aspekte: Erstens muß man den Konflikt zwischen *Kreativität* und *Selbstkritik* verstehen, zweitens muß eine Umgebung vorhanden sein, in der man für seine kreativen Impulse Feedback aus der Umgebung (einschließlich Eltern und Lehrer) bezieht, ohne sich dabei vor Kritik fürchten zu müssen.

Der Konflikt zwischen Kreativität und Selbstkritik

Wie wir wissen, besteht das menschliche Gehirn aus zwei Hälften, der linken und der rechten Gehirnhälfte. Die rechte Gehirnhälfte wollen wir im folgenden als „Schöpfer" bezeichnen. Sie ermöglicht schöpferisches Denken, indem sie Verbindungen herstellt, Ideen entwickelt, sich Situationen vorstellt und Ereignisse als zusammenhängende Bilder wahrnimmt. Die linke Gehirnhälfte ist dafür zuständig, zu analysieren, in Kategorien einzuordnen und Lernschritte einen nach dem anderen zu vollziehen.

In der analytischen linken Gehirnhälfte befindet sich eine kleine Dachkammer, wo die Kritik wohnt. Das ist die Stimme, die uns sagt: „Paß auf! Das kannst du nicht! Du kriegst es nicht hin, deshalb versuch es erst gar nicht! Du weißt, daß du dazu nicht taugst!" Es ist vielleicht nicht ganz abwegig zu sagen, daß diese Stimme sich anhört wie die der Eltern: „Ich habe dir schon tausend Mal gesagt, du sollst nicht (etwas, das du wirklich gern machen würdest), bevor du den Müll rausgebracht, dein Zimmer aufgeräumt, abgewaschen, gute Noten heimgebracht hast."

Der erste Schritt zum Spielen ist das Gefühl persönlicher Freiheit. Bevor man anfängt zu spielen (zu erleben), muß man sich dazu befreit haben. Man muß Teil der Welt werden, die einen umgibt, ihr Wirklichkeit verleihen, indem man sie berührt, sieht, fühlt, schmeckt und riecht. Es geht darum, auf engste Tuchfühlung zur Umgebung zu gehen. Es geht darum, zu untersuchen, zu fragen, zu akzepieren oder zu verwerfen. Die persönliche Freiheit, dies zu tun, verhilft uns zu Erfahrungen und dadurch zu Selbstbewußtsein (Identität) und Ausdrucksfähigkeit. Der Wunsch nach Selbstidentität und Ausdrucksfähigkeit ist für uns alle etwas Elementares, und er ist die Grundlage des Theaters.

Viola Spolin
Improvisation for the Theatre

Selbstzweifel werden dann zum Problem, wenn man etwas aus dem Nichts heraus schaffen möchte, etwa eine Geschichte oder ein Bild, weil die rechte Gehirnhälfte sehr empfindlich auf Kritik reagiert. Wenn also die linke, strenge und elternhafte Gehirnhälfte sagt: „Vergiß es, das kannst du nicht", antwortet die empfindliche schöpferische Gehirnhälfte: „Gut, alles klar. Ich gehe wieder schlafen. Wir können vielleicht in ein paar Wochen nochmal darüber reden."

Wie kann man gegen Kritik vorgehen? Am besten, indem man sie überlistet. Wenn sie sich zeigt, sollte man sie zwar zur Kenntnis nehmen, aber nicht direkt dagegen ankämpfen, etwa im Stil von „Wie kommst du darauf, ich könnte das nicht? Klar kann ich das!" Dadurch bauscht sie sich nur noch mehr auf. Andererseits kann man die Kritik mit geschickten Formulierungen wie „Ihr werdet euch wundern, was ich alles kann!" oder „Ich mache das ziemlich gut, deshalb bleibe ich dabei, auch wenn es schwierig scheint" abwehren und seine kreativen Kräfte im Fluß halten. Am besten ist es, die Kritik mit Humor zu nehmen und eher positiv zu sehen, sich aber nicht auf sie einzulassen. Später wird sie sich noch als wertvoll erweisen, dann nämlich, wenn sie durchaus konstruktive Änderungs- und Bearbeitungsvorschläge liefert. Richtig eingesetzt kann Kritik sogar ein Freund sein. Das Problem ist nur, daß wir ihr oft soviel Nachdruck verleihen, daß die Kreativität dadurch im Keim erstickt wird.

Wir Menschen haben die fast unerschöpfliche Fähigkeit, uns ständig selbst zu zensieren. Die Angst vor Kritik hält uns nicht nur vom Schreiben ab, sie hindert uns auch daran, anderen Menschen das mögliche Resultat zu präsentieren. Als Eltern oder Lehrer haben Sie vielleicht noch das zusätzliche Problem, daß Sie zum Perfektionismus neigen, auch und gerade, wenn Sie stolz sind auf das, was Sie tun und wie Sie es tun. Dann glauben Sie vielleicht, Sie müßten eigentlich „noch besser" sein, als Sie sind. Ihre Schüler werden sehr genau spüren, wie stark ausgeprägt Ihr Kritikverhalten ist, auch wenn Sie versuchen, sich zurückzuhalten. Daher ist es so wichtig, daß Sie das „Schreiben von innen" an sich selbst ausprobieren.

Schreiben ohne aufzuhören

Ermutigen Sie Ihre Schüler, *am Schreiben dranzubleiben*. Wenn sie eine Geschichte begonnen haben, sollten sie sie fertigschreiben, selbst wenn dabei Unsinn herauszukommen scheint. In dem Wunsch aufzuhören oder den halbfertigen Text zu überarbeiten, meldet sich nämlich die innere Kritik zu Wort. Bringen Sie die Schüler dazu, weiterzuschreiben ohne aufzuhören. Sie sollen sich keine Gedanken über Rechtschreibung und Grammatik machen, sondern einfach drauflos schreiben.

Jeder Künstler muß sich am Anfang erst einmal „aufwärmen". Musiker zum Beispiel spielen die Tonleiter rauf und runter, Schauspieler machen Stimmübungen, Tänzer machen Dehnübungen. Was können Schriftsteller tun? Den Bleistift anspitzen? Den Computer einschalten? Nein, Aufwärmen heißt Handeln, also ist Schreiben das Aufwärmen des Schriftstellers. Was dabei herauskommt, hat nicht den Anspruch, gut zu sein. Es geht lediglich darum, anzufangen und dranzubleiben. Wenn die Ideen fließen und die Geschichte zu einem Ende gebracht wurde, kann man den Anfang noch einmal überarbeiten und das, was nur zum Warmschreiben diente, herausstreichen.

Ich habe herausgefunden, daß man kein Buch mit einer Intention oder einem Kalkül beginnen kann. Man beginnt mit dem Schreiben, bevor man weiß, was man schreiben will oder was man tut.

E. L. Doctorow

(Wie man den Anfang einer Geschichte findet, werden wir in Kapitel 7 ausführlich behandeln.)

Groß schreiben

Fordern Sie Ihre Schüler dazu auf, groß zu schreiben und jede zweite Zeile des linierten Blattes freizulassen. Die Leerzeilen erleichtern spätere Korrekturen, wenn die Zeit dafür gekommen ist. Außerdem wird dadurch das laute Vorlesen erleichtert, und die Schüler bekommen insgesamt das Gefühl, *freiere* Ausdrucksmöglichkeiten zu haben.

Das Preisgeben persönlicher Erfahrungen

Einige Kinder werden leidvolle, intime oder peinliche Erfahrungen beschreiben. Diesen Schülern sollte versichert werden, daß sie nicht gezwungen werden, etwas vorzulesen, was ihnen peinlich ist. Wenn es einem Schüler unangenehm ist, sagen Sie ihm, daß Sie seinen Text später alleine lesen werden, und regen Sie ihn dazu an, eine anderes Erlebnis aufzuschreiben, das man besser vorlesen kann. Falls der Schüler einfach zu schüchtern ist, versuchen Sie ihn zu ermutigen, aber zwingen Sie ihn auf keinen Fall, seinen Text laut vorzulesen.

Die hier beschriebene Methode hat übrigens nichts mit „Therapie in der Schulklasse" zu tun. Es steht uns Lehrern nicht zu, mit Hilfe dieser Methode Schüler dazu zu bringen, Dinge zu enthüllen, die sie besser in einer Therapiesitzung erzählen sollten. Es geht einzig und allein darum, Schülern die Weiterentwicklung ihrer sprachlichen Fähigkeiten zu ermöglichen und darüber hinaus die Erfahrung, daß Gefühle, das Wissen, was diese Gefühle bedeuten, und die Aufzeichnung dieser Gefühle völlig normale Bestandteile der allgemeinen Lebenserfahrung sind.

Das Aufzeichnen frühester Erinnerungen

....

„Reife heißt, sich die Ernsthaftigkeit wieder anzueignen,
die man als spielendes Kind besaß."
Nietzsche

„Worüber soll ich bloß schreiben?" Diese Frage bekommen Sie vermutlich immer wieder zu hören. „Mir fällt einfach nichts ein." Insgeheim denken die Schüler: „Mein Leben ist langweilig. Wer interessiert sich schon für mich?" Genau das ist die Frage, die sich die meisten Menschen stellen, wenn sie vor der Aufgabe stehen, etwas über sich selbst zu schreiben. Die Antwort ist einfach und überhaupt nicht erschreckend: Man konzentriert sich auf die *intensivsten* Momente des Lebens.

Die drei Phasen des Schreibens

Das Schreiben interessanter und authentischer Erlebnisberichte verläuft in drei wesentlichen Phasen: *Aufschreiben*, *Überdenken* und *Überarbeiten*. Wenn die für jede Phase notwendigen einzelnen Schritte befolgt werden, können Sie sicher sein, daß lesbare und unterhaltsame Geschichten dabei herauskommen. Das Schreiben über intensive Erinnerungen erfordert schon einiges Können. Deshalb ist es am besten, mit der allerersten Erinnerung zu beginnen, bevor man versucht, längere und komplexere Erinnerungen wiederzugeben.

Erster Schritt: Finde deine früheste Erinnerung

Bitten Sie die Kinder, sich ihre allererste Erinnerung vor ihr geistiges Auge zu rufen. Sie wird nicht zu schwer zu beschreiben sein. Möglicherweise ist sie bruchstückhaft oder nur ein einzelnes Bild. Das reicht schon. Es muß keine komplette Geschichte sein. Ein paar Zeilen reichen aus.

Tatsächlich kann sich ein solches Bruchstück als sehr interessant und aufschlußreich erweisen. Einer meiner Schülerinnen, die schon über siebzig Jahre alt war, hatte man ihr Leben lang eingeredet, sie hätte ihrer kleinen Schwester, als diese noch ein Baby war, mit dem Fläschchen auf den Kopf geschlagen. Mit dieser traumatischen Erinnerung hatte sie ihr ganzes Leben zubringen müssen! Aber während sie den Vorfall niederschrieb, erinnerte sie sich plötzlich wieder, daß sie die Flasche gegen das Kinderbett geschlagen hatte. Dabei war sie zerbrochen und hatte ihre Schwester verletzt. Mit einem Schlag war sie von Schuldgefühlen befreit, die sie ihr ganzes Leben lang mit sich herumgetragen hatte. Man kann sich vorstellen, wie erlöst sie sich fühlte.

Fangen Sie mit der Beschreibung einer eigenen Erinnerung an, die kurz und vielleicht nur bruchstückhaft ist. Genau wie bei anderen Schreibaufgaben hilft es den Schülern, wenn man es ihnen vormacht. Sie können sich die einzelnen Schritte dann besser einprägen und bekommen eher das Gefühl, daß sie das auch können.

Bei den ersten Erinnerungen handelt es sich meistens um dramatische Momente im Leben – eine Geburt oder ein Todesfall in der Familie, ein Ortswechsel oder ein Unfall, bei dem sich jemand verletzte. Manchmal können es auch ganz einfache Erinnerungen sein, zum Beispiel die Erinnerung an einen leuchtenden Gegenstand über dem Kinderbett. Bringen Sie die Schüler dazu, eine frühe Erinnerung wachzurufen, wie einfach sie auch sei.

Hier einige Themen, die Ihren Schülern dabei eine Anregung sein könnten:
– Als ich das erste Mal glücklich war.
– Meine erste traurige oder erschreckende Erfahrung.
– Meine erste Erfahrung mit einer Geburt in der Familie.
– Meine erste Erfahrung mit einem Todesfall in der Familie.
– Mein erster Schultag oder der erste Schultag, an den ich mich erinnern kann.
– Das erste Mal, als meine Eltern weg waren und ich ganz allein war.

– Das erste Mal im Krankenhaus.
– Mein erste Erinnerung ans Essen, Spielen, Busfahren usw.

Wenn Ihre Schüler Schwierigkeiten haben, zu unterscheiden, was eine „frühe" Erinnerung ist und was sie erst später erlebt haben, regen Sie sie dazu an, über irgend etwas Vergangenes zu schreiben, selbst wenn es erst eine Woche her ist. Danach können Sie sie allmählich an frühere Zeiten ihres Lebens heranführen.

Gut. Einmal angenommen, Ihr Schüler hat jetzt seine früheste Erinnerung vor Augen. Was nun?

Das Aufschreiben

Das Aufschreiben bildet die erste Phase des Schreibens von Erlebnisberichten. Dazu haben Sie Ihre Schüler im Nu gebracht, wenn Sie sie, ohne irgendwelche weiteren Anweisungen zu geben,ihre erste Erinnerung einfach niederschreiben lassen.

Der folgende Text enthält die erste Erinnerung einer Schülerin aus Los Angeles, die die 7. Klasse der Förderstufe für Lernschwache besucht. Sie hatte keine Anweisungen erhalten, außer, daß es sich um ihre früheste Erinnerung handeln sollte.

Erste Erinnerung
Maria Sanchez
7. Klasse

Als ich zwei Jahre alt war lernte mich meine Mami wie man die Tolette benutzt aber manchmal wenn sie mir das lernte hatte ich Angst weil ich dachte ich würde da hineinfallen. Wenn meine Mami mich hochnahm und mich auf die Tolette setzen wollte fing ich an zu schreien und sagte „Nein!" Ich will nicht da sitzen und ich will nicht reinfallen. Dann sagte meine Mami mir das nichts pasiet aber ich wollte nicht auf der Tolette sitzen aber am Dinstag sagte mir meine Mami das ich es wieder tun mus aber ich wollte immer noch nicht. Meine Mami nahm mich hoch und brachte mich direkt zur Tolette und setzte mich drauf aber ich sagte: „Nein, ich will nicht dahin. Ich will nicht. Ich falle rein. Aber meine Mami setzte mich einfach drauf und dann hatte ich keine Angst mehr. Dann sagte ich alle 4 Minuten zu meiner Mami, das ich auf die Tolette wollte weil ich auf der Tolette sitzen wollte weil ich keine Angst mehr hatte.

Wir werden diese Geschichte später noch einmal lesen, und zwar in der überarbeiteten Version, und die Möglichkeit haben, beide Versionen zu vergleichen.

Als Lehrer möchten Sie Ihre Schüler vielleicht dazu bringen, Informationen wie „Wo ist es passiert?" „Wie alt warst du?" „Warum ist es wichtig?" einzubeziehen. Widerstehen Sie dieser Versuchung. Das kommt später. Zunächst soll nur das zu Papier kommen, was die Schüler für wichtig halten. Bevor die Schüler anfangen zu schreiben, sollte man einige Freiwillige finden, die ihre frühesten Erinnerungen laut erzählen (hoffentlich in der Vergangenheitsform).

Das Überdenken

In der nächsten Phase geht es darum, das Geschriebene zu überdenken und zu prüfen, wie die eigene Geschichte für Zuhörer oder Leser klingt.

In Marias Geschichte bewirken einige Formulierungen, daß der Leser nicht im Geschehen drinsteckt. Was bedeutet „nicht im Geschehen drinstecken"? Das Ziel praktisch jeden Künstlers – egal auf welchem Gebiet – ist es, uns in eine Erfahrung hineinzuziehen und dort festzuhalten. Das ist gar nicht so einfach, weil die meisten Menschen zunächst in einem gewissen Ausmaß skeptisch bleiben. Der Autor muß daher versuchen, das zu erreichen, was T. S. Eliot „freiwillige Suspendierung des Zweifels" nennt. Es gibt eine Anzahl von Maßnahmen, die ein Autor treffen kann, um den Zweifel des Lesers oder, wie ich es nenne, die Distanz zwischen Leser und beschriebener Erfahrung zu überwinden.

Wodurch wird in Marias Geschichte die Distanz zwischen uns und dem Ereignis geschaffen? Erstens dadurch, daß die Geschichte in der Vergangenheitsform geschrieben ist. Das hält uns auf Armlänge vom Geschehen fern. Zweitens werden nur einige Gefühle beschrieben, und auch das bringt uns aus der Geschichte heraus. Schließlich ist zwar Dialog vorhanden (der uns sicher ins Geschehen hineinzieht), aber er tritt so in den Hintergrund, daß er eher unwichtig erscheint. Derartige Probleme lassen sich jedoch leicht und schnell beheben.

Als Hilfestellung für das Überdenken der eigenen Geschichte sollten Sie alle Geschichten auf freiwilliger Basis laut vorlesen lassen. Danach sollten Sie fragen: „Seht ihr das Erzählte bildlich vor euch?" und „Könnt ihr die Gefühle des Verfassers nachvollziehen?" (Es ist völlig in Ordnung, wenn das nicht der Fall ist, weil Sie Ihren Schülern ja Techniken zeigen werden, mit denen sie die Anschaulichkeit und die Gefühle klarer herausarbeiten können.) Wenn Ihre Schüler zu schüchtern sind, ihre Geschichten laut vorzulesen, dann tun Sie es für sie. Wenn die Klasse klein ist, ist es schön, wenn jede Geschichte vorgelesen wird, natürlich nur, wenn die Schüler damit einverstanden sind. Das laute Vorlesen der Geschichten fördert das Zusammengehörigkeits- und Gemeinschaftsgefühl.

Das Überarbeiten

Jetzt sind wir bei der letzten Phase der Abfassung von Erlebnisberichten angelangt, beim Überarbeiten. Die erste Phase, das *Aufschreiben* hat zur Voraussetzung, daß der Schreibende sich von allen Hemmnissen freimacht und die Geschichte zu Papier bringt, ohne den Vorgang zu unterbrechen. Dabei darf er der Selbstkritik keine Gelegenheit lassen, ihn dazu zu bringen, nochmal neu anzufangen. Die zweite Phase, das *Überdenken*, schließt ein, dafür zu sorgen, daß der Schreibende ein objektives Feedback für seine Arbeit bekommt, indem man einen seiner Freunde oder die Gruppe dazu bringt, zuzuhören und mit ihm über die Geschichte zu reden.

In der letzten Phase, beim *Überarbeiten*, lernt der Schüler, wie er seine Geschichte packender, einleuchtender und verständlicher gestalten kann und damit ihre Wirkung erhöht. An späterer Stelle werden wir das Überarbeiten noch eingehender behandeln. Erste Erinnerungen brauchen jedoch nur sehr wenig Überarbeitung, um zu überzeugen. Es ist eben nur ein kleiner Kindheitsaugenblick und sehr wahrscheinlich noch keine komplette Geschichte. So wie ein Pianist nacheinander die einzelnen Noten der Tonleiter spielen lernt, dient auch diese erste Übung nur dazu, einen einzelnen Moment dramatisch und glaubhaft darzustellen. Bevor die Schüler mit dem Überarbeiten der ersten Erinnerung beginnen, kann man sie mit den ersten Schritten des Schreibens von Erlebnisberichten vertraut machen:

Jüngere Kinder sollte man einfach dazu anleiten, (1) statt der Vergangenheitsform die Gegenwartsform zu verwenden (statt „ich war" „ich bin"), (2) in der ersten Person Singular zu schreiben („ich ...") und (3) Gefühle zu beschreiben. Etwas älteren Kindern oder Jugendlichen sollte man den Sinn des Wechsels von der Vergangenheitsform zur Gegenwartsform erklären. Die meisten werden einsehen, daß Geschichten viel lebendiger klingen, wenn sie in der Gegenwartsform geschrieben sind und Gefühle enthalten.

Ich ändere eine Menge, verwerfe und versuche es dann nochmal, bis ich zufrieden bin. Dann arbeite ich es im Kopf aus, erweitere hier etwas, beschränke da etwas, vertiefe, steigere ...

Ludwig van Beethoven

Zweiter Schritt: Schreiben in der Gegenwartsform

Die allerersten Schreibversuche Ihrer Schüler werden wahrscheinlich in der *Vergangenheitsform* stattfinden. Aber wenn Ihre Schüler mit dem Überarbeiten der Geschichten beginnen, halten Sie sie dazu an, in der *Gegenwartsform* zu schreiben. Sie sollen ihre Geschichten mit: „Ich bin ..." anfangen.

Schreiben in der Gegenwartsform vermittelt dem Leser das wunderbare Gefühl, sich mitten im Geschehen zu befinden, anstatt es nur zu beobachten. Wenn man eine in der Gegenwartsform geschriebene Geschichte liest, scheint es, als spielten sich die Ereignisse *jetzt*, in nächster Nähe ab und nicht weit entfernt, wie durch einen Tunnel betrachtet. Ein Kind kennt nur das, was sich direkt vor seinen Augen abspielt. Deshalb ist eine Geschichte, die vom kindlichen Standpunkt aus erzählt wird, glaubhafter, wenn sie in der Gegenwartsform geschrieben ist. Sie ist vielleicht nicht ganz so informativ, aber dafür gewinnt sie viel an dramatischer Wirkung und Glaubwürdigkeit.

Das Schreiben in der Gegenwartsform birgt auch für uns Schreibende einen Vorteil: Kleine Details treten plötzlich viel klarer und intensiver in unsere Erinnerung. Ein zusätzlicher Vorteil des Schreibens in der Gegenwartsform ist, daß es unsere innere Kritik einen Moment lang zum Schweigen bringt. Wir treten einen Moment lang aus unserem reflektierenden, allwissenden, kritischen Erwachsenen-Selbst heraus und in unser sehendes, fühlendes und unschuldigeres Selbst ein.

Vielen Menschen fällt das Schreiben in der Gegenwartsform relativ schwer. Selbst jüngere Kinder haben sich so sehr an das Schreiben in der Vergangenheitsform gewöhnt, daß es schwierig für sie ist, sich Schreiben anders vorzustellen.

Schreiben in der ersten Person

Auch fällt es manchen schwer, sich auf das Schreiben in der ersten Person einzulassen. Schülern, die Erörterungsaufsätze schreiben sollen, wird oft beigebracht, niemals „ich" zu verwenden. Nachdem ihnen das geraume Zeit eingebleut wurde, fällt es ihnen schwer, wieder zum natürlicheren Erzählstil zurückzufinden. Wenn Ihre Schüler das „Ich" vermeiden und zum „Wir" neigen, dann erinnern Sie sie an folgendes: „Du bist das Zentrum deines Erlebnisberichts. Du berichtest vielleicht über das, was andere tun, aber du bist die Person, durch deren Augen und Ohren wir, die Leser, die Ereignisse wahrnehmen. Du bist wichtig. Es ist völlig in Ordnung, wenn du ‚ich' sagst." Die Schüler werden sich schnell an diese willkommene Abwechslung gewöhnen.

Dritter Schritt: Gefühle einbeziehen

Schüler, die anfangen, eigene Geschichten zu schreiben, beobachten Vorgänge oft sehr genau, aber ohne die Gefühle einzubeziehen, die sie währenddessen hatten. Regen Sie sie dazu an, Gefühle einzubeziehen. Selbst wenn die Schüler meinen, sie könnten sich nicht an ihre Gefühle erinnern, sollten Sie sie dazu auffordern, sich vorzustellen, was sie in dem Moment wohl gefühlt haben könnten. Oft kommt während des Schreibens die Erinnerung von allein zurück.

Dem Drang zum Ändern widerstehen

Je älter ein Kind ist, desto stärker entwickelt es den Drang, größere Veränderungen am Geschriebenen vorzunehmen, noch bevor die Erinnerung ganz niedergeschrieben wurde. Dabei neigt es dazu, sich selbst gegenüber sehr kritisch zu sein. „Es kann gar nicht gut sein, ich sollte es lieber umändern", sagen sich einige Schüler. Bringen Sie sie dazu, dieser Versuchung nicht nachzugeben. An diesem Punkt brauchen die Schüler Feedback, das ihnen bestätigt, daß ihre Geschichten gut und effektiv geschrieben sind. Dieses Feedback muß von Menschen kommen, die in der Lage sind, positives Feedback zu vermitteln.

Bei jüngeren Kindern muß das Feedback größtenteils vom Lehrer kommen. Bestärken Sie sie einfach in der Einsicht, wieviel deutlicher die Geschichte nachempfunden werden kann, wenn sie nicht in der Vergangenheitsform, sondern in der Gegenwartsform geschrieben ist und Gefühle enthält. Größeren Kindern und Jugendlichen kann man beibringen, wie man Feedback gibt und entgegennimmt.

Lassen Sie die Schüler ihre Geschichten nun umschreiben. Erinnern Sie sie nochmals daran, in der Gegenwartsform und der ersten Person zu schreiben und Gefühle einzubeziehen. Ältere Schüler können Sie jetzt mit dem nächsten Schritt des Schreibens von Erlebnisberichten vertraut machen, den es in einer weiteren Neufassung ihrer Geschichte anzuwenden gilt.

Vierter Schritt:
Vom kindlichen Standpunkt aus schreiben

Wenn man älter wird, entsteht folgendes Problem: Man klingt nicht mehr wie ein Kind, wenn man über seine Kindheit schreibt. Man entfernt sich immer mehr von den Erfahrungen, die man als Kind gemacht hat, und manchmal sperrt man sich auch gegen die Gefühle, die man als kleines Kind hatte. Beim „Schreiben von innen" kommt es aber darauf an, diese Tendenz umzukehren und wieder genau wie das Kind zu klingen, das man einmal war.

Beim „Schreiben von innen" spielt das Lernen, wie man vom kindlichen Standpunkt aus schreibt, eine entscheidende Rolle. Zumeist entwickelt sich diese Fähigkeit beim Überarbeiten von Geschichten, wobei der erste Schritt das Schreiben in der Gegenwartsform ist. Der nächste Schritt besteht darin, das Erlebnis aus der Perspektive des Kindes, das man damals war, zu sehen und zu beschreiben. Wenn der Schreibende in einem Kinderbett gelegen hat, erwartet der Leser, etwas von diesem Kinderbett zu sehen, zum Beispiel das Fußende, an dem die Eltern standen und von wo aus sie den Schreibenden anschauten.

Bringen Sie Ihre Schüler dazu, ein klares und realistisches Bild des Gesehenen zu schaffen und den Ort, an dem das Ereignis stattfindet, die Geräusche, die Gerüche und die Atmosphäre genau zu beschreiben. Wenn ein Schüler sich überhaupt nicht an solche Dinge erinnern kann, ist das nicht weiter schlimm. Ihm oder ihr wird nach und nach immer mehr einfallen, wenn erst einmal Feedback von Lesern oder Zuhörern kommt. Die Schüler lernen, wonach sie in der Vergangenheit suchen müssen, indem sie erfahren, was die Leser interessiert. Die Welt mit den Augen eines Kindes zu sehen und sie wieder ganz neu und frisch zu erleben: Das ist faszinierend – und es ist faszinierend zu lesen!

Manche Lehrer oder Eltern größerer Kindern fragen sich vielleicht: „Wie um alles in der Welt soll man wie ein kleines Kind schreiben, wenn man kein Kind mehr ist? Sollte man nicht besser wie jemand älterer schreiben, der auf die Vergangenheit zurückblickt?" Natürlich kann ein Teenager nicht ganz genauso schreiben, wie ein Kind schreiben würde, aber er oder sie kann Schreibweisen vermeiden, die typisch für Erwachsene sind. Der Schüler versucht schließlich, die Welt mit den Augen eines Kindes und nicht mit denen eines Erwachsenen zu betrachten. Halten Sie ihre Schüler also dazu an, Ausdrücke, Redeweisen und Formulierungen zu vermeiden, die Kinder auf keinen Fall verwenden würden. Schauen Sie sich den folgenden Textausschnitt einmal genauer an:

Meiner Ansicht nach gab es Zeiten, in denen es schien, als ob es einem nie gestattet würde, sich in dem Tempo zu entwikkeln, das meinem Alter angemessen gewesen wäre. Nein, ich wurde gezwungen, wenn auch auf durchaus freundliche Weise, immer wieder bis zum Überdruß die gleichen Hausarbeiten zu erledigen und Pflichten zu erfüllen, welche die Kindheit begleiten: den Abfall hinaustragen, Sport treiben, auf mein gutes Benehmen achten und die Anweisungen meiner Eltern befolgen.

Niemand, der diesen Absatz gelesen hat, würde auch nur eine Sekunde lang annehmen, daß er von einem Kind geschrieben wurde, weil Kinder so nicht sprechen und schreiben. Schauen wir uns bestimmte Stellen dieses Textausschnittes einmal genauer an, um herauszufinden, was daran untypisch für ein Kind ist:

Ausdrücke und Formulierung: „gestattet, sich zu entwikkeln, meinem Alter angemessen, bis zum Überdruß, die Kindheit begleiten" sind Ausdrücke, die kein Kind verwendet, es sei denn, es besuchte schon in erstaunlich jungen Jahren eine Universität.

Wertungen: Wertende oder relativierende Aussagen kommen bei Kindern selten vor. „Meiner Ansicht nach" ist eine solche Relativierung, ebenso „wenn auch auf durchaus freundliche Weise."

Objektive Sprechweise: „Man" ist objektive Sprechweise und wird so gut wie nie von Kindern benutzt.

Auflistungen: Hausarbeiten und so weiter wie im vorliegenden Beispiel aufzulisten ist typisch für die Art Erwachsener, Sachverhalte zu strukturieren. Kinder tun das zwar auch, aber weniger ordentlich und logisch.

Sehen wir uns denselben Textabschnitt noch einmal in einer Überarbeitung an, die vielleicht noch nicht ganz dem Blickwinkel eines Kindes entspricht, die aber zumindest nicht offensichtlich erwachsen klingt.

Von der Zeit an, als ich sechs oder sieben Jahre alt war, bis ich elf wurde, bestand mein Papi darauf, daß ich jeden Donnerstag den Mülleimer raustrage. Was für eine öde Arbeit! Es schien, daß er mir nie eine wirkliche Aufgabe anvertraute, immer nur öde Hausarbeiten. Aber ich erinnere mich, daß er eines Tages ...

Jetzt ist der Text in einer Sprache geschrieben, die sowohl von einem Erwachsenen als auch von einem Kind stammen könnte. Der Textabschnitt ist einfach und klar, und man hat ein Bild vor Augen. Die Stimme des Erzählers und sein Blickwinkel drängen sich nicht vor die Handlung oder die Entwicklung der Geschichte. Nun schauen wir uns die Sache mit dem Müll noch ein letztes Mal an, nachdem sie in die Gegenwartsform umgeschrieben wurde.

Ich bin zwölf Jahre alt. Papi zwingt mich, jeden Tag den Müll rauszutragen. So ein Mist! Jeden Tag seit sechs Jahren! „Wann kriege ich mal die Chance, was Wichtiges zu machen?" frage ich mich.

Plötzlich ist die Geschichte viel packender, viel lebendiger und viel persönlicher. Diese Richtung wollen wir bei den zukünftigen Geschichten beibehalten.

Nun schauen wir uns noch einmal Maria Sanchez erste Erinnerung an, die sie neu geschrieben hat, nachdem ihr Lehrer mit ihr und der Klasse über den Gebrauch der Gegenwartsform gesprochen hatte und darüber, mit „Ich bin" zu beginnen, Dialoge hinzuzufügen und alles wegzulassen, was sich erwachsen anhören könnte.

Erste Erinnerung
(Zweite Fassung)
von Maria Sanchez

Ich bin zwei Jahre alt, und nun bin ich hier in der Toilette mit meiner Mami, um zu lernen, wie man die Toilette benutzt. Meine Mami nimmt mich hoch und setzt mich auf die Toilette. Ich habe wirklich große Angst, weil ich denke, daß ich hineinfalle.

„Nein, ich will da nicht sitzen, ich will nicht hineinfallen!" schreie ich. Meine Mami fängt an zu sagen, daß nichts passieren wird. Aber ich weigere mich, auf der Toilette zu sitzen. Es ist (jetzt) Dienstag, meine Mami sagt mir, daß ich wieder auf die Toilette soll. Ich weigere mich. Meine Mami nimmt mich und trägt mich zum Badezimmer. Sie setzt mich auf die Toilette.

„Nein! Nein! Nein!" sage ich immer wieder: „Ich falle rein!"

Meine Mami setzt mich drauf, und ich werde nie mehr Angst haben. Deshalb sage ich alle vier Minuten zu meiner Mami, daß ich auf die Toilette will, weil ich keine Angst mehr habe.

Mit Hilfe einiger einfacher Anweisungen ihres Lehrers hat Maria eine Möglichkeit gefunden, sich lebendig auszudrükken. Ihre Geschichte erzeugt ein Bild voller Gefühle, setzt mit einem starken Anfang ein und hält den Leser von Anfang bis Ende gefangen.

Jetzt ist es für Ihre Schüler an der Zeit, ihre Geschichten erneut umzuschreiben. Veranlassen Sie sie, sich zu vergewissern, ob sie in der Gegenwartsform geschrieben haben, die erste Person verwenden und Gefühle einbeziehen. Bringen Sie sie dazu, alles wegzulassen, das die Geschichte „älter" erscheinen läßt, als es dem Alter entspricht, in dem sie sich ereignete.

Wenn Ihre Schüler ihre Erlebnisberichte fertiggestellt haben, werden Sie feststellen, daß sie das gleiche gemacht haben, was auch jeder Schriftsteller tut: aufschreiben, überdenken und überarbeiten. Genau diese drei Schritte werden bei jedem Geschichtenschreiben aufs Neue durchlaufen. Während Ihre Schüler ihre ersten Erinnerungen niederschreiben, werden ihnen nach und nach noch frühere Erinnerungen in den Sinn kommen. Der bloße Vorgang, einen Stift auf das Papier zu setzen, scheint Erinnerungen wachzurufen. Lassen Sie Ihre Schüler all das aufschreiben, sobald es intensiver wird und an Bedeutung gewinnt.

Bei weiteren Geschichten werden wir die kindliche Betrachtungsweise beibehalten, obwohl wir, wenn wir Geschichten verfassen, die nicht so weit zurückliegen, natürlich mehr über Vergangenheit und Gegenwart wissen, und die Geschichten daher breiter ausarbeiten können.

Bitte schauen Sie sich Florence M.s Geschichte „Abschied von der Plantage" (Seite 212) als Beispiel für eine kraftvolle Erinnerung aus der Sicht eines Kindes an.

Hinweis: Wenn Schüler älter werden, beginnen sie vielleicht zu fragen: „Warum sollen wir immer noch wie Kinder schreiben? Wir sind jetzt schließlich keine Kinder mehr, und unsere Geschichten handeln auch nicht von uns als Kindern." Halten Sie sie dazu an, weiterhin aus dem Blickwinkel zu schreiben, der dem Alter entspricht, in dem die Ereignisse der Geschichte erlebt wurden, und weiterhin die „Schreiben von innen"-Methode zu verwenden. Auf diese Weise werden sie die „Kindheit als geistigen Zustand" als Erlebnisform in sich wachhalten. Darüber hinaus werden Sie (und vielleicht auch Ihre Schüler) bemerken, wie eine authentische schriftstellerische Sprache entsteht, die sich von allem Erwachsenengehabe (Geziertheit, Kompliziertheit und Pseudo-Intellektualismus) befreit hat, das allzu oft unsere Art zu Schreiben verdirbt, wenn wir erwachsen werden.

Ihre Schüler, besonders solche, die schon zur Oberschule gehen, werden vielleicht die einfache Vitalität dieses Schreibens mißbilligen. Aber genau diese Art des Schreibens verhilft ihnen dazu, klar, ehrlich, einfühlend, selbstreflexiv und suchend auf eine Weise zu schreiben, die jedem von ihnen zugänglich ist.

Aufgaben für Schüler

Dieses Kapitel hat Sie und Ihre Schüler an das Schreiben von Erlebnisberichten herangeführt. Die folgenden Punkte fassen die Schritte noch einmal zusammen, die beim Schreiben von „Meine früheste Erinnerung" verwendet wurden. Geben Sie den Schülern folgende Anweisungen:

1. Schau so weit wie möglich in deine Vergangenheit zurück und finde die früheste Erinnerung.
2. Erzähle sie laut in einer Gruppe.
3. Schreibe sie auf.
4. Lies deine Geschichte laut vor und nimm das Feedback entgegen.
5. Schreibe die Geschichte um, bringe die Verben in die Gegenwartsform, achte darauf, daß die Situation in der Ich-Form beschrieben wird, und beziehe deine Gefühle ein. Lies die Geschichte laut vor.
6. Untersuche die Unterschiede zwischen der ersten und zweiten Version.
7. Ältere Schüler: Laß alle Wörter und Redewendungen weg, die erwachsen klingen.

5

Wie man anderen unterstützendes Feedback gibt

....

*„Die großen Leute haben mir geraten, mit dem Zeichnen ... aufzuhören
und mich mehr für Geographie, Geschichte, Rechnen und Grammatik
zu interessieren. So kam es, daß ich eine großartige Laufbahn, die
eines Malers nämlich, bereits im Alter von sechs Jahren aufgab. Der
Mißerfolg meiner Zeichnungen hatte mir den Mut genommen."*
Der Erzähler in „Der kleine Prinz" von Antoine de Saint Exupéry

Auch Lehrer leiden gelegentlich unter Schreibhemmungen.
Ich selbst zum Beispiel hatte während meiner Zeit als Lehrer
keine Probleme mit dem akademischen Schreiben. Aber
wenn ich versuchte, kreativ zu schreiben, hörte ich meistens
nach ein bis zwei Seiten auf und fing wieder von vorn an, weil
ich glaubte, die Geschichte müsse noch besser werden. Auf
diese Weise verlor ich sehr schnell die Lust am Geschichtenschreiben. Ich war das Opfer meiner Selbstkritik, ohne es zu
merken.

Denken Sie an Ihre eigene Kindheit. Hatten Sie Selbstzweifel, die Sie daran hinderten, etwas Kreatives zu machen? „Du
wirst dich blamieren!" „Die Leute werden sehen, wie unfähig
du bist." So oder so ähnlich klangen wahrscheinlich die ver-
nichtenden Bemerkungen.

Wer sät die Samen für diese Selbstzweifel? Unsere Eltern
und Lehrer und manchmal auch Freunde und Gleichgesinnte.
Es ist traurig, aber in der Regel ist es ein Lehrer, dessen harte
Kritik unsere Kreativität im Keim erstickt. Wenn Schreiben
das Ziel ist, kann gedankenlose Kritik alles zerstören. Als ich
noch zur Filmhochschule ging, schrieb ich ein Stück, von dem
ich selbst sehr begeistert war. Als ich es den Kommilitonen
vorlas, ließen sie kein gutes Haar daran, was zur Folge hatte,
daß ich es noch am selben Tag wegwarf. Eine Woche später
fragten mich die anderen: „Wie kommst du mit deiner groß-
artigen Geschichte voran?" Ich erzählte ihnen, daß ich sie
weggeworfen hatte. Sie waren schockiert. „Wir wollten doch
nur, daß sie noch besser wird", sagten sie.

Es ist jedoch möglich, eine positive und hilfsbereite Atmosphäre zu schaffen, in der der Schreibende die Freiheit hat, Fehler zu machen und sie ohne Angst zuzugeben. Denn dann weiß er auch, daß die anderen das Risiko anerkennen, das er auf sich nimmt, und ihm dafür Beifall zollen werden. Er muß seine Arbeit nicht verteidigen und kann stattdessen viel klarer erkennen, wie sie von anderen aufgenommen wird. Genau wie das Schreiben selbst erhöht das Geben und Entgegennehmen von Feedback die Selbstachtung, verbessert die Kommunikation und bewirkt gleichzeitig, daß man sich anderen näher fühlt und besser mit ihnen zusammenarbeiten kann.

Paul Klee wechselt absichtlich aus der schweren Welt des Fleisches in die flüsternde, schwimmende geheime Welt der ... zwitschernden Maschinen ... einer bösen Katze, die das Bild eines Vogels zwischen hypnotischen Augen einfängt ... (er) sieht das Unsichtbare, hört den Klang der Stille ... lauscht dem stummen Gelächter und fühlt die Bewegung der Dinge, wenn sie wachsen.

Sarah Newmeyer
Enjoying Modern Art

Fünfter Schritt: Feedback ermöglichen

Es ist für jeden kreativ tätigen Menschen wichtig, Feedback von anderen zu bekommen. Man hat oft große Angst, andere nach ihrer Meinung zu fragen, besonders als Kind. Kinder brauchen also Anleitung, wie sie ihren Klassenkameraden richtiges Feedback geben und ihnen damit weiterhelfen können.

Wie man eine angenehme Umgebung zum Schreiben schafft

Um effektiv schreiben zu können, braucht man einen angenehmen Ort, an dem man nicht gestört wird. Geben Sie den Schülern folgende Hinweise:

1. Suche dir einen Platz, wo andere dich nicht stören. Vielleicht mußt du in eine Bibliothek gehen, wo es ruhig ist und wo es keine Ablenkungen gibt. Achte darauf, daß dein Arbeitsplatz ausreichend beleuchtet ist, damit du deine Augen nicht unnötig anstrengen mußt.

2. Suche dir eine passende Tageszeit zum Schreiben aus. Manche bevorzugen den frühen Morgen, andere die späte Nacht. Jeder hat eigene Zeiten, in denen er besonders kreativ ist. Ich selbst arbeite zwischen 7.00 Uhr morgens und 12.00 Uhr mittags am effektivsten.
3. Halte mehrere funktionstüchtige Schreibwerkzeuge, z. B. Bleistifte oder Kugelschreiber, bereit, damit du nicht mitten im Schreiben aufhören mußt.
4. Laß deine Gedanken frei schweifen. Wenn du beim Schreiben müde wirst, schlaf ruhig ein Weilchen. Das ist nur eine besondere Art, mit der dein Geist versucht, schöpferische Probleme zu bewältigen. Achte jedoch darauf, daß deine Gedanken auf das Thema gerichtet sind, wenn du müde wirst. Vielleicht siehst du die Dinge, über die du schreibst, nach einem Nickerchen plötzlich ein klein wenig anders.

Sich zu einer Gruppe zusammenschließen und Feedback geben

In und auch außerhalb der Schule ist es sehr sinnvoll, mit Freunden oder Bekannten in einer Gruppe zusammenzuarbeiten. Wenn man seine Geschichten laut vor einer Gruppe vorliest, kann man am besten überprüfen, ob sie bei anderen gut ankommen. Man sollte den Zuhörern vor allem zwei Fragen stellen:

1. Kannst du dir (als Zuhörer) das, was in der Geschichte passiert, als klares Bild vorstellen?
2. Kannst du dich (als Zuhörer) beim Zuhören in meine Gefühle (als Verfasser) hineinversetzen?

Wenn die Geschichte eine Wirkung auf die Zuhörer hat, werden sie normalerweise sagen, daß sie sich dadurch an eigene Erlebnisse erinnert fühlen. Das ist ein sehr gutes Zeichen.

Wie man Kindern beibringt, zuzuhören und konstruktives Feedback zu geben

Die wichtigste Regel beim Beurteilen der Arbeiten anderer lautet: behutsam vorgehen! Die größte Gefahr besteht darin, daß man als Zuhörer Recht haben und Recht behalten will. Man möchte den intelligentesten Kommentar abgeben und auf keinen Fall etwas Dummes sagen. Wenn man zuviel sagt, klingt es meistens überkritisch, und man entmutigt den Verfasser schnell dadurch, daß man alles abwertet. Wenn man zuwenig sagt wie: „Ich finde es gut" oder „Wirklich sehr hübsch", gibt man dem Verfasser nicht genügend Hinweise, was er besser machen könnte, oder man vermittelt ihm ein unechtes Erfolgserlebnis.

In welchem Alter sollten Kinder lernen, konstruktive Kritik an den Arbeiten anderer zu äußern? Meiner Erfahrung nach können Kinder ab etwa neun Jahren schon recht gutes Feedback liefern, zumindest was Gefühle betrifft. Man kann sie fragen, ob sie sich das, was in der Geschichte passiert, gut vorstellen können und welche Gefühle es in ihnen auslöst.

Feedback beim jungen Kind

Jungen Kindern bringt man die Fähigkeit zur positiven Kritik am besten bei, indem man die Verfasser bittet, die erste und die zweite Version ihrer Geschichte vorzutragen. Die meisten Kinder werden die Unterschiede bemerken und etwas mit folgenden Fragen anfangen können:
1. Kannst du dir das vorstellen?
2. Was empfindest du dabei? Macht es dich glücklich, traurig oder löst es irgendein anderes Gefühl aus?
3. Hat die Geschichte ein richtiges Ende?

Feedback beim mittleren und älteren Kind

Mittlere und ältere Kinder können genau das Feedback bekommen, das sie brauchen, wenn sich alle Beteiligten, einschließlich der Lehrer und Eltern, an folgende Vereinbarung halten:

Das Feedback, das einem Verfasser zuteil wird, nachdem er seine Geschichte vorgetragen hat, soll *nicht wertend, nicht bevormundend, konstruktiv und bestärkend* (abgekürzt: *NWNBKB*) sein. Alle Personen, die Feedback geben möchten, verpflichten sich, jede wertende oder bevormundende Äußerung zu vermeiden, gleichgültig, welche lauteren Absichten auch immer dahinterstehen mögen. Anfangs kann es sinnvoll sein, eine Person zu ernennen, die streng darauf achtet, daß keine wertenden oder bevormundenden Äußerungen gemacht werden.

Wertende Äußerungen klingen etwa so:
- „Du solltest/hättest/mußt ...“
- „Wenn ich du wäre, würde ich ...“
- „Diese/dieser (Geschichte, Gedanke, Abschnitt usw.) war zu (gefühlsduselig, neunmalklug, abrupt, dümmlich, langatmig, verwirrend, langweilig usw.) ...“

Typische *bevormundende* Fragen sind:
- „Warum hast du/hast du nicht ...?“
- „Warum warst du ...?“
- „Das klingt, als ob du versuchen würdest ...“
- „Du hast oft/immer ...“

Jede dieser Äußerungen kann den Verfasser entmutigen. Stattdessen sollte man die Gruppenmitglieder dazu bewegen, es mit *konstruktiven* Äußerungen wie den folgenden zu versuchen:
- „Ich würde gern sehen/fühlen/wissen/nachvollziehen können ...“
- „Ich hatte Schwierigkeiten, es mir genau vorzustellen.“
- „Ich hatte Schwierigkeiten, der Handlung zu folgen.“
- „Ich möchte gern die Gefühle der handelnden Personen nachempfinden.“
- „Ich merkte, daß meine Aufmerksamkeit nachließ.“
- „Ich hätte die handelnden Personen gern mehr miteinander sprechen gehört.“

Und für ältere, intellektuellere Verfasser:
- „Ich hatte Probleme, den roten Faden zu erkennen/zu verfolgen.“

– „Mir war nicht ganz klar, was die zentrale Frage der Geschichte war."

– „Die entscheidende Frage wurde schon beantwortet, bevor ich die Möglichkeit hatte, mich hineinzuversetzen und die Geschichte richtig spannend zu finden."

Sehr gut eignen sich auch die folgenden nicht wertenden *bestärkenden* Äußerungen:

– „Ich konnte mir alles ganz genau vorstellen."

– „Ich war die ganze Zeit mitten im Geschehen."

– „Ich konnte in jedem Moment genau nachvollziehen, was die handelnden Personen (oder der Erzähler) fühlten."

– „Der Dialog war fesselnd. Durch ihn habe ich die Figuren genauer kennengelernt."

– „Durch die Ausgewogenheit von Erzählerstimme, Dialog und inneren Gedanken und Gefühlen war die Geschichte sehr interessant."

Positive Kommentare wie die letztgenannten kann sich ein potentieller Autor tagelang anhören, wohingegen Bevormundungen oder Wertungen meist zur Folge haben, daß er sich in eine Verteidigungshaltung begibt, seine Kreativität abschottet und mit Schreiben aufhört.

Der größte Vorteil des Arbeitens in der Gruppe oder mit wenigstens einem Menschen, der in der Lage ist, nicht wertende, nicht bevormundende, konstruktive und bestärkende Kritik zu üben, besteht darin, daß der Verfasser nicht gleichzeitig Kritiker zu sein braucht, sondern einfach kreativ sein kann. Bei dieser Form der Zusammenarbeit ist jeder Kritiker für die Geschichten der anderen verantwortlich.

Die folgenden Übungen sollen Schülern helfen, nicht wertendes, nicht bevormundendes, konstruktives und bestärkendes Feedback zu geben. Am sichersten ist es, wenn die Schüler den Prozeß zunächst an einer Beispielgeschichte wie der folgenden ausprobieren, bevor sie ihre eigenen Geschichten dafür nehmen.

1. Lesen Sie den folgenden ersten Entwurf von „Willem". Geben Sie der Klasse mindestens eine dreiviertel Stunde Zeit für die Feedback-Arbeit an dieser Geschichte. Suchen Sie eine Person aus, die den Verfasser spielt, und ein

paar, die Feedback geben sollen. Der Verfasser wird das Geschriebene wahrscheinlich immer dann verteidigen, wenn er die Kritik als feindlich, wertend, bevormundend oder oberflächlich empfindet. Anschließend wird der „Verfasser" (oder die „Verfasserin") aufgefordert, den anderen zu sagen, wie er die Kritik empfunden hat, wer *NWNBKB*-Feedback gegeben hat und wer nicht.

2. Regen Sie jeden einzelnen Schüler (jede einzelne Schülerin) dazu an, seine (ihre) Meinung zur Geschichte laut zu äußern. Dabei sollten sich die Schüler mehr darauf konzentrieren, welche Reaktionen die Geschichte in ihnen hervorruft, als darauf, wie sie geschrieben ist. In dieser Hinsicht sind Aussagen wie: „Ich brauche mehr Details" und „Meine Gedanken schweiften ab" besser geeignet, als „Die Geschichte ist zu lang" oder „Das ist zu verwirrend". Sie spielen jetzt den Verfasser. Sagen Sie Ihren Schülern, daß es ein Anzeichen für wertendes, bevormundendes oder oberflächliches Feedback ist, wenn Sie anfangen, sich selbst zu verteidigen. Regen Sie die Schüler an, für die entsprechenden Kritikpunkte Formen von *NWNBKB* zu finden.

Machen Sie die Schüler darauf aufmerksam, daß Feedback, bei dem die Reaktionen auf die Geschichte im Vordergrund stehen, dem Autor Raum läßt, selbst zu entscheiden, was er an der Geschichte ändern möchte und was nicht. Lassen Sie jedes Gruppenmitglied fünf Minuten lang den Verfasser spielen und sich dem Feedback der anderen aussetzen. Die Kommentare mögen sich vielleicht wiederholen, aber der Sinn dieses Rollenspiels ist, daß jeder die Erfahrung macht, als Verfasser unter Beschuß zu geraten, und die Möglichkeit erhält, anstelle wertender oder oberflächlicher Kritik *NWNBKB*-Feedback zu geben.

3. Stellen Sie folgende Themen zur Diskussion:

Ist das die Sicht eines Kindes oder eines Erwachsenen?

Ist die Geschichte in der Gegenwartsform geschrieben, oder spielt sie in der Vergangenheit?

Ist das die Sprache eines Kindes oder eher die eines Erwachsenen?

Ist das Dargestellte glaubwürdig?
Werden genügend Details geliefert, um ein deutliches Bild zu zeichen?
Werden die Gefühle des Verfassers klar ausgedrückt?

Anschließend sollen die Schüler die Geschichte unter Berücksichtigung des Feedbacks neu schreiben und ihre eigenen Fassungen mit der tatsächlichen Neufassung des Autors vergleichen. Dann kann noch einmal jemand die tatsächliche Neufassung gegenüber den von den Schülern erarbeiteten Versionen verteidigen und erläutern oder einfach beide Versionen miteinander vergleichen und die Unterschiede herausstellen. Versichern Sie Ihren Schülern, daß es beim Verfassen von Geschichten mehr als nur eine richtige Lösung gibt. Viel wichtiger ist, daß Feedback gegeben wird und lebhafte Diskussionen entstehen.

Willem
von Jade
Alter: 65 Jahre

An die ersten Jahre meines Lebens kann ich mich nicht erinnern. Wenn ich auf meine Kindheit zurückblicke, kommt mir immer wieder dasselbe Bild in den Sinn. Ich muß ungefähr drei oder vier Jahre alt gewesen sein. Es gab damals einen großen Hinterhof. Er war vom Haus durch eine hohen Hecke getrennt. Das Haus war ganz still. Meine Mutter ruhte sich wohl gerade aus. Es war Mittagszeit, kurz nach dem Essen, als alle Leute ganz schläfrig von der glühenden Hitze waren. Es war Sonntag, denn das Summen der Maschinen meines Vaters war nicht zu hören. Also ruhte sich mein Vater wohl auch gerade aus. Damals hatte mein Vater zu Hause eine Firma. Er kaufte von Bauern auf einer anderen Insel jenseits des Meeres Gewürze, Pfeffer, Muskatnuß, Nelken, Zimt usw., die er dann in einem besonderen Gebäude auf unserem Grundstück zermahlte und abfüllte.

Er hatte Willem gefragt, ob er von seiner Heimatstadt auf einer weit entfernten Insel hierher kommen könne, um ihm als Vorarbeiter zu helfen. Willem lebte dann auch bei uns in einem kleineren Haus.

Ich mochte Willem, weil er immer mit uns zusammen war, wenn er Zeit hatte. An diesem Nachmittag war es genauso. Er zeigte mir und meinem Bruder einige Zauberkunststücke, und plötzlich sagte er: „Kinder, ich zeige euch mal, wie stark ich bin." Er bat Joni, einen anderen Arbeiter, ein Fahrrad zu holen. Dann legte er sich einfach ins Gras, und Joni sollte mit dem Fahrrad über seine Brust fahren.

Ich war sehr beeindruckt, als Willem unverletzt aufstand. Dann sagte er: „Und nun kann der Lastwagen über mich rüberfahren." Er legte sich wieder ins Gras, und das Auto fuhr über ihn.

Ich staunte ehrfürchtig, daß Willem nichts passiert war. Ich war geradezu berauscht. Ich bin sicher, daß ich meiner Mutter nichts davon erzählt habe, weil sie sonst etwas gegen Willem und seine Art, uns zu unterhalten, unternommen hätte. Und sie hätte sich sicher später noch an den Vorfall erinnert. Aber als ich ihr viele Jahre später doch davon erzählt habe, hat sie gesagt: „Quatsch, er muß euch beschummelt haben." Aber ich frage mich bis heute, ist es wirklich passiert, oder war es nur Einbildung?

Willem
(zweite Fassung)
von Jade

Ich sitze im Gras. Das Gras ist dunkelgrün und sehr dick und weich. Ich versinke darin. Mir gefällt es, hier zu sitzen. Die Sonne scheint sehr hell, aber die Hecke hinter mir wirft einen Schatten. Mein Bruder ist auch hier. Er ist größer als ich. Papa und Mama sind nicht hier. Ich weiß, daß sie im Haus sind. Aber Willem ist hier. Er ist sehr groß, fast so groß wie Papa. Ich mag ihn sehr. Es fällt ihm immer etwas Nettes für mich und meinen Bruder ein. Was wird er heute wohl machen? Er liegt im Gras. Da ist auch Joni. Ich kenne ihn nicht gut, aber das spielt keine Rolle. Willem ist da. Willem sagt: „Anak mau lihat Willem digiling sepeda?"

„Kinder, wollt Ihr sehen, wie ein Fahrrad über mich drüber fährt?" Joni ist schon weg, um das Fahrrad zu holen.

Er kommt mit dem Fahrrad geradewegs auf Willem zu, der noch im Gras liegt. Das Fahrrad ist schon über Willem rübergefahren. Er steht auf und lacht. Er lacht uns Kinder an. Und dann, mit einem Lachen in den Augen, sagt er uns, daß nun Papas großer Lastwagen über seine Brust fahren wird. Er legt sich wieder in das dicke Gras, das Auto kommt und rollt über ihn. Nur sein Kopf guckt heraus. Er lacht uns an. Ich verstekke meinen Kopf. Ich habe Angst und nehme schnell die Hand meines Bruders. Aber ich gucke trotzdem noch. Willem steht schon wieder auf. Willem kann alles!!! Jahre später, als ich davon erzählte, sagte meine Mutter: „Quatsch, er hat euch bestimmt beschummelt." Aber ich frage mich immer noch. Ist es wirklich passiert?

Diese neue Fassung von „Willem" ist viel einfacher als die erste Version. Sie gibt dem Leser das Gefühl, *in* der Geschichte zu sein, statt das Geschehen aus der Ferne zu betrachten. Tatsächlich fühlt man sich, als ob einem das alles selbst passiert sei, als wäre man das Kind, das zuschaut, wie der Lastwagen über Willem fährt, und sich fragt, wie so etwas möglich ist.

Als Lehrer sagen Sie vielleicht: „Das ist alles gut und schön, aber ich habe dreißig Kinder in meiner Klasse. Wie soll ich das machen?" Sehr gut bewährt hat es sich, die Schüler in Dreiergruppen aufzuteilen. Ein Schüler (eine Schülerin) liest die Geschichte vor, der oder die zweite gibt Feedback, und der oder die dritte paßt auf, daß das Feedback nicht wertend und bevormundend ausfällt. Als Lehrer können Sie von Gruppe zu Gruppe gehen und sich das Feedback und die Feedbackkontrolle anhören.

Anregungen und Aufgaben für Schüler

In diesem Kapitel haben wir erfahren, wie wichtig nicht wertendes, nicht bevormundendes, konstruktives und bestärkendes Feedback (NWNBKB) ist. Ein solches Feedback hilft

Schülern wirklich, Geschichten zu überarbeiten und umzuschreiben.

Vergleichen Sie die erste und die zweite Fassung einer Geschichte, die einer ihrer Schüler freiwillig zur Verfügung stellt.
Fangen Sie mit einer Geschichte an, die eine *früheste* Erinnerung behandelt. Fragen Sie die Schüler:

Kannst du dir die Handlung jetzt besser vorstellen als in der
ersten Version?

Kannst du die Gefühle jetzt besser nachempfinden? Was
sind das für Gefühle?

Feedbackhilfen für junge Kinder

1. Kannst du die Geschichte als Bild oder als Reihe von
   Bildern in deinem Kopf sehen?
2. Kannst du fühlen, was die Menschen in der Geschichte
   fühlen?
3. Hat die Geschichte ein richtiges Ende?

Feedbackhilfen für mittlere und ältere Kinder

1. Wodurch entsteht der Abstand in „Willem" (erste Fassung)? Vergleiche die erste mit der zweiten Fassung und
   arbeite die Unterschiede heraus.
2. Wende die Feedbackhilfen für junge Kinder auf Texte an,
   die Erinnerungen wiedergeben.
3. Wende NWNBKB-Feedback auf alle Texte vom Typ „erste starke Erinnerung" und „spätere Erinnerungen" an.

Als Lehrer oder Elternteil tut man gut daran, zunächst ein
paar eigene Geschichten zu schreiben und die hier besproche-
nen Techniken in einer eigenen Feedbackgruppe zu üben.

6

Aufspüren der lebendigsten frühen Erinnerungen

*„Ein wirklich großer Künstler sieht mit den Augen eines Kindes
und hat die Einsichten eines Weisen."*
Pablo Casals

„Mein Leben ist wie ein unendliches Stück Wurst", lamentierte Paul, der vor einigen Jahren an einem meiner Seniorenkurse teilnahm. Viele meiner Schüler haben ähnliche Gefühle geäußert. „Was ist denn so spannend an meinem Leben", fragte die neunjährige Kathy in einem Eltern-Kind Workshop. Was man finden muß, sind schmackhafte kleine Bissen, die man leicht genießen kann. Die schwierigste Aufgabe besteht darin, die lebhaftesten Erinnerungen herauszusuchen und sich an ihnen zu freuen. Wenn ein Schüler das schafft, wird er plötzlich feststellen, daß sein Leben keineswegs langweilig und farblos ist.

Die lebendigste Erinnerung

Fangen wir damit an, die Schüler in ihre Vergangenheit zurückgehen und die *lebendigsten* frühen Erinnerungen suchen zu lassen, Szenen, an die sie sich deutlicher erinnern als an andere: eine gefährliche Situation, eine Familienfeier, der Tod eines geliebten Freundes oder Verwandten, ein Umzug, der erste Schultag und so weiter.

Hier handelt es sich nicht um die allererste Erinnerung, die oftmals nur ein Bruckstück oder so etwas wie ein archäologischer Fund aus grauer Vorzeit ist. Was wir jetzt suchen, ist eine frühe Erinnerung mit Macht und Aussagekraft. Meist stammt sie aus der Zeit zwischen der Geburt und dem Alter von 12 Jahren.

Erinnern Sie die Schüler zu Anfang noch einmal an folgende Punkte:
– Schreibe in der Gegenwartsform.
– Beziehe Gefühle mit ein.
– Laß alles weg, was nicht so klingt, als sei es von einem Kind geschrieben oder gesagt worden (von einem Kind in dem Alter, in dem du warst, als die Geschichte stattfand).
  Hier einige Anregungen, die den Schülern helfen können, sich lebendige Erinnerungen ins Gedächtnis zu rufen:
– Die lebendigste Erinnerung an deine Eltern.
– Das peinlichste Erlebnis in der Schule.
– Das erste Abenteuer.
– Das erste Mal, als du richtig große Angst hattest.
– Der erste Erfolg in der Schule.
– Die erste lebendige Erinnerung an Großvater/Großmutter.
– Der erste Kuß.
– Das erste Mal, als du Schwierigkeiten bekamst.
– Die glücklichste Zeit in der Schule
– Der beste Schulfreund (die beste Schulfreundin).
  Folgendes Erlebnis stammt von einem Jungen aus Los Angeles (7. Klasse Förderstufe für Lernschwache):

Der Zug
von Fernando Reyna
Alter: 13 Jahre

Das erste Mal, als ich auf einen Zug gesprungen bin, als er fuhr. Der Zug war ungefähr 10 Häuserblöcks entfernt von wo wir waren. Der Zug fuhr ungefähr 12 oder 15 Stundenkilometer schnell. Als er dahin kam, wo wir waren, wurden wir ängstlich und nervös, weil es das erste Mal für mich war. Mein Freund sprang früher auf als ich, aber mein anderer Freund kam nicht hoch, aber dann schaffte er es, als er an die Straße kam. Als ich aufsprang, schnitten die Rähder fast mein Bein ab, denn wie ich mein eine Fuß schon auf der Leiter habe, rutschte ich aus, und mein anderes Bein wäre abgequetscht worden, wenn mein eines Bein nicht schon auf der Leiter gewesen wäre. Aber ich konnte mich hochziehen und mein Bein retten.

Manche Schüler empfinden das Aufschreiben ihrer lebhaftesten Erinnerungen als Streß. Beachten Sie in solchen Fällen den Tip, den ich bereits an anderer Stelle gegeben habe. Lassen Sie die Schüler ohne Unterbrechung alles aufschreiben, was sie gesehen und erfahren haben. Bestehen Sie darauf, daß sie keinesfalls mit Schreiben aufhören, auch wenn dabei unzusammenhängende Texte entstehen.

Ich ging eine Straße entlang oder saß in einem Zug und hörte zufällig eine Bemerkung aus dem Mund irgendeines Mannes oder irgendeiner Frau. Aus Tausenden solcher Bemerkungen, beinahe tagtäglich gehört, erwächst die Saat von Geschichten.

Sherwood Anderson

Überdenken

Regen Sie die Schüler an, beim Überdenken eigener und anderer Arbeiten nach dieser Checkliste vorzugehen.

1. Kann ich mir die Handlung „lebhaft" vorstellen?
2. Wird meine Geschichte in der Gegenwartsform erzählt? Habe ich sie in der ersten Person geschrieben?
3. Habe ich meine Gefühle und Gedanken einbezogen?
4. Habe ich glaubhaft von einem kindlichen Standpunkt aus geschrieben (Erwachsenenausdrücke vermieden oder sie so verändert, daß es glaubwürdig klingt)?

Wenn Sie jüngere Kinder unterrichten, suchen Sie sich aus diesem Abschnitt, einschließlich der Checkliste nur das heraus, was Ihnen für Ihre Zwecke angemessen erscheint. Selbstverständlich brauchen Sie sich dann keine Gedanken über Punkt 4 zu machen. Auch mit dem Schreiben von Dialogen, der Zutat, um die es im nächsten Schritt geht, haben kleine Kinder keine Probleme. Im Gegenteil: Sie sind besonders gut darin. Damit es noch mehr Spaß macht, kann man eine Gruppe von Kindern in Paare einteilen, die dann ein paar Minuten miteinander sprechen. Anschließend schreiben sie die Dialoge auf und lesen sie sich gegenseitig vor, um das Feedback der anderen entgegenzunehmen.

Sechster Schritt: Dialoge einbauen

Vielleicht haben Sie zu Geschichten von Schülern von deren Klassenkameraden oder Freunden schon einmal folgenden Kommentar gehört: „Es war eine gute Geschichte. Ich konnte mir alles gut vorstellen, und ich habe auch die Gefühle nachempfinden können, aber irgendwie konnte ich mich trotzdem nicht so richtig hineinversetzen." Ein weiteres Mittel, um Leser oder Zuhörer näher an die Handlung heranzuführen, besteht im *Dialog*.

Schlagen Sie den Schülern vor, sich als erstes daran zu erinnern, was die Personen damals wirklich gesagt haben. Wenn sie sich nicht richtig daran erinnern können, sollen sie schreiben, was sie wohl gesagt haben könnten. Sagen Sie ihnen, daß sie darauf achten sollen, was ihnen ihre innere Stimme sagt. Sie wird ihnen sagen: „Ja, das ist nah dran" oder „Nein, so hat sich das damals nicht angefühlt." Ein solcher improvisierter Dialog wird sie näher an das heranführen, was tatsächlich gesagt wurde, vorausgesetzt, daß sie die Worte wirklich *schreiben* und nicht nur *denken*. Die handelnden Personen sollten in den Dialogen möglichst immer nur ein bis zwei Sätze auf einmal sprechen.

Weisen Sie die Schüler in den Gebrauch von Anführungsstrichen ein: Damit der Leser weiß, daß er jetzt liest, was die Personen zueinander sagen, setzt man Anführungsstriche („…") vor und hinter die gesprochenen Worte.

Bitten Sie die Schüler, beim Dialogschreiben „er/sie sagte" *nach* dem Dialog anzufügen: („Komm nach Hause", sagte Mutter) oder *mitten* im Dialog, möglichst nach dem ersten Satz: („Komm jetzt nach Hause", sagte Mutter, „und geh nicht mehr raus, heute abend.") „Er oder sie sagte" sollte möglichst nicht am Anfang des Satzes stehen. Es ist spannender, wenn man erst die Aussage hört und dann erfährt, wer es gesagt hat. Nachdem etwas gesagt wurde, sollte man allerdings sofort erfahren, wer es gesagt hat. Erklären Sie den

Schülern, daß für jede Person, die etwas sagt, eine neue Zeile begonnen werden soll. Etwa so:

„Geh hier weg", sagt Mutter zu mir. „Geh hier jetzt sofort weg!"
„Aber Mama", antwortete ich. „Ich habe doch gar nicht…"
„Versuche nicht, mich auf den Arm zu nehmen, Fräulein!" Mutters Augen funkelten vor Zorn, und ich hatte große Angst.

Wenn ein Kind weiß, wie man einen Dialog formal richtig schreibt, kann es auch die Personen klarer sehen und von anderen abgrenzen. Das ist bei den Übergängen zwischen den Phasen „das junge Kind", „das mittlere Kind" und „das ältere Kind" wichtig.

Überarbeiten

Nachdem die Schüler eine Reihe von Techniken kennengelernt und ein Verständnis dafür entwickelt haben, was diese bewirken können, und nachdem sie hilfreiches Feedback von anderen erhalten haben, können sie mit dem Überarbeiten ihrer Geschichte beginnen. Die Anstrengung, die damit verbunden ist, wird durch das Ergebnis reich belohnt. Ein Text, der dem Leser durch Mark und Bein geht, ist toll. Das finden auch Kinder schnell heraus.

Hier ist Fernandos Geschichte, nachdem er sie unter Anleitung des Lehrers mit seinen Mitschülern diskutiert und dann umgeschrieben hat.

Der Zug
(zweite Fassung)
von Fernando Reyna

„Der Zug kommt!" ruft mein Freund aufgeregt. Der Zug ist immer noch weit weg von dem Ort, wo wir sind. Der Zug braust mit großer Geschwindigkeit heran. Ich habe Angst, weil es das erste Mal ist, daß ich so etwas mache. Ich soll zuerst aufspringen, dann mein Freund Sergio und dann mein anderer Freund. (Jetzt) renne ich mit dem Zug mit, meine Hände an der Leiter. Ich springe auf, mein rechtes Bein ist schon auf der Leiter, aber mein linkes Bein schafft es nicht und beinahe wird es von den Rädern abgeschnitten. Zum Glück bin ich stark genug, mich hochzuziehen und mein Bein zu retten.

Beachten Sie den Unterschied zur ersten Fassung. Jetzt ist die Geschichte im Präsens geschrieben, Gefühle werden beschrieben, und auch ein kleiner Dialog fehlt nicht. Fernando ist die ganze Zeit *in* der Geschichte und zieht uns als Leser mit hinein.

Damit haben wir alle Techniken behandelt, die junge Kinder problemlos erlernen und einsetzen können. Die folgenden Schritte sind eher für das mittlere und ältere Kind sowie für Erwachsene gedacht. Sehr begabte jüngere Kinder können sich natürlich auch darin versuchen.

Techniken für das mittlere und ältere Kind

In diesem Stadium sollten sich die Schüler bereits daran gewöhnt haben, Dialoge in ihre Geschichten einzubauen. Achten Sie darauf, daß sie es spätestens beim Überarbeiten tun. Dann können Sie das Augenmerk der Schüler auf Form und Struktur der Geschichte richten.

Form und Struktur: Brennpunkt

Eine lebendige Erinnerung kann sich aus einer ganzen Reihe von lebendigen Erinnerungen zusammensetzen. Deshalb sollte jeder Schüler einen Sinn dafür entwickeln, an welcher Stelle die Episode anfängt und wo sie aufhört. Es geht darum, eine ganz bestimmte Episode herauszuarbeiten. Das nennt man *Brennpunkt*. Ein schönes Beispiel hierfür sind die Theaterstücke von Ibsen, die meist unmittelbar nach einem wichtigen Ereignis beginnen, einem Todesfall, einem Verbrechen und so weiter. Regen Sie Ihre Schüler dazu an, die Geschichten so nah wie möglich an der *beeindruckendsten* Erinnerung beginnen zu lassen. Wichtig ist, daß der Leser nach und nach etwas über die *Reaktionen* der Hauptfiguren erfährt und darüber, wie der Vorfall oder das Ereignis endet.

Form und Struktur: Das Rückgrat finden

Die Form einer Geschichte sorgt für einen Rahmen und dafür, daß die Leser oder Zuhörer eine Ahnung bekommen, wo die Geschichte hinführen wird. Eine Geschichte über eine Ente muß von einer Ente handeln. Eine Geschichte über einen Onkel muß den Onkel zum Thema haben. Für den Verfasser bedeutet das, daß er den Lesern kleine Hinweise geben soll, die alle in dieselbe Richtung führen. Auch eine Laune oder eine bestimmte Atmosphäre, die sich durch die ganze Geschichte zieht, kann Form schaffen. Geschichten können schwer beladen sein mit Erinnerungen und Emotionen. Auch das ist Form. Jede Geschichte hat ihre eigene Logik, und diesen logischen Faden nennen wir hier „Rückgrat". Alles andere sollte links liegengelassen oder für eine andere Geschichte aufgespart werden.

Angenommen der Anfang einer Geschichte beschreibt eine Reise von Rußland nach Amerika, im Mittelteil geht es um das Finden eines Hauses, damit die kranke Mutter sich besser fühlt, und am Ende stirbt die Mutter. Erst am Ende der Geschichte erfährt der Leser, daß es um den Tod der Mutter geht. Der Anfang einer Geschichte sollte aber irgendwie mit dem Ende verbunden sein. In diesem Beispiel müßte also am Anfang schon etwas über den Gesundheitszustand der Mutter gesagt werden. Die Reise von Rußland nach Amerika ist eine andere Geschichte.

Einer weitere lebendige Erinnerung

Nun können sich die Schüler unter Beachtung all dessen, was sie bisher gelernt haben, einer weiteren lebendigen Erinnerung zuwenden und sie mit Hilfe der folgenden Fragen überdenken und umschreiben.

– Kann ich die Geschichte klar „sehen"? Wenn nicht, was benötige ich, um sie klarer erscheinen zu lassen?
– Erzähle ich meine Geschichte in der Gegenwartsform?
– Schreibe ich in der ersten Person?
– Erwähne ich meine Gefühle?
– Schreibe ich glaubhaft vom kindlichen Standpunkt aus und vermeide ich Erwachsenenausdrücke?
– Habe ich interessante Dialoge eingebaut?

Siebter Schritt:
Schreiben über Gedanken und Gefühle

Nachdem Sie sich verschiedene Geschichten angehört haben, werden Sie feststellen, daß einige Emotionen in Ihnen hochkommen lassen, während andere sich irgendwie unvollständig anfühlen, obwohl sie sehr genaue Beschreibungen und brillante Dialoge enthalten. Was diesen Geschichten oft fehlt, sind Gefühle. Mehr Gefühle in Geschichten zu bringen bewirkt, daß die Leser sich angesprochen fühlen und sagen: „Das hat mich wirklich sehr berührt."

Jeder von uns hat das, was man das innere Auge nennt. Wenn ein Ereignis uns sehr berührt, sehen wir dieses Ereignis mit unserem inneren Auge. Alle Autoren können dieses Bewußtsein nutzen. Die meisten von uns haben auch Erfahrung mit Selbstgesprächen, manchmal murmelt man laut etwas vor sich hin, manchmal behält man es für sich. Wenn wir im Kopf mit uns selbst sprechen, nennt man das inneren Monolog. Innere Monologe sind sehr effektiv für Geschichten, genau wie ein stark ausgeprägter Sinn für unsere Gefühle, und für den Leser kann es sehr spannend sein, wenn wir unsere Beschreibung eines Ereignisses durch Gefühle und inneren Dialog bereichern. „Ich fühle, wie die Wut in mir hochsteigt" oder „Ich bin die ganze Zeit über traurig."

Man kann auch die Erfahrung des Lesenden noch vertiefen, indem man körperliche Reaktionen auf bestimmte Gefühle erwähnt: „Mein Magen fängt an zu knurren", „Meine Augen füllen sich mit Tränen", „Mein Herz fängt an zu rasen", „Meine Beine schmerzen."

Das folgende Beispiel, das den Gebrauch dieser Techniken gut illustriert, stammt von einem Autor, der in der Geschichte etwa zwölf Jahre alt ist.

Eine lebendige Erinnerung

Ich gehe in die Küche, mache den Kühlschrank auf und nehme mir ein Glas Erdnußbutter raus. Mama schält gerade eine Gurke. „Geh zum Supermarkt und hole noch ein Brot", sagt sie in unfreundlichem Ton. Sie schaut mich nicht an, sondern schält weiter an ihrer Gurke.

„Oh verflixt", denke ich, „ich will doch Batman im Fernsehen sehen und mein Modellflugzeug weiterbasteln." Ich bleibe mitten in der Küche stehen.

„Hast du mich verstanden?" fragt sie und haut das Messer hart auf das Brett. Ich gehe ins Wohnzimmer und werfe mich in den Sessel. „Komm jetzt!" sagt sie. Sie kommt ins Wohnzimmer, drückt mir zwei Dollar in die Hand und geht zurück in die Küche. Ich hasse es, wenn sie mich herumkommandiert. Sie läßt mich nie das machen, was ich will. „Geh", befiehlt sie, „und zwar sofort!"

Ich hasse es, wenn sie das macht, sie behandelt mich wie einen kleinen Hund, geh hierhin, geh dahin, tu dies, tu das! „Ahh!" sage ich mir. „Warum kann es nicht jemand anderes machen?" Patty, meine Schwester kriegt immer das, was sie will. Mama fragt sie nie, ob sie etwas machen kann. Mein Herz klopft. Ich höre Mamas Stimme in meinen Ohren. Es ist wie eine Klingel. „Mach jetzt, mach jetzt …" Ich schließe meine Augen für einen Moment und beiße meine Zähne zusammen. Mein Kopf fängt an, weh zu tun. „Was ist los mit dir?" frage ich mich. „Warum trittst du nie für deine Rechte ein? Häh?"

„OK", sage ich. Ich gehe los. Ich fühle mich schrecklich, so … herumgestoßen.

Die Kombination aus inneren Gedanken („Oh verflixt … ich will Batman sehen"), innerem Monolog („Warum trittst du nie für deine Rechte ein?"), inneren Gefühlen („Ich hasse es, wenn sie ... mich wie einen Hund behandelt") und physischen Gefühlen ("mein Kopf tut weh") beschreibt ausgezeichnet, was ein Kind in einem solchen Moment empfindet.

Sie fragen sich wahrscheinlich, ab welchem Alter man von Kindern erwarten kann, daß sie diese Gefühle und Gedanken erwähnen. Kinder im Alter von 12 oder 13 Jahren fangen an, ihre Eindrücke und Empfindungen auf diese Weise mitzuteilen. Jüngere Kinder können damit beginnen, wenn sie in den bisher behandelten Schritten geübt sind. Das Alter spielt hier eine eher untergeordnete Rolle. Wichtiger ist, daß die Schüler sich bis zu diesem Punkt wohl fühlen und die einzelnen Schritte mit Leichtigkeit nachvollziehen können.

Übergänge

Manche meiner Schüler glauben, daß sie sich in ihren Geschichten in verschiedenen Zeiten bewegen müssen. In Geschichten, die in der Vergangenheitsform geschrieben sind, finden wir Ausdrücke wie "später", "nachdem" oder "bald". Wenn man im Präsens schreibt, muß man sich etwas genauer ausdrücken, etwa: "Nun ist es drei Monate später, ich bin ..." oder "Das Jahr vergeht schnell, und ich finde mich ..." Generell sind das Ausdrucksweisen, die die Schüler leicht dazu befähigen, von einem Moment zu einem anderen überzugehen.

Theoretisch sind wenige Menschen so frei wie der dramatische Stückeschreiber. Er kann die ganze Welt auf seine Bühne bringen. Aber tatsächlich ist er seltsam scheu ... daher gibt es entweder den Autor, der seine inneren Erfahrungen in Tiefe und Dunkelheit erforscht ... oder denjenigen, der diese Gefilde meidet und lieber die äußere Welt erkundet – jeder denkt, daß seine Welt eine vollständige ist.

Peter Brook
Der leere Raum

Korrigieren und Überarbeiten

Korrigieren und Überarbeiten sind zwei verschiedene Arbeitsgänge.

Überarbeiten verändert den Inhalt und den Stil der Geschichten, um ihnen mehr Tiefe, Bedeutung und Klarheit zu verleihen. *Korrigieren* betrifft die Grammatik, die Rechtschreibung und die Zeichensetzung und ist eine Aufgabe für die linke Gehirnhälfte, die schön getrennt gehalten werden muß von dem kreativen Vorgang des Überarbeitens, der sich in der rechten Gehirnhälfte abspielt. Korrigieren ist eine Polierarbeit, die man am Ende einer Arbeit und niemals während der verschiedenen Fassungen vornehmen sollte.

Die meisten Schüler fürchten das Überarbeiten, weil sie nicht wissen, wodurch es sich vom Korrigieren unterscheidet. Sie versuchen, beides gleichzeitig zu machen. Man muß den Schülern die Möglichkeit geben, die Geschichte umzuschreiben, wenn es an der Zeit ist, und zu korrigieren, wenn dies an der Zeit ist. Vielleicht kann man ihnen damit einiges von ihrer Furcht nehmen und sie die Erfahrung positiver erleben lassen.

Aufgaben für die Schüler

1. Finde deine lebhafteste Erinnerung, irgendwann zwischen deiner Geburt und deinem dreizehnten Geburtstag.
2. Schreibe in der Gegenwartsform und in der ersten Person (Ich bin...)
3. Überdenke die Geschichte, nimm Feedback entgegen und laß alles weg, was irgendwie erwachsen klingt.
4. Schreibe die Geschichte um und bereichere sie mit Dialogen. Sorge dafür, daß deine Geschichte ein starkes Rückgrat hat.
5. Wenn du fertig bis, schreib noch eine Geschichte über eine andere lebhafte Erinnerung.
6. Befolge alle Schritte, die du bis jetzt kennengelernt hast, überdenke und überarbeite die Geschichte und füge in der zweiten Fassung mehr Gefühle, Gedanken und innere Monologe hinzu.
7. Korrigiere Grammatik, Zeichensetzung und ähnliches erst, wenn das alles abgeschlossen ist.

7
Überprüfen und Überarbeiten

„Ich habe alles, was ich je veröffentlicht habe, viele Male neu geschrieben. Meine Bleistifte müssen ihre Ausradierungen überleben."
Vladimir Nabokov

Achter Schritt:
Den Anfang der Geschichte finden

Wenn es darum geht, einen Anfang für ihre Geschichten zu finden, können die Schüler überlegen: „Was ist der eindruckvollste Moment meiner Erinnerung? An welchen Moment erinnere ich mich am klarsten?" Dann können sie sich fragen: „Kann ich meine Geschichte schon vor der Erinnerung, über die ich schreiben will, beginnen?" Gewöhnlich gibt man als Autor noch einige einführende Informationen, die Leser nicht unbedingt benötigen und die man problemlos weglassen kann.

Wenn ich etwas kunstvoll schreiben will oder etwas beschreiben möchte, habe ich oft das Bedürfnis, alles überflüssige Beiwerk wieder auszustreichen und nur mit dem ersten einfachen Aussagesatz anzufangen, den ich geschrieben habe.

Ernest Hemingway

Lenken Sie die Aufmerksamkeit der Schüler auf *die erste Zeile* Dialog oder Handlung. Je mehr man in eine Erinnerung eintaucht, um so mehr Dialog schreibt man gewöhnlich. Die erste Zeile Dialog kann daher sowohl ein Hinweis auf den Beginn der Geschichte als auch auf ihr Rückgrat sein. Erinnern Sie die Schüler daran, daß sie sich nicht schon in der ersten Fassung um einen perfekten Anfang kümmern müssen.

Jeder Künstler muß sich zunächst einmal aufwärmen. Musiker spielen die Tonleiter rauf und runter, Schauspieler machen Stimmübungen und Tänzer Dehnübungen. Schriftsteller müssen sich auch aufwärmen, und genau das passiert in den ersten Abschnitten jeder einzelnen Fassung. Mit der ersten Zeile eines Dialogs oder einer Handlung fängt der Autor an, sich seinem Ziel zu nähern. Er taucht in die Geschichte ein und nimmt seine Leser mit.

Es gibt noch einen weiteren Grund, warum es besser ist, die erste Zeile der Handlung oder des Dialogs zu finden, als mit einer Einleitung zu beginnen, wie es in den meisten Geschichten vorkommt.

Wer bin ich?
von Isaac Bashevis Singer

Ich wurde am 14. Juli 1904 in der Stadt Radzymin in der Nähe von Warschau, der Hauptstadt Polens geboren. Mein Vater Pinchos Menachem Singer war ein Rabbi, ein hoher religiöser Mann. Er hatte einen roten Bart, lange schwarze Pajot und blaue Augen ... Anfang 1908, als ich drei Jahre alt war, zogen meine Eltern von Radzymin nach Warschau ... ich war natürlich neugierig. Ich beobachtete Erwachsene und ihr Verhalten. Ich lauschte aufmerksam ihren Gesprächen ... In einem frühen Alter fing ich schon an, mir über die verschiedensten Dinge Gedanken zu machen: Was würde passieren, wenn ein Vogel immer in die gleiche Richtung fliegen würde? Was würde passieren, wenn eine Leiter von der Erde bis zum Himmel gebaut würde. Unsere Wohnung in der Krochmalnastraße 10 hatte einen Balkon, auf dem ich viele Stunden stehen und darüber nachdenken konnte.

Die Schwierigkeit bei diesem Anfang ist, daß man nicht weiß, wohin die Geschichte führen wird. Am besten erfährt der Leser, was ihn erwartet, wenn in der ersten Zeile eine Frage steckt, die etwas über den Rest der Geschichte verrät. Angenommen, der Autor hätte die Geschichte so beginnen lassen:

„Was würde passieren, wenn ein Vogel immer in die gleiche Richtung fliegen würde? Was würde passieren, wenn eine Leiter von der Erde bis zum Himmel gebaut würde?"

Man würde daraus schließen, daß das Kind sehr aufgeweckt und sehr neugierig ist. Man fragt sich wahrscheinlich, was wohl mit diesem wißbegierigen Kind passieren wird, und denkt dabei an andere Geschichten, die darauf Antwort geben. Danach könnte es so weitergehen:

„Ich bin fünf Jahre alt, und dies sind die Fragen, die ich mir stelle, wenn ich draußen spiele, auf dem Balkon unserer Wohnung in Warschau."

Nachdem wir uns diese Fragen erst einmal gestellt haben, bilden sie das Rückgrat der Geschichte, und wir als Leser werden dadurch gefesselt, daß wir den Wunsch verspüren, eine Antwort darauf zu bekommen. Ein guter Anfang bewirkt also, daß der Leser sich die richtigen Fragen stellt.

Die erste Zeile Dialog oder Handlung führt beim Leser gewöhnlich zu folgenden Fragen: „Wer sagt/tut dies? Warum sagt er/sie das? Wo/wann findet etwas statt? Was wird passieren?" Dies sind typische journalistische Gedanken (wer, was, wann, wo, warum, wie), aber ein Schriftsteller vermeidet, diese Fragen zu beantworten, bis der Leser die Frage stellt.

Die Hintergrundgeschichte

Wenn man Dialog und /oder Handlung benutzt, um eine Geschichte einzuleiten, fragen die Leser sofort: *Was wird passieren? Wer tut wem was? Warum passiert das?* und *Wo findet es statt?* Eine gute Geschichte wird diese Fragen ansprechen, sobald sich der Vorhang hebt, und sie wird die meisten Fragen beantwortet haben, wenn der Vorhang wieder fällt. Eine Hintergrundgeschichte beschäftigt sich mit der Frage: *Welche Information braucht der Leser, um zu verstehen, was in der Geschichte passiert?* Schüler, die ohne Anweisung schreiben, tendieren dazu, diese Information gleich am Anfang einer Geschichte zu geben, sozusagen, um sich warmzuschreiben. Es ist in Ordnung, wenn sie das als Teil eines Schreibprozesses tun, aber diese Vorinformation braucht der Leser nicht sofort. Wie wir bereits deutlich gemacht haben, sollte der Leser zunächst in die Geschichte eintauchen. Dann wird er ganz von selbst nach dem Wer, Wann, Wo, Was, Warum und Wie fragen.

Im Film bezeichnet der Begriff „Hintergrundgeschichte" den Teil der Geschichte, der sich ereignete, bevor die Geschichte begonnen hat. Diese Informationen sollten am besten erst im zweiten Abschnitt der Geschichte gegeben werden. Meine Regel lautet: *Erzähle dem Leser niemals etwas, bevor er es nicht wissen will.* Schauen wir uns nochmal das Beispiel von Isaac Bashevis Singer an.

Wer bin ich?
von Isaac Bashevis Singer

Ich wurde am 14. Juli 1904 in der Stadt Radzymin in der Nähe von Warschau, der Hauptstadt Polens geboren. Mein Vater Pinchos Menachem Singer war ein Rabbi, ein hoher religiöser Mann. Er hatte einen roten Bart, lange schwarze Pajot und blaue Augen … Anfang 1908, als ich drei Jahre alt war, zogen meine Eltern von Radzymin nach Warschau … Ich war natürlich neugierig. Ich beobachtete Erwachsene und ihr Verhalten. Ich lauschte aufmerksam ihren Gesprächen … In einem frühen Alter fing ich schon an, mir über die verschiedensten Dinge Gedanken zu machen: Was würde passieren, wenn ein Vogel immer in die gleiche Richtung fliegen würde? Was würde passieren, wenn eine Leiter von der Erde bis zum Himmel gebaut würde. Unsere Wohnung in der Krochmalnastraße 10 hatte einen Balkon, auf dem ich viele Stunden stehen und darüber nachdenken konnte.

Die einleitenden Informationen bilden eine gute Hintergrundgeschichte und wären noch interessanter, wenn sie an einer anderen Stelle in der Geschichte gegeben würden. Während meiner Zeit als Drehbuchautor und Regisseur beim Film, habe ich genau diese Technik verwendet.

Frühere Filmemacher präsentierten den Zuschauern oft als erstes eine Weitwinkelaufnahme zum Beispiel einer ganzen Stadt oder eines Dorfes, um sie dann in einer Normalaufnahme näher an ein bestimmtes Wohnhaus oder einen Platz zu führen. Anschließend versuchten sie durch Nahaufnahmen, mehr Intimität zu den Personen herzustellen. Moderne Filmemacher bevorzugen den umgekehrten Prozeß: Zuerst kommt die Nahaufnahme, um die Identität und die Gefühle einer Figur zu enthüllen. Dann weitet sich der Film aus, um einen Eindruck zu vermitteln, welche Handlung wo stattfindet.

Und noch ein wichtiger Punkt: In Geschichten, die Sie von einem kindlichen Blickwinkel aus über sich selbst schreiben, als Sie jünger als zehn Jahre alt waren, wirkt eine Hintergrundgeschichte oder erklärende Einführung am Anfang eher unglaubwürdig. Als kleines Kind sieht man die Welt durch ein kleines Fenster. Man weiß wenig über das, was andere tun. Man weiß nichts über Vergangenes und Zukünftiges. Mit zunehmendem Alter wird auch das Fenster, durch das man sieht, größer. Man erfährt mehr über Vergangenes und Zukünftiges und über das Leben jenseits von einem selbst. Dann erst ist man in der Lage, wirkliche Hintergrundinformationen zu geben.

Neunter Schritt: Wie man den Höhepunkt der Geschichte ausdehnt

„Ich möchte gern mehr darüber wissen, was auf dem Höhepunkt deiner Geschichte passiert", ist ein oft geäußertes Feedback. Der Höhepunkt der Geschichte ist der dramatische Moment, in dem sich alles zuspitzt. Diesen Moment gilt es auszudehnen.

In Filmen kann ein dramatischer Moment durch langsame Bewegung eingefangen oder in langsamer Bewegung von anderen Blickwinkeln aus wiederholt werden. In einer der einprägsamsten Szenen des Films *A Man and a Woman* von Claude LeLouche umkreist die Kamera zwei Liebende, wie sie sich am Bahnhof in die Arme fallen, als würde ein Netz um sie gesponnen, das sie von der äußeren Welt abtrennt. Dabei erscheint alles ganz langsam, als stünde dieser leidenschaftliche Moment völlig außerhalb der Zeit.

Ähnlich beschreiben erfolgreiche Baseball-Spieler, wie der Ball sich langsam auf den Abschlagpunkt zubewegt – und ganz einfach zu schlagen ist. Alles geschieht ganz langsam, und der Moment, in dem der Schläger den Ball trifft, wird verlängert. Damit möchte ich nicht sagen, daß der Verfasser die Handlung der restlichen Geschichte verlangsamen soll. Lediglich der Schlußmoment wird gedehnt und dadurch deutlicher.

Es folgt der gedehnte Schluß von „Sonnentop" von Liz Kelly. (Den vollständigen Text finden Sie auf Seite 200) Nachdem Liz von der Klasse Feedback bekommen hatte, hat sie entschieden, das hinzuzufügen, was als nächstes geschieht, nämlich ihre sinnlose Diskussion mit dem Vertrauenslehrer.

Sonnentop (Schluß) von Liz Kelly, 18 Jahre

„Liz, was ist los?" fragt Lori. „Nichts", sage ich, drehe mich um und gehe schnell weg, damit niemand sieht, wie ich weine. Ich gehe nur ein paar Schritte, dann wische ich meine Tränen weg, mache kehrt und gehe wieder zurück. „Liz, es stimmt doch irgendwas nicht", sagt Lori. Sie legt ihren Arm um mich und führt mich in das Büro des Vertrauenslehrers. Herr Cothern, der Vertrauenslehrer, schaut mich wissend an. Ich war schon einmal hier. Lori setzt mich auf einen Stuhl, und ich halte meine Hände vors Gesicht und heule. Lori muß zum Unterricht, und Cothern und ich fangen an zu diskutieren. Ich kann nicht mehr mit meinem Vater leben, erzähle ich Cothern. „Ich kann es nicht mehr." Cothern schaut mich mit ernster Miene an. So ernst er überhaupt schauen kann. Herr Cothern ist ein großer Mann, der mich an eine Comicfigur erinnert. Seine Augen lachen immer, und ich glaube nicht, daß er mich ernst nimmt. „Cothern, ich meine es ernst." Ich versuche ihn zu überzeugen. „Liz, dein Vater wird bestimmt nicht ausziehen. Und wenn du da bleibst, wird es bestimmt besser. Du kannst die Probleme lösen!" „Fein", sage ich. Ich bleibe noch eine Weile sitzen und gehe dann zurück in die Klasse. Ich weiß nur zu gut, daß sich nichts ändern wird.

Zehnter Schritt:
Das Nachwort am Ende der Geschichte

Ich habe beobachtet, daß viele meiner Schüler den Wunsch hatten, die Bedeutung ihrer lebendigsten Erinnerung herauszustellen und Details hinzuzufügen, die in der Geschichte nicht erwähnt werden konnten, weil sie nicht aus einem kindlichen Blickwinkel gesehen waren. Ich schlug ihnen vor, ein „Nachwort" anfügen. Einige fanden das künstlich, aber viele fragten sich: „Was bedeutet mir dieser Moment?" und „Was habe ich aus diesem Moment gelernt?" Es gibt einige Formulierungen, mit denen ein Verfasser ein solches Nachwort einleiten kann, zum Beispiel „Wenn ich zurückblicke, kann ich erkennen, daß …" oder „Jetzt, Jahre später, wird mir klar, daß …" Hier das Nachwort von Liz zu der Geschichte, die Sie gerade gelesen haben:

Nachwort: Kurz nach diesem Zwischenfall, der passierte, als ich sechzehn war, habe ich die Schule abgebrochen, Wyoming verlassen und bin nach Südkalifornien gezogen, wo ich angefangen habe, als Haushälterin zu arbeiten.

An meinen freien Vormittagen besuchte ich Bernards Kurs zum Schreiben von Erlebnisberichten. Es war eine große Hilfe, diese Gefühle auszudrücken und klarer zu sehen, was ich durchgemacht hatte.

Ich bin jetzt zwanzig Jahre alt und lebe in Santa Cruz, Kalifornien. Im letzten Jahr habe ich meiner Familie die Geschichten vorgelesen. Das hat nicht nur mir mehr Klarheit verschafft, sondern auch anderen Familienmitgliedern geholfen, ihre Gefühle auszudrücken. Zu guter Letzt fing die ganze Familie an, sich mit dem Zorn meines Vaters auseinanderzusetzen und mit seinem Alkoholismus, der die Wutausbrüche oftmals ausgelöst hat.

Eine abschließende Checkliste

1. Kann ich die Geschichte klar „sehen" ?
2. Habe ich meine Geschichte im Präsens und in der ersten Person geschrieben?
3. Habe ich meine Gefühle ausgedrückt?
4. Habe ich glaubhaft von einem kindlichen Blickwinkel aus geschrieben (alle erwachsen klingenden Wörter weggelassen oder sie gegen glaubhaftere Ausdrücke eingetauscht)?
5. Habe ich hilfreiches Feedback zu meiner Geschichte bekommen, bevor ich sie umgeschrieben habe?

6. Habe ich interessante, glaubwürdige Dialoge eingebaut?
7. Habe ich Gedanken und inneren Monolog verwendet?
8. Habe ich einen guten Anfang für meine Geschichte gefunden, der auf Dialog und Handlung basiert?
9. Ist der Höhepunkt meiner Geschichte so abgerundet
   und vollständig wie möglich?
10. Brauche ich ein Nachwort am Ende? Wenn ja, habe ich
    eins geschrieben?

Aufgaben für Schüler

1. Finde eine frühe lebhafte Erinnerung, diesmal eine, in
   der Leute miteinander reden.
2. Finde den Anfang der Geschichte, indem du nach der
   ersten Zeile Dialog oder Handlung suchst.
3. Arbeite den Höhepunkt heraus und schau, ob du die
   Geschichte noch näher an den Höhepunkt ansiedeln
   kannst. Kann der Höhepunkt durch Dialoge, Gedanken und innere Monologe ausgeweitet werden?

8
Familiengeschichten schreiben

„Herauszufinden, wer die Eltern über ihre Rollen als Mütter und Väter hinaus sind und waren, ist eine Aufgabe, die viele ... unvollendet lassen."
Margie Patlak, LA Times

Die Familie zusammenbringen

Vor Jahren kam eine Frau in den Fünfzigern in eine meiner Klassen. Sie wollte ihrer Familie und ihren Freunden mitteilen können, wie es ist, an Kinderlähmung zu leiden. Nachdem sie alle Geschichten zu diesem Thema geschrieben hatte, schrieb sie weiter und erkärte: „Meine Familie hatte so große Freude an den Geschichten aus meiner Kindheit, daß ich einfach mehr schreiben mußte." Für ihre Kinder war das eine Möglichkeit zu entdecken, wer ihre Mutter wirklich war. Nachdem sie begonnen hatte, Geschichten über andere Generationen ihrer Familie zu schreiben, bekam sie Besuch von Verwandten aus allen Teilen des Landes. Diese Art, eine Familiengeschichte zu verfolgen, erlaubt den Familienmitgliedern einen Einblick in die Vergangenheit und in die Zusammenhänge, aus denen die Geschichten entsprungen sind. Das hilft ihnen, stolz auf diejenigen zu sein, die vor ihnen gelebt haben, und sich ihnen näher zu fühlen.

Bis hierher ging es darum, Geschichten aus dem eigenen Leben zu erzählen. Jetzt können wir die gelernten Fertigkeiten und Techniken anwenden, um die Geschichten anderer wiederzugeben.

1. Lassen Sie Ihre Schüler ein Interview mit einer Person auf Kassette aufnehmen und anschließend transkribieren. Das nennt man *mündlich* überlieferte Geschichten. Wie man ein Interview führt, erfahren Sie in Anhang B (Seite 229).
2. Bitten Sie die Schüler, die *Erfahrungen* aufzuschreiben, die sie gemacht haben, während sie den Geschichten ih-

rer Eltern, Großeltern oder anderer Familienmitglieder aus der Vergangenheit lauschten. Dabei sollen sie auch etwas über die Beziehung sagen, die zwischen ihnen und den Erzählenden bestand, als die Geschichte erzählt wurde. Das nennt man *Familiengeschichten.*

Viele von uns, die eine Familiengeschichte schreiben wollen, sind sehr daran interessiert, über Erlebnisse ihrer Eltern und Großeltern zu schreiben. Dabei handelt es sich typischerweise um ein einfaches erzählendes Wiedergeben der Vergangenheit.

Die königlichen Gräber von Ur illustrieren die Fähigkeit der ersten Aristokratie der Welt, sich dem Spiel zu verpflichten und dann aus dieser Verpflichtung heraus zu spielen. Und das Resultat ihrer völligen Hingabe an dieses besondere Spiel war, daß sich die Welt von der Barbarei zur Zivilisation entwickelte.

Joseph Campbell
Die Masken Gottes:
Primitive Mythologie

Mein Großvater wurde in der Ukraine geboren. Als er 16 Jahre alt war, wurde er gezwungen, in der Armee des Zaren zu dienen. Nach einem Jahr floh er und machte sich auf nach Amerika.

Wenn man so etwas liest, stellt man sich oft eine Reihe von Fragen: „Wie hat der Erzähler von seinem Großvater erfahren? Wer hat ihm die Geschichte erzählt? Wie können wir wissen, daß die Geschichte wahr ist? Wie sehen die Leute, die in dieser Geschichte vorkommen (der Großvater und der Erzähler), die Dinge?" Ein authentischerer Weg, Familiengeschichten zu erzählen, besteht darin, sowohl die Gefühle des Geschichtenerzählers als auch die des Verfassers offen darzulegen, während sich die Geschichte entfaltet. „Wenn ihr eine Familiengeschichte schreibt", erkläre ich meinen Schülern, „laßt den Leser wissen, wie ihr die Geschichte gehört habt. Habt ihr dabei auf dem Schoß eurer Großmutter gesessen oder mit eurem Großvater einen Spaziergang gemacht? Laßt den Leser wissen, an was ihr euch erinnert, an das, was euer Großvater oder eure Großmutter gemacht hat oder an die Gefühle, die sie hatten, während sie euch die Geschichte erzählt haben. Auf diese Weise kann man beides erfassen, die Geschichte und eure Beziehung zum Geschichtenerzähler.

Die folgende Geschichte ist ein gutes Beispiel für diese Art des Schreibens, obwohl es nicht jemand aus der Familie war, der sie erzählt hat.

Wie ich ein Rebell wurde
von John Strong
69 Jahre

Mein Urgroßvater hatte vier Jahre lang in der Unionsarmee gedient. Als Bote überbrachte Oberhauptgefreiter Dillen Präsident Lincoln eines Tages sogar eine sehr vertrauliche Nachricht. Er war mit Shermans Armee durch Georgia gezogen und in der Schlacht von Chicamauga, Tennessee, mehrfach verwundet worden. Mein Urgroßvater zog meine Mutter groß, und so viele Geschichten aus seinem Bürgerkrieg wurden mir erzählt. Mein Großonkel war froh, daß er das berüchtigte Libby-Gefängnis überlebt hatte, in dem er über ein Jahr dahinsiechte. Ich hatte noch einige andere Verwandte, die an Schlachten teilgenommen hatten, und so war ich mit elf Jahren schon ein echter „Unions-Veteran".

Unions-Veteranen, die jetzt um die 90 Jahre alt sind, besuchen unsere Schule immer an Lincolns Geburtstag. Man munkelt, daß es wegen ihres hohen Alters diesmal wohl ihr letzter Besuch an unserer Schule in Clymer, Pennsylvania sei. Sie sprechen in unserer Veranstaltung über Erziehung, Bürgerrecht und gutes Benehmen, aber niemals über die Schlachten des Krieges. Ich entscheide, an ihrem letzten Besuch etwas dagegen zu unternehmen. „Ich denke, daß es in Ordnung ist", sagt Fräulein Brady, unsere Lehrerin, die meine Meinung teilt, und spricht während der Pause mit einem der älteren Soldaten. Der, den ich ausgesucht habe, ist lebhafter und aufrechter als die anderen sechs. Seine Uniform paßt seiner schlanken Figur, als ob ein Schneider sie angefertigt hätte. Sie hat einen blauen, satinähnlichen Schimmer und ist nicht aus dem zerknitterten, rohen Stoff der anderen Uniformen. Er hat ein Funkeln in seinen blauen Augen und trägt eine gefütterte Mütze, die flott auf seinem Kopf sitzt. Er war der erste Leutnant im Pennsylvania Regiment. „Herr Hill", verkündet unsere Lehrerin, „John liebt Geschichte und würde Ihnen gern ein paar Fragen stellen." „Natürlich", antwortet Herr Hill, und seine jung klingende Stimme überrascht mich. „Herr Hill, ihr Soldaten redet immer über langweilige Sachen, daß wir eine gute Erziehung bekommen sollen, und niemals über den Bürgerkrieg. Können Sie was über die Schlachten erzählen, in denen Sie gekämpft haben?" fange ich an. „John, jene Schlachten waren furchtbar", antwortet er ernst. „Die Geschichtsbücher berichten nur über die mutigen und bunten Aspekte des Krieges. Aber das Blutvergießen und das Leiden war grausam. Ich sah, wie mein eigener Bruder vor meinen Augen umgebracht wurde! Es ist immer noch eine grauenhafte Erinnerung." Dann wechselte Herr Hill den Tonfall in seiner Stimme. „Ich werde dir etwas erzählen, John, das du, der sich für Geschichte interessiert, niemals vergessen wirst."

Ich beuge mich vor, als er anfängt. „Nach dem Krieg, bemühten sich mein Cousin Ralph, auch ein Unionssoldat, und ich, ein College zu finden, das wir besuchen könnten. Ralph war für die Universität von Pittsburgh, aber ich schlug eine andere Schule vor. ‚Warum schreiben wir uns nicht im Washington College in Lexington, Virginia ein?‘ sagte ich. ‚Warum runter in das Rebellenland?‘ fragte er überrascht. ‚Weil General Robert E. Lee Präsident dieses College ist‘, antwortete ich. ‚Er war ein großer General und ein ehrbarer Mann. Die Schule, die er leitet, muß eine gute Schule sein.‘ ‚Natürlich sind alle Studenten an diesem College junge Rebellen. Und wenn schon, dann sind wir eben die einzigen Unionssoldaten der ganzen Schule.‘ ‚Ich mag deine Wahl trotzdem nicht, Jim‘, protestierte Ralph, ‚er war immerhin der Anführer der Rebellenarmee, gegen die wir vor vier Jahren gekämpft haben.‘ Aber ich gewann, und so schrieben wir uns im Washington College ein. Mehr als zwei Monate lang sahen wir General Lee nicht. Dann, eines Tages wurden wir in sein Büro gebeten. Er saß auf einem großen Stuhl hinter seinem Schreibtisch und sagte uns, wir sollten uns setzen. Ich studierte General Lees Gesicht, während wir schweigend dasaßen. Er war hübscher als auf den Fotos in den Geschichtsbüchern. Natürlich hatte er graue Haare und einen grauen Bart, aber es war sein feines Gesicht und seine großen braunen Augen, die meine besondere Aufmerksamkeit anzogen. Seine dunklen, fast schwarzen Augen wendeten sich von meinem Gesicht ab und blickten in Ralphs Gesicht, als er sprach. ‚Wie gefällt es euch hier im College? Seid ihr zufrieden mit den Kursen? Haltet ihr die Dozenten für qualifiziert?‘ Diese drei aufeinanderfolgenden Fragen beantwortete ich mit einem emphatischen ‚Ja, Sir. Uns gefällt es sehr gut hier, General Lee!‘

Meine schnelle Antwort schien dem General zu gefallen. Dann nach einer oder zwei Minuten, erklärte er: ‚Ich habe euch beiden eigentlich aus Neugier herbestellt. Warum habt ihr als frühere Leutnante der Unionsarmee euch diese kleine Schule ausgesucht, obwohl es bei euch in Pennsylvania so viele gute Universitäten gibt? Fast alle Studenten hier waren in der Konföderierten-Armee, mich eingeschlossen.‘

General Lee wartete geduldig auf meine Antwort. Ralph und ich standen auf. ‚General Lee, wir wußten, daß Sie der beste General am Ende des Krieges waren und daß Sie ein Gentleman sind. Jedes College, das Sie leiten, muß eines der besten sein, und so ist es auch!‘ Meine beredte kleine Ansprache überraschte selbst mich, den Sprechenden. General Lee erhob sich von seinem Stuhl und ging auf uns zu, ohne den Blick von uns zu wenden. Er war gut gebaut mit breiten Schultern und über ein Meter achtzig groß, so wie Ralph und ich. General Lee stand nun direkt vor uns. Mit der Spur eines Lächelns schüttelte er erst mir die Hand und dann Ralph. ‚Gentlemen, ihr könnt euch nicht vorstellen, was mir eure Worte bedeuten‘, sagte er – so schien es mir – mit Tränen in den Augen."

Herr Hill schaut mich an und sagt: „Nun John, ist das nicht eine bessere Geschichte, und sie ist wahrer als irgendeine Geschichte über die blutigen Schlachten von Gettysburg."
„Danke, Herr Hill", sage ich. „Vielen Dank, aber General Lee war der Anführer der Armee, gegen die Sie gekämpft haben. Warum haben Sie ihn so verehrt, Herr Hill?" „Sieh mal John", erklärte Herr Hill, „General Lee tat alles, was in seiner Macht stand, damit alle den Krieg vergessen konnten. In Paraden am College maschierte er absichtlich nicht im Tritt. Er hat niemals seine Memoiren veröffentlicht wie andere Generäle. Er lehnte es ab, seinen Namen für eine Versicherungsge-

sellschaft in England herzugeben, wo er sehr verehrt wurde. Er gab niemals Interviews über seine Schlachten. General Lee hielt keine Sklaven. Er verließ die U.S.-Armee, als sein Staat Virginia sich 1860 abspaltete. Fast jeder Offizier der U.S. Armee, der aus dem Süden kam, tat dasselbe. Was wäre, wenn sich Pennsylvania abspalten würde? Würdest du nicht mit deinem Heimatstaat gehen, John?" fragt Herr Hill. „Bei der Kapitulation hatte General Lee 30 000 Mann. General Grant hatte 130 000. So ein General war er – ungenügend bemannt, mit zuwenig Nahrungsmitteln und Waffen, und trotzdem hielt er durch. Für einen jungen Knaben mag es schwierig sein, über solche Dinge nachzudenken, aber versuche, dir diese Geschichte zu merken."

Ich habe mir die Geschichte gemerkt. General Lee und die Konföderierten haben mich von da an viel stärker fasziniert als die Unionsgeneräle Grant und Sheridan. Ich vermute, daß mein Großvater Dillen und andere Unions-Verwandte sich im Grab herumgedreht haben. Das haben sie Herrn Hill zu verdanken.

John, früher Bergmann in Pennsylvania und Offizier im II. Weltkrieg, schrieb diese Geschichte Jahre bevor die „Schreiben von innen"-Methode entwickelt wurde. Hier soll gezeigt werden, wie er die Geschichte mit Hilfe dieser Methode *vielleicht* geschrieben hätte.

Wie ich ein Rebell wurde
(fiktive Überarbeitung)
von John Strong

Ich bin elf Jahre alt und besuche die Grundschule in Clymer, Pennsylvania. Es ist das Jahr 1924. Eines Tages sagt die Lehrerin: „Kinder, heute haben wir ein besonderes Thema. Wir haben zwei Gäste, die in dem Krieg zwischen den Staaten gekämpft haben. Sie sind hergekommen, um darüber zu erzählen." Einige Minuten später kommen sie herein. Zwei von ihnen. Sie sind alt. Mit Bärten. Heute ist der Tag der Veteranen, deshalb tragen sie Uniformen, blaue Jacken mit blauen

Hosen. Einer von ihnen hat die Abzeichen eines Leutnants auf seinen Schultern. Sie gehen langsam und setzen sich hin. Ich bin ganz scharf darauf, mit ihnen zu reden. Ich habe viele Verwandte, die in der berühmten Unionsarmee gekämpft haben. Bei der ersten Gelegenheit hebe ich meine Hand. „Sir", sage ich, „könnten Sie uns erzählen, wie Sie im Krieg waren. Wie war das?" Die Augen des alten Mannes blitzen. „Ich befürchte, du willst, daß ich etwas über die blutigen Schlachten erzähle, stimmt's?" Ich nicke. Er schüttelt den Kopf. „Das werde ich nicht tun. Krieg ist die Hölle. Die absolute Hölle. Aber ich will dir eine Geschichte über den Krieg erzählen", fährt er fort. Er lehnt sich zurück in seinem Stuhl. Sein Blick schweift ab. „Der Krieg war vorbei. Die blutigste brutalste Sache, die du je gesehen hast. Mein Cousin und ich entschieden, daß wir aufs College gehen wollten. Wir waren Leutnants in der Unionsarmee gewesen, und wir wollten zusammenbleiben. Also haben wir uns die Washington Universität in Virginia ausgesucht." Der alte Mann lächelt mich an. Seine Augen blicken weich. „Wir schrieben uns also ein. General Lee war der Präsident der Universität, aber wir sahen ihn nicht oft. Gelegentlich bei Paraden am Morgen. Er marschierte nie im richtigen Tritt – absichtlich –, um sich auf die Stufe eines Anfängers zu begeben und nicht für etwas besonderes gehalten zu werden. Fast alle anderen Studenten hatten für den Süden gekämpft. Und General Lee war ihr Anführer gewesen. Sie wären ihm vermutlich überall hin gefolgt.

Eines Tages wurden wir ins Büro des Präsidenten gebeten. Als wir eintrafen, wartete der General schon auf uns.

Er war ein sanfter Mann. Etwas schüchtern. Aber kraftvoll. Ich hätte beinahe salutiert. Er kam sofort zur Sache. ‚Gentlemen, es dürfte eurer Aufmerksamkeit nicht entgangen sein, daß die meisten Jungen an dieser Schule im letzten Krieg unter meiner Führung ...' ‚Ja, Sir', unterbrach ich ihn, begierig, etwas zu sagen. ‚Nun, seit ihr als die einzigen beiden Jungen und sogar Offiziere der Unionsarmee und auch als Offiziere euch hier eingeschrieben habt, frage ich mich ... vielleicht erzählt ihr mir, warum? Warum seid ihr hergekommen?'

Ich schaute meinen Cousin an, und er schaute mich an. Schließlich sagte ich: ‚General, Sir, mein Cousin und ich, wir haben herausgefunden, daß Sie der beste General von allen sind, ob im Norden oder im Süden. Wo Sie sind, ist auch der beste Platz für uns.'„

Der alte Soldat hält einen Moment inne. Er nimmt sein Glas mit Wasser und trinkt. Schließlich fährt er fort.

„Der General stand auf, schaute uns an, und dann nickte er. Es war ein leichtes Lächeln auf seinem Gesicht.,Ihr werdet nie wissen, wieviel mir das bedeutet', sagte er und schüttelte uns beiden die Hände. Wir gingen.“

Das Klassenzimmer ist so still wie eine leere Kirche. Der alte Soldat schaut jedem von uns ins Gesicht. „Denkt darüber nach, Jungs.“

Beachten Sie, daß John die Geschichte im Präsens erzählt, als ob jetzt Clymer, 1924 sei; aber wenn der alte Soldat die Vergangenheit hervorholt, spricht er in der Vergangenheitsform. Das ist so, weil die Erinnerungen des alten Soldaten von 1865 schon 1924 Vergangeheit waren. Beachten Sie auch, daß Johns Soldat direkt zu uns spricht, genau wie zu ihm. Auf diese Weise sehen wir die Geschichte mit Johns Augen. Das Wissen darum, mit wessen Augen man die Handlung in einer Geschichte sieht, verstärkt den Glauben an die Geschichte. Es erhöht auch das Interesse des Lesers, weil der Verfasser und Erzähler in Beziehung zu ihm stehen.

Vor hundert Jahren hätte niemand gefragt: „Von welchem Blickwinkel aus sehen wir die Geschichte, und ist sie glaubwürdig?“ Bis zur Mitte des 19. Jahrhunderts erzählten Schriftsteller wie Poe, Scott, Melville und viele andere, ihre Geschichten von einem gottähnlichen oder allwissenden Blickwinkel aus, und der Leser akzeptierte diesen Blickwinkel als den wahren. In den Büchern von Stephen Crane, Henry James und James Joyce jedoch wurden sich die Leser stärker der Person bewußt, mit deren Augen sie die Geschichte sahen. Als zeitgenössische Leser setzen wir den Wahrheitsgehalt einer Geschichte nicht selbstverständlich voraus, bevor wir etwas über die Person wissen, die sie erzählt. Indem wir etwas über die Beziehung zwischen dem Erzählenden und demjenigen, der die Geschichte aufschreibt, sagen, werden unsere Familiengeschichten authentischer und glaubhafter.

Geschichten über die eigene Familie können von Autoren aller Altersklassen geschrieben werden. Die Geschichte von Natalie Chicha (Seite 49) verdeutlicht, wie vom Blickwinkel eines jüngeren Kindes aus geschrieben wird. Geschichten von älteren Kindern ähneln mehr der von John Strong.

Aufgaben für Schüler

Das junge Kind

1. Die Schüler bitten ihre Großeltern (oder eine ältere Person), eine Geschichte aus ihrer Kindheit zu erzählen.
2. Die Schüler nehmen die Geschichte auf Kassette auf.
3. Die Geschichte wird aufgeschrieben und mit Bildern illustriert, wie es Natalie gemacht hat.

Das mittlere Kind

1. Die Großeltern (oder eine ältere Person) erzählen eine Geschichte aus ihrer Kindheit. Die Schüler schreiben die Geschichte auf und erwähnen, wie sie darauf reagiert haben.
2. Ermutigen Sie die Schüler, Nachforschungen zu einigen Punkten anzustellen, die die ältere Person in der Geschichte erwähnt hat.
3. Bringen Sie den Kindern den Umgang mit Fußnoten bei, damit am Ende der Geschichte einige zusätzliche Informationen gegeben werden können.

Das ältere Kind

1. Die Großeltern (oder eine ältere Person) erzählen eine Geschichte aus ihrer Kindheit. Die Schüler bringen ein Gefühl für sich selbst zusätzlich zu der erzählten Geschichte ein.
2. Ermutigen Sie die Verfasser, Nachforschungen zu einigen Punkten anzustellen, die die ältere Person in der Geschichte erwähnt hat.

3. Bringen Sie den Kindern den Umgang mit Fußnoten bei, damit am Ende der Geschichte einige zusätzliche Informationen gegeben werden können.

9

Aus zwei Blickwinkeln schreiben

„Schreiben von innen" kann den Familienmitgliedern auch Gelegenheit geben, sich ihre verschiedenen Blickwinkel gegenseitig mitzuteilen. Mit verschiedenen Blickwinkeln meine ich unterschiedliche Erfahrungen, aber nicht notwendigerweise verschiedene Einstellungen oder Meinungen. Auf diese Weise können Kinder und Eltern ihre unterschiedlichen „Auffassungen" von einem gemeinsamen Erlebnis miteinander teilen, einschließlich der Schmerzen und der Verwirrung, ohne sich gegenseitig zu beschuldigen. Kinder können erkennen, daß ihre Eltern Situationen anders wahrnehmen und daß die einzige Wahrheit in der Wahrnehmung jeder Person liegt.

An einem klaren Tag
von Jeri
Alter: 50 Jahre

Es ist das Jahr 1989, und ich bin in San Francisco, um meinen einundzwanzigjährigen Sohn Jim zu besuchen. Er wohnt seit zwei Jahren in San Francisco. Ich habe mich schon lange auf diese Reise gefreut und bin gespannt auf beides: Jim zu sehen und nach dreißig Jahren wieder in dieser Stadt zu sein. Wir haben einen lockeren Plan gemacht, was wir in den drei Tagen machen wollen. „Ich möchte gern in den City Lights Buchladen gehen", sage ich ihm. „Weißt du, wo der ist?"

„Klar, kein Problem, der wird dir gefallen", sagt er. „Können wir mit den Cable Cars fahren?" frage ich, „ich bin noch nie damit gefahren." „Ich denke, das läßt sich machen", sagt er und lächelt mich an, als ob ich das Kind sei. Wir lachen. „So, du wolltest doch was zu Mittag essen."

Wir finden ein Restaurant mit Blick auf die Bucht und bestellen das Mittagessen. Nach dem Essen kommen wir auf die Familie zu sprechen. Jim hat seine Cousins und Tanten länger nicht gesehen. „Was macht Pat?" fragt er nach seinem Cousin, der acht Jahre älter ist. Ich denke einen Moment über Pat nach und über sein Geheimnis, das ich mit mir herumtrage, dann antworte ich: „Oh, es geht ihm noch gut; er und Glenn gestalten immer noch Landschaften für die Reichen und Berühmten." Ich werde einen Moment lang still und nachdenklich und fahre dann behutsam fort: „Weißt du, daß Glenn schwul ist?" Er nickt. Obwohl wir noch nie darüber gesprochen haben, erwarte ich nicht, daß ihn die Neuigkeiten über Glenn überraschen. Mehr Gedanken mache ich mir darüber, wie er den Rest der Neuigkeiten aufnehmen wird, den er früher oder später erfahren muß. Nach außen hin läßt sich Jims Cousin nichts anmerken. Ich spüre die Tragweite des Geheimnisses.

So sanft wie möglich sage ich: „Jim, Glenn hat Aids." Ich beobachte seinen Gesichtsausdruck. „Scheiße", sagt er, und ich sehe, was für ein qualvoller Blick sich in seinem Gesicht breit macht. Ich lehne mich über den Tisch zu ihm. „Ich weiß, ich weiß", sage ich und versuche ihn zu trösten. Irgendwie ist die Last des wirklichen Geheimnisses zu groß, und die Worte „… Pat ist schwul …" entschlüpfen meinem Mund.

Die Worte scheinen in der Luft zu hängen. Ich entscheide, es dabei zu belassen. Er muß nicht alles wissen, noch nicht, denke ich. Schließlich weiß es der Rest der Familie auch noch nicht. Er trinkt den letzten Schluck seines Kaffees und sagt: „Laß uns hier weggehen. Ich bin fertig, und du?" Draußen glänzt die Sonne auf dem Wasser der Bucht von San Francisco, als wir langsam um den Kai spazieren. Jim hat locker seinen Arm auf meine Schulter gelegt, und wir schweigen beide, wie es scheint lange Zeit. Mir wird plötzlich bewußt, wie ähnlich er seinem Vater ist, und ich frage mich, wie ich es oft tue, was unter anderen Umständen gewesen wäre … wenn sein Vater uns nicht verlassen hätte, als Jim fünf Jahre alt war … oder wenn wir Geld gehabt hätten oder sogar ein eigenes Zuhause … Die Sicht ist deutlich und klar. Der Regen von gestern hat den Staub der Stadt weggewaschen. Ich werde aus meinen Gedanken gerissen, als Jim plötzlich wieder etwas sagt. „Mama", sagt er zögernd, „die Leute denken komische Sachen über Homosexuelle … so ist es nicht."

Ich weiß nicht, ob ich das hören möchte, aber ich weiß, daß ich es ohnehin anhören muß.

„Ich bin bisexuell", sagt er. Wir bleiben stehen. Nun bin ich an der Reihe, fassungslos zu sein. Ich lasse die Worte in mich hineinfallen. „Aids", denke ich, „Aids." Ich halte meinen Arm um seine Taille geschlungen, und wir stehen da und blicken in die Ferne.

„Bist du okay?" fragt er.

„Ja, ja, ich bin okay", antworte ich. Aber ich bin es nicht. Ich habe Angst, ihn an diese Krankheit zu verlieren. „Warum ich?" kommt mir in den Sinn. „Was habe ich falsch gemacht?" kommt mir in den Sinn, bevor ich in der Lage bin, den gesunden Menschenverstand zu Wort kommen zu lassen: „Du weißt es besser, Jeri", sage ich zu mir. „Es gibt nichts, was du hättest tun können, um das zu ändern." Er zieht mich an sich, und ich drücke meinen Kopf an seine Brust.

„Jim, dies ist kein guter Zeitpunkt, um bisexuell zu sein", sage ich, während ich eine Träne so wegwische, daß er es nicht sieht, und ich denke dabei, wie blöd das klingt. Ich reiße mich zusammen, um nicht zu weinen. „Ich weiß, Mama. Es ist aber nichts, was ich mir ausgesucht habe. Es ist einfach so", sagt er.

In jener Nacht, zurück in meinem Hotelzimmer, überkommen mich Angst und Zweifel. Ich rufe einen Freund in Los Angeles an. Das hilft. Er ist mein guter Freund und Nachbar, und er ist bisexuell. Ich staune, auf welche mysteriöse, beinahe mystische Weise ich immer das zu bekommen scheine, was ich brauche. Und hier bin ich am Telefon mit Stephan, den ich erst ein paar Monate kenne, aber mit dem ich sehr eng befreundet bin, und schütte ihm mein Herz aus. Jetzt erinnere ich mich, wie wir beide, Stephan und ich, bemerkten, daß es vom ersten Moment unserer Freundschaft an einen besonderen Grund für unser Aufeinandertreffen gab. Auf dem Heimflug nach Los Angeles überfluten mich Gedanken und Gefühle über meinen Sohn Jim und die Richtung, in die unser Leben sich bewegt hatte.

Jetzt sind es 21 Jahre her, daß er in diese Welt kam, und oft ist er derjenige, der mich aufbaut. Was ich alles durchgemacht habe. Ich habe seinen Vater verloren, als er und sein Bruder noch so klein waren, die verrückten Teenagerdramen, die Drogen. Sein Drogenentzug war der Beginn meines eigenen Wachstums. So viele besondere Leute habe ich durch ihn kennengelernt. Ich habe etwas dadurch gelernt, daß ich seine Mutter bin. Es ist nicht immer leicht gewesen, aber es hat eine sehr besondere Verbindung zwischen uns geschaffen. Er hat mir beigebracht, was wahre Liebe ist und was persönliche Grenzen sind, und er wird nicht zulassen, daß ich in meinem mich selbst schützenden Schneckenhaus sitzen bleibe. Er bringt mich dazu „herauszukommen".

Der Besuch meiner Mutter in San Francisco
von Jim
Alter: 22 Jahre

Ich hoffte auf ein nettes, erholsames Wochenende mit meiner Mutter. Vielleicht konnte ich sie mit meiner viktorianischen Wohnung in Haight and Ashbury beeindrucken, ihr die Architektur von San Francisco zeigen, ihr möglicherweise versichern, daß alles in Ordnung und mein Leben keine Ausgeburt von Chaos und Emotion sei. Ob es nun besser oder schlechter war ... dieses Wochenende verwandelte sich jedenfalls in eine Orgie von Chaos und Gefühlen.

Wie ich mich erinnere, traf ich sie am ersten Abend im Hotel und ging mit ihr essen. Nach der üblichen Mutter/Sohn Begrüßung war das erste, was sie kommentierte, mein Mantel. Ich dachte, es wäre einfach ein schöner blauer Wolltrenchcoat in dem ich gut aussehe. Nein, er entpuppt sich als Damenmantel, und ich sehe überhaupt nicht gut darin aus. Kleiner Rückschlag. Kein Problem. Nein, mein Hals ist schmutzig. Wir müssen ihn waschen, bevor wir ausgehen. Kleiner Rückschlag, kein Problem. Nun nähern wir uns der Hürde Nummer 2: Tätowierungen. Ich machte einen sinnlosen Versuch zu erklären, warum ich sie habe, und ich denke, ich werde verstanden, aber der Schock war zu groß für sie. Ich war zuerst ein bißchen verletzt, aber ich merkte bald, daß keine Mutter auf Gottes grüner Erde besonders scharf darauf sein wird, sich die Tätowierungen ihres Sohnes anzuschauen.

Wir essen zu Abend, und ich denke mir: „Okay, morgen ist ein neuer Tag."

Mama nahm den Bus zu meiner Wohnung und hatte das Glück, eine volle Dosis des Obdachlosenproblems der Stadt abzubekommen. Sie kam zerstreut und verwirrt bei mir an. Ich wollte ihr die Wohnung zeigen, aber sie wollte auf Teufel komm raus sofort hier weg. Ich habe sogar geputzt! Oh je, sie haßt die Nachbarschaft. Kleines Hindernis, aber wenigstens haben wir es hinter uns gebracht.

Jetzt wird es langsam zu langatmig und überdehnt. Der Dozent ist wahrscheinlich schon am Gähnen, und Mamas Note wird mit jedem Wort schlechter. Überspringen wir die Hürden und kommen wir zum Hochsprung.

Wir gingen an Fisherman's Wharf spazieren, als folgende Informationen ausgetauscht wurden: 1. Mein Cousin ist schwul.

Große Sache, ich wußte das schon und, hey Mama weißt du was ... ich bin bisexuell, und einer meiner Freunde, vor dem du die größte Achtung hast, war/ist mein Liebhaber. Als ich ihr das erzählte, fühlte ich mich so gut und erleichtert und glücklich, es war unglaublich. Ich schaute hoch zu den Bergen und fühlte so etwas wie Stolz darüber, daß ich endlich aus dem Wandschrank herausgekommen bin. Diese Euphorie brach gleich darauf wie ein Kartenhaus zusammen.

2. Mein Cousin ist HIV-positiv.

Das schockierte und gruselte mich tierisch. Ich liebe meinen Cousin sehr. Ohne ihn hätte ich niemals von Los Angeles nach San Francisco ziehen können. Er ließ mich einige Tage lang in seinem Haus wohnen und für ihn arbeiten, und ich bin so scheiß wütend auf den kleinen Virus, daß ich es nicht aushalte. Aber ich hatte nicht nur Angst um ihn, sondern auch um mich selbst. Ehemaliger Junkie, bisexuell, sozial abweichend, war schlecht genug, aber dies war zu nah am eigenen Zuhause. Scheiße, dies ist mein Zuhause. Das ist meine Familie.

Die nächsten paar Stunden verbrachten wir damit, hier und da ein paar Details hinzuzufügen, und dann setzte die gute alte Mutter/Sohn Verbindung den Heilungsprozeß in Gang. Alles in allem war ich froh, daß es so passierte. Ich habe mich von einiger Last befreit und war gezwungen, mich mit realen Ängsten zu konfrontieren, was ab und zu ganz gut ist, wie ich glaube. Aber das Wichtigste ist, daß meine Mutter und ich uns viel näher gekommen sind und größeres gegenseitiges Verständnis für einander entwickelt haben. Dafür hat sich das ganze Wochenende gelohnt.

Wenn es darum geht, verschiedene Blickwinkel zu vergleichen und Kinder zum Schreiben zu ermutigen, sollten Eltern folgendes beachten:

1. Schreiben Sie über Ihre frühesten Erlebnisse.
2. Lassen Sie sich Ihre Geschichte von ihren Kindern vorlesen.
3. Diskutieren Sie die Geschichte mit Ihren Kindern.
4. Lassen Sie die Kinder über ihre früheste Erinnerung schreiben.

Rossana nahm an einem meiner Workshops teil und interessierte sich für diesen Prozeß. Sie ging nach Hause und bat ihren zehnjährigen Sohn, ihre Geschichte laut vorzulesen, damit sie hören konnte, wie es klang.

Meine früheste Erinnerung
von Rossana S.
35 Jahre

Ich laufe durch die Menschenmenge, und mir ist schlecht. Überall sind Leute. Langsam gehe ich zu meiner Großmutter, die ich wahrscheinlich nie wiedersehen werde, und ich bin sehr traurig.

„Ich fühle mich nicht so gut, Abuela, mein Bauch tut weh", erzähle ich ihr. Sie nimmt meine Hand und führt mich die Treppe hinauf. Die marmorne Wendeltreppe scheint sehr lang zu sein, und meine Hände klammern sich darum. Abuela tröstet mich dadurch, daß sie mich festhält, aber das macht alles nur noch viel schlimmer. Leute kommen, um Abschied zu nehmen. Wir steigen ins Auto, das uns zum Flughafen bringen soll, und nun fange ich richtig an zu heulen und kann nicht aufhören. Ich versuche es auch nicht. Ich werde meine Freunde nie wiedersehen, denke ich, und wünsche, daß ich wenigstens eine meiner Puppen mitgenommen hätte, aber es ist jetzt zu spät, und es gibt kein zurück. Was ist, wenn ich in Amerika niemals Freunde finde? Niemand will mich verstehen. Ich blinzle rüber zu meinen jüngeren Brüdern, die 8 und 3 sind, aber sie weinen nicht. Sie verstehen nicht, daß wir Kuba, unser Land, für immer verlassen. Ich verstehe das. Ich sehe, wie alle am Winken sind, und das macht mich viel trauriger, als ich irgendwem erklären kann. Ich wünsche, daß wir nicht weggehen, aber meine Eltern sagen, daß es das Beste ist.

„Mach dir keine Sorgen, Rossana, du wirst neue Freunde finden und in einem freien Land leben. Wir versprechen dir, daß wir Abuela oft schreiben." Sie klingen auch traurig.

Das Auto fährt los, und ich weine so sehr, daß ich noch nicht einmal zurückschauen kann, um ein letztes Mal zu winken. Ich möchte zurückgehen, aber das Auto fährt so schnell. Ich fühle mich so hilflos.

Nachwort: Als ich neun Jahre alt war, wanderten meine Eltern, meine Brüder und ich nach Amerika aus. Wir ließen Kuba und seinen Kommunismus hinter uns, um eine freie Existenz aufzubauen.

Rossanas früheste Erinnerung handelt vom Verlassen Kubas nach der Machtübernahme Castros. Sie ließ ihren Sohn John diese Geschichte laut vorlesen, was zur Folge hatte, daß sein Interesse am Aufschreiben frühester Erinnerungen geweckt wurde und er selbst eine Geschichte schrieb. Den ersten Entwurf dieser Geschichte finden Sie auf Seite 179.

Meine erste Erinnerung (zweite Fassung) von John Lynch

Ich habe meinen Familie-Feuerstein-Schlafanzug an und sitze auf dem Schoß meiner Mama. „John, hör mir zu. Renn nicht im Haus rum", sagt sie und deutet auf die Bettkante. Sie geht ins Badezimmer, und dreimal dürft ihr raten, was ich tue. Ich weiß, daß ich nicht im Haus rumrennen soll, aber ich renne wie ein kleiner Indianer um das Feuer, und bum! Genau in die Bettkante rein. Ich schreie, als ob es der letzte Tag auf Erden ist. Meine Mama ist noch im Badezimmer und hört mich schreien. Sie kommt raus mit einem Blick des Entsetzens, und ich habe große Schmerzen. Sie macht ein Pflaster drauf und hofft, daß das Blut aufhört, und ruft Papa an.

„Chris, John hat sich gerade verletzt, und ich bringe ihn in die Notaufnahme, so daß wir uns dort treffen." Als wir dort ankommen, habe ich noch mehr Angst. Ich frage mich: „Wird das weh tun? Werde ich in den OP kommen? Werde ich sterben?" Oh nein, sage ich mir, als ich in das Sprechzimmer des Arztes gehe. Er gibt mir eine Spritze, und ich ruhe.

Am Morgen schaue ich auf meine Beine und sage zu meiner Mama: „Was sind das für Dinger am Ende meiner Beine?" „Das sind Fäden. Du wirst sie nicht lange haben", sagt sie.

Eine Woche später, als ich mich etwas besser fühle, sagt meine Mama, daß wir in die Notaufnahme gehen müssen. Ich mache mir wieder Sorgen und denke, daß wir jetzt jede Woche ins Krankenhaus gehen müssen. Ich gehe in das Sprechzimmer des Arztes und merke, daß der Arzt mir keine Spritze gibt, da bekomme ich noch mehr Angst. Es stellt sich raus, daß er meine Fäden zieht, und ich bin erleichtert.

Mit Großeltern schreiben

Der beste Weg für ein Kind, Erfahrungen mit dem Schreiben von eigenen Lebensgeschichten zu machen, ist die Arbeit mit den Großeltern. Eine der vergnüglicheren Geschichten, die ich kürzlich gehört habe, kam heraus, als eine meiner Schülerinnen anfing, zusammen mit ihren Enkelkindern Geschichten zu schreiben.

Die zurechtgestutzte Autorin
von Mary Hanner

Als ich am Samstag in das Haus meiner Tochter komme, sehe ich meine Enkelkinder Erin und Craig auf gegenüberliegenden Sofas sitzen und sich gegenseitig böse anblicken. Die Atmosphäre ist gespannt. Ich frage mich, was los ist, weil sie sonst gut miteinander auskommen. Sie sind noch nicht mal entspannt, als sie mich mit den üblichen Umarmungen und Küssen begrüßen. „Was geht hier vor?" frage ich, und meine Frage ist an beide gerichtet. „Es ist alles ihre Schuld", antwortet Graig und schaut seine 16 Jahre alte Schwester wütend an. „Sie hat kein Recht, meinen Bauchnabel in ihre blöde alte Geschichte reinzunehmen. „Also, Oma", fängt Erin an zu erklären, „du hast mich gefragt, ob ich über meine erste Erinnerung schreiben würde, und ich habe es getan. Ich kann nichts dafür, daß Craigs Bauchnabel darin vorkommt. Ich war erst ein oder zwei Jahre und neun Monate alt, als sie ihn aus dem Krankenhaus herbrachten. Ich erinnere mich, daß ich neugierig darauf war, ihn überall anzugucken. Er hatte so saubere kleine Hände und Füße, aber als ich seinen krustigen braunen Bauchnabel sah, mußte ich beinahe kotzen. Absolut unappetitlich."

„Das war es nicht!" schreit Graig sie an, „und überhaupt hast du mich nicht gefragt, ob du darüber schreiben darfst. Du hast nicht meine Erlaubnis, und wenn du es doch tust, werde ich dich verklagen."

„Oh ja Craig, dann werden es die Medien überall im Land verbreiten. Es wird den Persischen Golf und die Wasserknappheit blaß aussehen lassen."

Graig sieht unglücklich aus. Sein Gesicht ist knallrot. Er sucht verzweifelt nach einem Weg, um seinen Bauchnabel zu retten. Neben Erin sehe ich ein Blatt Papier liegen. Es ist ordentlich mit Computer geschrieben. „Entschuldigung Oma", sagt Erin, als sie das Papier nimmt und auf das Treppenhaus zusteuert. „Ich habe gerade einen Aufsatz über den Holocaust für die Schule geschrieben und keine Zeit gehabt, über meine lebendigste Erinnerung nachzudenken. Ich bin gleich wieder unten." Sie geht die Treppe rauf, und Craig schaut sie böse an, als sie geht.

Ziemlich schuldbewußt versuche ich, das Thema zu wechseln. „Opa hat mir was von seinem berühmten Chili für dich mitgegeben, Craig." Ich weiß, wie sehr er das mag.

Er ist in der Lage, ein bißchen gutes Benehmen aufkommen zu lassen, indem er sagt: „Oh gut, Opa sollte der Chili-König genannt werden." Er scheint jetzt abgelenkt zu sein.

Das ist gut. Ich frage ihn nach der Schule. Er antwortet. Dann verdüstert sich sein Gesicht wieder. „Nicht auszudenken, daß Erin über meinen Bauchnabel schreibt. Ich werde es ihr heimzahlen!" Erin kommt die Treppe runter mit einem Blatt Papier in der Hand. Sie gibt es mir, und ich sehe, daß es schnell mit der Hand verbessert wurde. Sie dreht sich zu Craig und sagt: „Gut Craig, dein Bauchnabel ist in die Kategorie Kraftausdruck xyz gefallen. Er ist gestrichen worden ... aber unter großen Verlusten."

Aufgaben für Schüler

1. Lassen Sie die Schüler gemeinsam mit einem Elternteil oder einem anderen Verwandten über einen Moment schreiben, den beide zusammen erlebt haben.
2. Lassen sie die Schüler zusammen mit einem Elternteil über ein paralleles Erlebnis schreiben, z.B. den ersten Schultag des Kindes und den ersten Schultag der Mutter.

10

Den inneren Helden entdecken

Ein aufmerksamer Lehrer oder Elternteil wird bald feststellen, daß Kinder bestimmte Bedürfnisse haben, die in den Übungen nicht erwähnt wurden.

Wenn Schüler über ihre lebendigste Erinnerung schreiben, treten bestimmte Themen in Erscheinung, die zu untersuchen sich lohnt. Das wichtigste Thema ist „Die Reise des Helden". Wesentlich ist, daß der Held seine Lebensreise zu einem gegebenen Zeitpunkt antritt. Er kommt zu einer weisen Person, die ihm Hinweise gibt, wie er sich in den kommenden Monaten und Jahren verhalten soll. Dem Helden wird ein magisches Objekt mit auf die Reise gegeben. Er kommt an einen Ort der Prüfung, wo er ins Unbekannte hinabsteigen muß, um sich mit seinen größten Ängsten zu konfrontieren. Der Held steigt noch einmal aus der Unterwelt empor, wiedergeboren, verwandelt, mit neuer Weisheit und neuem Mut. Das ist die Reise des Helden.

Es gibt Übungen, die den Schülern helfen können, ihre Reise des Helden zu erkennen. Diese Übungen erinnern sie an ihre persönlichen Stärken und an ihre Individualität. Sie unterstreichen die Wirkung, die die Schüler in ihren eigenen Leben haben und bauen Selbstachtung auf.

Die folgende Übung sollte erst gemacht werden, nachdem die Schüler alle bisherigen Übungen durchlaufen haben und alle Techniken, die bisher gelehrt wurden, völlig beherrschen.

1. Denke an eine schwierige oder herausfordernde Situation in deinem Leben, die du gut oder schlecht gemeistert hast. Beschreibe sie mit einem Satz.
2. Wer war da, um dir zu helfen oder dich aus der Situation herauszuholen?
3. Schreibe eine Geschichte über einen lebendigen Moment in der Beziehung mit dieser Person, der mit der schwierigen Situation zu tun hat.

4. Was war deine größte Angst beim Anpacken des Problems? Beschreibe diese Angst in ein paar Sätzen.
5. Was war die Charaktereigenschaft, mit der du diese schwere Zeit überstanden hast (z. B. Ausdauer, Zuverlässigkeit, Geduld, Humor, Vorstellungskraft usw.)?
6. Was war die Charaktereigenschaft, gegen die du in dieser Zeit kämpfen mußtest (z. B. Negativität, Widerspenstigkeit, Arroganz, Selbsttäuschung, Kurzsichtigkeit usw.)?
7. Schreibe über diese schwere Zeit deines Lebens. Erwähne alles oben Aufgezählte – den Anfang der Suche, das Finden eines Retters, das Finden eines Glücksbringers, den Aufenthalt an einem beängstigenden Ort, den Kampf mit dem Problem und dann das Entkommen aus der Verzweiflung und erneute Aktivität.

Lassen Sie die Schüler diese Übung mit anderen schwierigen und herausfordernden Situationen in ihrem Leben wiederholen.

Diese Übung kann als Sprungbrett benutzt werden, um eine Reihe von Heldenthemen genauer zu untersuchen. Indem man Mythen, Legenden oder Märchen mit den Geschichten von Schülern vergleicht, kann man das Verständnis für die Reise des Helden im eigenen Leben der Schüler fördern.

Ein anderer Weg, um die Verbindung zwischen Literatur und persönlichem Erleben zu stärken, besteht darin, den Schülern Märchen oder Mythen vorzulegen und sie eine zeitgenössische Geschichte schreiben zu lassen, die auf derselben Botschaft basiert.

Teil zwei
„Schreiben von innen"
in der Schule

„Schreiben von innen" als Methode für das Verfassen von Erlebnisberichten

„Die großen Leute verstehen nie etwas von selbst, und für Kinder ist es
zu anstrengend, ihnen immer und immer wieder erklären zu müssen."
Antoine de St. Exupéry, Der kleine Prinz

Die Methode besteht aus zehn grundlegenden Schritten, die
als Aufgaben für die Schüler formuliert werden können.

Schritt 1   Finde eine lebendige frühe Erinnerung und er-
schaffe ein deutliches Bild davon in deinem Kopf.

Schritt 2   Erzähle oder schreibe die Geschichte in der Vergangenheitsform und schreibe sie dann in der Gegenwartsform (im Präsens).

Schritt 3   Baue Gefühle in die Geschichte ein.

Schritt 4   Entferne alle Ausdrücke, die erwachsen klingen,
und versuche die Worte zu benutzen, die ein Kind
in dem Alter, in dem du in der Geschichte bist,
verwenden würde.

Schritt 5   Nimm nicht verurteilendes, konstruktives Feedback entgegen.

Schritt 6   Baue Dialoge in deine Geschichte ein.

Schritt 7   Füge Gedanken und innere Monologe hinzu.

Schritt 8   Finde einen Anfang für deine Geschichte, indem
du den ersten Satz Dialog oder Handlung suchst.

Schritt 9   Finde den Höhepunkt deiner Geschichte und
baue ihn aus.

Schritt 10 Schreibe ein Nachwort, falls nötig.

Um den Prozeß in Gang zu setzen, können Sie folgendes mit
Ihrer Klasse ausprobieren:

1. Beginnen Sie mit einer Diskussion über das Geschichtenerzählen. Welche Geschichten mögen die Schüler am
liebsten? Was sind die charakteristischen Merkmale

einer guten Geschichte? Was haben die Lieblingsge-
schichten der Schüler gemeinsam? Kennen die Schüler
Geschichten aus dem Leben ihrer Eltern oder Großeltern?

2. Fragen Sie die Schüler, ob sie bereit sind, Geschichten aus
   ihrer eigenen Vergangenheit zu erzählen. An diesem
   Punkt ist es sinnvoll, Ängste zu thematisieren (Mein Leben ist langweilig. Vielleicht mögen die Leute nicht, was
   ich schreibe oder erzähle. Ich kann das nicht ...). Sie
   können das mit Kindern aller Altersstufen machen,
   wenn Sie denken, daß sie erfassen können, worum es
   geht.

3. Lassen Sie die Schüler vor der Klasse über ihre allererste
   Erinnerung sprechen. (Das ist nicht die früheste lebendige Erinnerung, sondern eine bruchstückhafte Erinnerung, sozusagen ein Fundstück aus „grauer Vorzeit".)

4. Bitten Sie die Schüler, diese Erinnerung in der Gegenwartsform aufzuschreiben, und halten Sie sie dazu an,
   mit „Ich bin ... " zu beginnen und ihr Alter zu nennen.
   Achten Sie darauf, daß die Schüler nicht aufhören zu
   schreiben, bis der erste Entwurf abgeschlossen ist.

5. Lassen Sie die Geschichten der Schüler vor der Klasse
   vorlesen.

6. Bitten Sie die Zuhörenden, die Unterschiede (nur die positiven) zwischen der mündlich erzählten und der aufge-
   schriebenen Version der Geschichte zu beschreiben.
   (Normalerweise enthält letztere mehr Details.)

7. Beenden Sie die Übung mit ein paar positiven Kommen-
   taren zu den einzelnen Geschichten.

8. Bitten Sie die Schüler am nächsten Tag, über ein Ereignis
   zu schreiben, das sie bis zum Alter von 12 Jahren erlebt
   haben und an das sie sich lebhaft erinnern können. Be-

tonen Sie, daß die Schüler nichts preisgeben müssen, was ihnen unangenehm ist. Wiederholen Sie die Schritte 4 bis 7.

9. Nun bitten Sie die Schüler, die Geschichte umzuschreiben und Dialoge, Gefühle und Gedanken hinzuzufügen.

10. Jetzt können Grammatik und Rechtschreibung korrigiert werden.

11. Wiederholen Sie diesen Vorgang so lange, bis die Schüler zwei oder drei Erinnerungen sicher niedergeschrieben haben. Erst dann werden die Geschichten laut vorgelesen.

Noch etwas zu den Themen der Geschichten. Folgende Aufgabenstellungen haben sich für Schüler unterschiedlicher Altersstufen bewährt:

1. Meine allererste Erinnerung
2. Meine erste lebendige Erinnerung aus der Zeit zwischen meiner Geburt und meinem 13. Geburtstag.
3. Bis zu fünf weitere lebendige Erinnerungen aus dieser Zeit, zum Beispiel:
Meine glücklichste Erinnerung
Meine traurigste Erinnerung
Mein komischstes oder peinlichstes Erlebnis
Mein größtes Abenteuer
Mein lustigstes oder traurigstes Erlebnis mit einem Eltern- oder Großelternteil
4. Eine Familiengeschichte
5. Bis zu fünf weitere lebendige Erinnerungen aus der Zeit zwischen dem 13. und dem 21. Geburtstag, zum Beispiel:
Eine intensive Erfahrung mit jemandem in meinem Alter
Eine Trennungserfahrung
Eine intensive Erfahrung mit einem Mitglied der Familie
Ein Brief an meinen Vater/meine Mutter

Es gibt unterschiedliche Meinungen darüber, ob Kinder und junge Erwachsene über traurige, schmerzhafte oder leidvolle Momente in ihrem Leben schreiben sollten. „Wir sind keine Therapeuten", lautet das Argument vieler Lehrer, „und wir sollten die Finger von Dingen lassen, mit denen wir nicht umgehen können." Die Stärke der „Schreiben von innen"-Methode besteht darin, daß zu keinem Zeitpunkt vom Lehrer verlangt wird, daß er die Therapeutenrolle übernimmt, indem er zum Beispiel über die Gründe spricht oder den Vorfall näher analysiert, über den geschrieben wurde. Der pure Akt des Schreibens über bestimmte Ereignisse hilft Schülern mehr, als wir Lehrer uns vorstellen können, sich von unangenehmen Gefühlen und Erinnerungen zu befreien. Das Diskutieren der Geschichten in der Klasse trägt weiter dazu bei, Gefühle der Angst und der Isolation zu vermindern. Doch davon abgesehen tragen wir als Lehrer immer eine gewisse Verantwortung für unsere Schüler. Das bedeutet auch, darauf zu achten, daß Schüler, die in Not sind, in die geeignete Beratung geschickt werden.

Hinweis: Manche Lehrer, die meine „Schreiben von innen"-Technik im Unterricht anwenden, gehen damit um, als wären sie im Supermarkt: Nimm ein bißchen von diesem Regal, etwas von diesem Ständer, schau in die Delikatessenabteilung; sie picken sich die Dinge heraus, die sie mögen, und lassen den Rest unbeachtet. „Schreiben von innen" ist jedoch ein Prozeß, und es ist wichtig, den Prozeß als Ganzes zu verstehen.

Sehr viele Lehrer lieben Beschreibungen von Orten und ermutigen ihre Schüler dazu, ihre früheste Erinnerung mit einer Beschreibung der Umgebung zu beginnen, in der die lebendige Erinnerung stattfand.

Das ist genau das, wovon wir durch den Prozeß des „Schreibens von innen" wegzukommen versuchen: blumiges, undramatisches, erwachsenes und atmosphärisches Schreiben. Wir wollen Schülern helfen, das Drama zu erfassen, das in ihrem Leben stattfindet, und den Sinn der Geschichte, den Charakter, den Konflikt und die Beziehungen, die aus dem Drama herausströmen, zum Ausdruck zu bringen.

Andere Lehrer möchten vielleicht, daß ihre Schüler die Techniken des „Schreibens von innen" als zusätzliche Hilfe benutzen, um Kurzgeschichten zu verstehen. Sie fordern ihre Schüler dazu auf, eine Geschichte zu lesen, sie umzuschreiben und dafür diese Techniken zu benutzen. Dies mag ein großer Spaß und sogar eine wertvolle Übung sein, aber es ist nicht „Schreiben von innen". Wenn die Schüler jedoch einmal gelernt haben, ihre Erlebnisberichte „von innen" zu schreiben, können sie durchaus kreativ mit den Techniken umgehen.

12

„Schreiben von innen" und analytisches Schreiben

....

„Die Leute gebrauchen ihre Augen nicht. Sie sehen keinen Vogel,
sie sehen einen Spatzen. Sie sehen keinen Baum, sie sehen eine Birke. Sie
erkennen das Wesentliche nicht."
Joyce Cary

Aus all dem, was Sie bis jetzt gelesen haben, haben Sie wahrscheinlich den Eindruck gewonnen, daß erzählte Geschichten, besonders die, die sich um einen selbst drehen, die natürlichste und wahrscheinlich auch früheste Form menschlicher Kommunikation darstellen.

Analytisches Denken und Schreiben hingegen unterstützt eine Person darin, Wahres von Falschem, Wichtiges von Unwichtigem, Tatsachen von Fiktion, Nachprüfbares von Erfundenem zu unterscheiden. Ohne diese Fähigkeiten wird das Leben unbeschreiblich schwierig zu handhaben. Die Fähigkeit, analytisch zu denken und zu schreiben, ist ein Merkmal einer wirklich gebildeten Person und gehört zu den höchstbewerteten Fähigkeiten in unserer Gesellschaft.

Was ist gutes analytisches Schreiben, und warum ist es so schwierig, Schülern diese Art des Schreibens zu vermitteln?

Als Lehrer am College habe ich die Erfahrung gemacht, daß die meisten Schüler Schwierigkeiten haben, weil gutes analytisches Schreiben zwei sehr unterschiedliche Fähigkeiten erfordert: Die Fähigkeit zu erzählen macht die Arbeit menschlich und zugänglich für den Leser, und analytische Fähigkeiten sind erforderlich, um das Problem in handhabbare Einzelteile zu gliedern. Beide Fähigkeiten auf einmal zu erwerben, ist einfach mehr, als die meisten Schüler bewältigen können.

Schüler, die Erlebnisberichte geschrieben haben, wie es in vorangegangenen Kapiteln vorgeschlagen wurde, werden einen guten Überblick über das erzählende Schreiben haben. Sie können mit dem analytischen Schreiben weitermachen und vollständiger ausgerüstet danach forschen, wie die Aufgaben zu handhaben sind. Lassen Sie uns einen Blick darauf werfen, wie das vor sich geht.

Das erste Gebiet, auf dem das Ausbauen der Fähigkeit, Erlebnisberichte zu schreiben, hilfreich ist, ist das Bewußtmachen des Schreibvorganges. Für die meisten Schüler ist das analytische Schreiben ein mechanischer Vorgang. Selten konfrontieren sie sich mit ihren Ängsten und finden Wege, aus diesen Ängsten herauszukommen. Noch seltener entwickeln sie die Fähigkeit, in den Teil ihres Gehirns vorzudringen (das rechte Gehirn), aus dem wunderbare Beispiele kommen, Sprachfiguren, gut klingende Ausdrücke und ähnliches.

Schüler, die im Schreiben von Erlebnisberichten erfahren sind, wissen jedoch, was es bedeutet, sich mit ihren Ängsten zu konfrontieren und sich während der ersten Fassung dem Schreiben hinzugeben, ohne aufzuhören. Sie begreifen dies als ein Mittel, um in die Kindheit als geistigen Zustand, der jenseits der Selbstkritik liegt, zu gelangen. Sie erkennen den Wert des Umschreibens als Methode des Überdenkens und Überprüfens mit einem Gespür für das, was die Zuhörer wissen wollen.

Eine Vase aus ungebranntem Ton kann, wenn sie zerbricht, wieder eingeweicht und neugeformt werden – eine aus gebranntem Ton nicht.

Leonardo da Vinci
Notizbücher

Die Eingrenzung des Themas ist vielleicht die quälendste Arbeit für Schüler, die analytisch schreiben. Die meisten Schüler haben Schwierigkeiten, ein Thema zu finden, zu dem sie einen persönlichen Bezug haben. Die Ausgewogenheit zwischen Objektivität und persönlichem Bezug ist jedoch das erstrebenswerte Ziel. Schüler, die die Methode des „Schreibens von innen" beherrschen, haben Erfahrung darin, lebendige Momente, über die sie schreiben können, herauszupicken, und das hilft auch beim analytischen Schreiben. Auch hier muß man wissen, wie man (1) eine Geschichte energisch mit einer Frage eröffnet, auf die der Leser eine Antwort möchte; (2) durch den Gebrauch des Präsens Perspektive schafft; (3) durch den Einsatz von Dialog und innerem Monolog eine Bezugsfigur entwickelt und (4) einen Höhepunkt der Geschichte festlegt und ausdehnt. Diese Erfahrungen mit der Form befähigen den Schreibenden dazu, das Interesse seiner Leser zu wecken.

Auf einer anderen Ebene ist eine Lebensgeschichte ein Bericht darüber, was ein einzelner Mensch gesehen oder gefühlt hat, und daher eine Auseinandersetzung mit dem Rest der Welt. Das Nachwort am Ende der Geschichte macht deutlich, daß Ereignisse Konsequenzen haben, und daß eine Erfahrung der frühen Kindheit in der Erinnerung weiterlebt und die Art und Weise beeinflußt, wie dieser Mensch die Welt sieht.

Mit dieser Erfahrung im Hintergrund kann sich der schreibende Schüler dann auf intellektuellere analytische Aufgaben konzentrieren: Vergleichen und Hervorheben, Klassifizieren, Entwickeln, Argumentieren, Definieren und Überzeugen. Sie oder er wird in der Lage sein, die nötige Energie aufzubringen, um diese unerläßlichen Schreib- und Lebensfertigkeiten zu erwerben.

Analytisches Schreiben und „Schreiben von innen" – ein Vergleich

Stellen wir uns nun die Frage, in welchen Punkten der Vorgang des „Schreiben von innen" ähnlich oder verschieden von dem des analytischen Schreibens ist, den wir gerade erläutert haben.

Schreiben von Lebensgeschichten

1. Wir schauen uns unsere Lebenserfahrung an; wir suchen einen lebendigen Moment, über den wir schreiben; wir heben den Moment deutlicher hervor; wir grenzen das Thema so ein, daß es behandelt werden kann.
2. Wir finden den Anfang der Geschichte: die erste Zeile der Handlung oder des Dialoges (das Material der Geschichte), die uns veranlaßt, eine Frage zu stellen.
3. Wir erlauben der Geschichte, sich durch die Erzählung zu entfalten.
4. Wir benutzen Dialog, um die Figuren lebendig werden zu lassen.

5. Wir finden den Höhepunkt und bauen ihn dadurch aus, daß wir die Figuren vorstellen, durch deren Augen und Emotionen wir die Handlung sehen und fühlen.

6. Wir schließen Gedanken und innere Monologe ein, um ein Gleichgewicht zwischen Erzählung und Dialog herzustellen und um einen zusätzlichen Einblick in die verschiedenen Standpunkte zu geben.

7. Ein Nachwort am Ende der Geschichte erlaubt uns, das Erzählte auf den neuesten Stand zu bringen, um Informationen zu liefern, die wir ausgelassen haben, oder den Einfluß des Ereignisses auf die jetzige Zeit deutlich zu machen.

8. NWNBKB-Feedback hilft, die Wirkung des Geschriebenen auf eine andere Person zu verstehen, und zwar ohne Angst vor Kritik.

9. Das Umschreiben geschieht mit Gefühl für das Vorhaben (Arbeit am Anfang, das Ausdehnen des Höhepunktes, etc.), und eine klare Unterscheidung zwischen Überarbeiten und Korrigieren wird vorgenommen.

Analytisches Schreiben

1. Brainstorming, um ein Thema zu finden; wir finden unseren emotionalen oder intellektuellen Bezug zum Thema; wir sammeln Material über das Thema.

2. Wir beginnen mit einer vorläufigen These, tragen Material zusammen, formulieren die These und stellen eine Frage, die auf diese These deutet.

3. Wir fassen das Problem zusammen, indem wir erlauben, daß seine Geschichte aufgedeckt wird.

4. Wir benutzen Zitate, um ein Gefühl für Aktualität einzubringen.

5. Wir benutzen einen Teil der Analyse, um mangelhafte Argumente und fragwürdige Forschungsmethoden der Opposition herauszustellen oder um neue Gesichtspunkte zu liefern.

6. Wir entwickeln die Analyse, um die Zusammenfassung (Erzählung) auszugleichen und dem Leser verschiedene Standpunkte darzulegen.

7. Eine Schlußfolgerung zieht verschiedene Gedankenstränge zusammen und erläutert den Einfluß des Themas.
8. Das bestärkende Feedback des Lehrers hilft verstehen, welchen Einfluß man als Autor auf andere hat.
9. Das Umschreiben sollte mit einem Gefühl für das Vorhaben geschehen, und zwischen Überarbeiten und Korrigieren sollte klar unterschieden werden.

Dieser Vergleich dürfte einmal mehr deutlich gemacht haben, daß für das analytische Schreiben ähnliche Fähigkeiten benötigt werden wie für das Schreiben von Erlebnisberichten.

Die Form

Der menschliche Geist kann nur einen winzigen Bruchteil der ihn umgebenen Welt aufnehmen und speichern. Wie ein Sieb, das vielem, was hineinkommt, erlaubt durchzufallen, speichert der Geist nur das, was ihm wichtig erscheint. Die Form (oder Gestalt) gibt einem Ding bestimmte Qualitäten, die dem Geist erlauben, es leichter zu erfassen. Es gibt eine Einfachheit und Einheitlichkeit guter Form: Sie ist vorhersehbar, ohne wiederholend zu sein, und es gibt genügend Abwechslung, Spannung und Kontrast, um Dinge interessant zu machen. Die Form erlaubt uns zu wissen, wohin wir gehen, ohne uns zu langweilen, während wir uns dahin bewegen.

Ein grundlegendes Modell für analytische Texte

A. Einleitung – Feststellung des Problems
B. Hauptteil
1. Abriß (Definition und/oder Geschichte) des Problems
2. Analyse des Problems
a. Zwei oder mehr Standpunkte, die durch Beispiele und Details unterstützt werden
b. Einfluß von daraus folgenden oder anderen Handlungsweisen

C. Schluß (einschließlich der Empfehlungen des Autors)

Dieses grundlegende Modell kann von Schülern ausgedehnt werden, wenn sie folgendes beachten:

A. Einleitung
1. Eine Behauptung (ein Zitat?)
2. Eine Fragestellung (die eine Überleitung zwischen Behauptung und Hauptteil beinhaltet)
3. Eine Darstellung des Problems
4. Eine Darstellung dessen, was der Text behandeln wird. Diese kann in der ersten oder in der dritten Person formuliert werden.
B. Hauptteil
1. Abriß
a. Definition des Problems
b. Geschichte oder Zusammenhang des Problems
c. Rückkehr zum Thema der Behauptung
2. Analyse
a. Zwei oder mehr Standpunkte, die die Definition des Problems anfechten, erläutern oder unterstützen
b. Diskussion der Intention, der Auswirkung und des Einflusses des analysierten Themas.
C. Abschluß
1. Möglicherweise eine Rückkehr zum Thema der Behauptung
2. Empfehlungen und Lösungsvorschläge des Autors.

Die meisten wissenschaftlichen Texte arbeiten übereinstimmend mit einer oder mehreren rhetorischen Methoden, um die Argumentation klar und effektiv zu entwickeln: Definition, Vergleich/Kontrast, Erzählung, Ursache und Auswirkung, Beispiele, Details, Vorgang. Diese Methoden sind für den Schreibenden hilfreich, weil der Leser mit ihrer Hilfe besser versteht, wo der Text hin will.

Der Inhalt

Eine Aufgabe analytischer Texte besteht darin, beim Durchdringen von engstirnigen oder einseitigen Standpunkten behilflich zu sein und dem Leser zu einer klareren Sichtweise zu verhelfen. Es ist daher wichtig, Themen zu finden, die man in dieser Weise behandeln kann, und das ist nicht ganz einfach.

Eine Möglichkeit, ein solches Thema zu finden, ist zu erkennen, daß sich interessante und lohnende Diskussionen in der Regel um die Frage nach *Veränderung* beziehungsweise *Nichtveränderung* drehen. Daraus folgt, daß hinter den meisten verdienstvollen Arbeiten entweder die Intention steht, ein Festhalten an der Vergangenheit zu rechtfertigen, indem man sie für die neue Generation neu definiert, oder das Abweichen von einer vorhergehenden Herangehensweise beziehungsweise einer althergebrachten Ansicht zu begünstigen.

Die Tendenz, entweder nur in die eine oder nur die andere Richtung zu denken, ist sehr verbreitet. Das hat etwas damit zu tun, daß Menschen entweder hauptsächlich ihre rechte Gehirnhälfte oder hauptsächlich ihre linke Gehirnhälfte nutzen. Die folgende Liste macht deutlich, welche Konsequenzen das hat.

Linke Gehirnhälfte	*Rechte Gehirnhälfte*
analytisch	synthetisch
logisch	intuitiv
Wahrheitsfindung:	Wahrheitsfindung:
nachprüfbar	paßt in die Idee
verbal	visuell
traditionell	unkonventionell
wertorientiert	funktionsorientiert
zielorientiert	verlaufsorientiert
detailliert	abstrakt
technisch/mathematisch	künstlerisch
systematisch	spontan
extrem – zu wenig	extrem – zu viel
Bewegung: Tod	Bewegung: Chaos

Eine Aufgabe, die sich jedem von uns stellt, besteht darin, die Gegensätze zu integrieren und zu lernen, beide Standpunkte zu selben Zeit einzunehmen. Ein interessanter Text entsteht, wenn wir den Konflikt zwischen links und rechts, zwischen Veränderung und Nichtveränderung nutzen, um alles zu behandeln, was Menschen wissen.

Der analytische Text

In der Semesterarbeit über *Terrorismus*, die gleich folgt, arbeitet der Verfasser mit Veränderung und erläutert die verschiedenen Arten, mit Terrorismus umzugehen – in früheren Zeiten (wie ist man in der Vergangenheit mit Terrorismus umgegangen) und in Zeiten der Veränderung (wie können wir in Zukunft mit Terrorismus umgehen).

Terrorismus
von Craig B.
Alter: 26 Jahre

Es ist der 30. September im Jahr 2000, und soeben haben die Abendnachrichten begonnen:

Heute hat der Präsident die Angehörigen der Opfer des TWA Fluges 186 angerufen. Während er sein Beileid ausdrückte, versicherte er den Familien noch einmal, daß ihre Verwandten „eines ehrenhaften Todes gestorben sind, im Namen der Demokratie wie so viele vor ihnen". Der Präsident erklärte den Reportern: „Es ist eine Schande zu sehen, wie unschuldige Menschen durch diese Terroranschläge sterben, aber kein Preis ist zu hoch, wenn es darum geht, diesen terroristischen Forderungen nicht nachzugeben."

Ist es das, was die Zukunft für amerikanische Bürger bereithält? Wird man von ihnen genau dasselbe erwarten wie von den amerikanischen Soldaten, jederzeit bereit zu sein, für die gute Sache zu sterben?

In meinem Text werde ich der Frage nachgehen: „In welcher Weise wird in künftigen Verhandlungen mit Terroristen auf das Leben der Geiseln Rücksicht genommen?" Ich werde versuchen, die Rollen zu untersuchen, die Terroristen und Opfer in dem öffentlichen Schauspiel spielen, das eine Geiselnahme darstellt. Zweitens werde ich am Beispiel vergangener Geiselnahmen drei verschiedene Möglichkeiten aufzeigen, wie unsere Regierung in Zukunft mit solchen Situationen umgehen könnte.

Doch lassen Sie mich zunächst die Begriffe Terrorismus, Terrorist und Opfer definieren. Websters Wörterbuch definiert *Terrorismus* als: „... der systematische Gebrauch von Terror ... als Mittel zur Erpressung." Für unseren Zweck habe ich noch eine andere, zutreffendere und genauere Definition ausgewählt: „Terrorismus ist der Gebrauch mörderischer Gewalt für politische Ziele, die nicht den Regeln der Kriegsführung gehorcht." Diese Regeln sind beispielsweise in den Genfer Konventionen festgelegt worden. Die Art des Terrorismus, mit der wir uns befassen, ist also politischer Natur, und das Hauptinteresse des Terroristen ist, seine Sache zu exponieren und an die Öffentlichkeit zu bringen.

Nachdem wir den Terminus Terrorismus nun so definiert haben, können wir einen *Terroristen* sicher als jemanden bezeichnen, der gewillt ist, extrem gewalttätige Handlungen auszuführen, um seine Ziele der durchzusetzen.

Nun werfen wir einen Blick auf das Wort *Opfer*. Das Kleine Oxford Lexikon definiert *Opfer* als: „... ein Lebewesen, das einer Gottheit oder in einem religiösen Ritual geopfert wird." Obwohl sich Judentum, Christentum und Islam im Laufe ihrer Geschichte von Opferpraktiken entfernt haben, trifft diese Bedeutung von Opfer genau ins Schwarze, wenn es um die Opfer politischer Terroristen geht.

Damit wir in Zukunft besser mit Geiselnahmen umgehen können, müssen wir einen Einblick in die Rollen gewinnen, die Terroristen und Opfer in diesem Drama spielen, in dem es darum geht, Leben gegen Leben auszutauschen, in einem Drama, das für die Öffentlichkeit, eine dritte, ebenso wichtige Gruppe aufgeführt wird.

Das Opfer dient dem Terroristen auf zwei Arten.

Das erste und offensichtlichste, was der Terrorist von seinem Opfer hat, ist dessen Leben, das ein Symbol für die Regierung ist, die der Terrorist bekämpft. Folglich werden das Leben des Opfers und der allgemeine Wert menschlichen Lebens als Mittel benutzt, um die Regierung zu zwingen, sich wenigstens teilweise den Forderungen der Terroristen zu stellen. Zweitens werden die Opfer benutzt, um die öffentliche Meinung zu beeinflussen. Wenn sich die Öffentlichkeit mit den Terroristen und ihren Beweggründen identifizieren kann, sinkt das Vertrauen in die Regierungsbeamten und damit auch in die Regierung selbst, was in einem demokratischen System das Aus für diese Regierung bedeuten kann.

Nun taucht die Frage auf: „Warum wählen Terroristen solche drastischen Aktionen, und wie rechtfertigen sie sie?" „Was für Menschen sind diese Terroristen?" „Schätzen sie menschliches Leben nicht?" Wir haben Terroristen als Individuen definiert, die das Bedürfnis haben, ihre Sache vor der Welt auszubreiten. Je größer der Schock ist und je lebhafter und umfangreicher die Reaktion der Medien darauf, desto besser dient es der Sache der Terroristen. Ein Palästinenser kommentierte die „dreifache Flugzeugentführung" in den Siebzigern so: „Es ist eine nützliche Penetration (ein Terminus, der unter anderem mit Vergewaltigung assoziiert wird) der öffentlichen Meinung. Für sie (die Amerikaner) ... war es ein besonderer Schock zu sehen, daß ... (1972) die Olympischen Spiele so offensichtlich und schamlos verletzt wurden. Für die Terroristen und ihre Helfer war genau das der Punkt: Sie wollten dem Ereignis eine neue Bedeutung geben und fühlten sich darin moralisch gerechtfertigt. Warum sollte es einigen Menschen erlaubt sein, bequem vor ihren Fernsehern zu sitzen, während andere staatenlos und unterdrückt blieben?"

Jetzt verstehen wir, wozu Terroristen ihre Opfer benutzen und wie die Medien ihre Sache unterstützen. Aber was ist mit den Terroristen selbst? Wer sind diese Leute, die so willentlich ihr eigenes Leben und die Hinrichtung anderer für eine Sache riskieren? Die meisten Terroristen sind selber Opfer. Sie sind gewöhnlich Opfer von Ausbeutung, Armut und konstanter Ausmerzung. Dieses Bild vom Terroristen als Opfer wird in der Öffentlichkeit nicht leicht akzeptiert, im Gegensatz zu dem Bild von der Geisel als Opfer. Aber es sollte verstanden werden. Gerard Vaders, ein holländischer Journalist, der am 2. Dezember 1975 für zwölf Tage von der „Unabhängigen Südlichen Molukkischen Jugendbewegung" als Geisel genommen wurde, beschreibt die Terroristen als Opfer:

„Man muß gegen ein besonderes Gefühl von Mitleid für die Molukker ankämpfen. Ich weiß, es ist nicht natürlich, aber in einer gewissen Weise behandelten sie uns menschlich. Sie gaben uns Zigaretten, sie gaben uns Decken. Aber wir merkten auch, daß sie Killer waren. Du versucht das in deinem Bewußtsein zu unterdrücken ... ich wußte auch, daß sie Opfer waren ... man sah sogar, wie ihre Moral bröckelte. Man erfuhr den Zerfall ihrer Persönlichkeiten. Die wachsende Verzweiflung... Dafür daß sie am Anfang Egos wie Götter hatten – uneinnehmbar, unbesiegbar – endeten sie klein, verzweifelt und mit dem Gefühl, daß alles verloren war."

Schlußfolgerung: Wir haben die Rollen, die in einem „Geiseldrama" gespielt werden, erklärt und weiter definiert. Wir haben erfahren, daß Terroristen gewöhnlich selbst Opfer sind, die dazu getrieben werden, einen tödlichen Akt zu vollziehen. Zweitens haben wir drei verschiedene Möglichkeiten, mit Terrorismus umzugehen, angedeutet. Zwei von ihnen beziehen militärisches Eingreifen mit ein und kosten unschuldiges Leben. Die letzte Möglichkeit ist Verhandlung, die sich um Frieden im Mittleren Osten bemüht. Der Verfasser ist der Ansicht, daß die Rolle, die die Geiseln in zukünftigen Verhandlungen spielen werden, unverändert bleibt. Ich glaube, daß der Nachdruck auf der Prävention liegen muß. Zum Beispiel müssen die Medien stärker kontrolliert werden, indem zum Beispiel die Enthüllungen herausgeschnitten werden, mit denen die Terroristen so großen Erfolg haben. Zweitens muß vorbeugende Aufklärung höchste Priorität besitzen, so daß mögliche Angriffe der Terroristen bereits im Keim erstickt werden können. Drittens müssen auf allen Flugplätzen die Sicherheitssysteme verstärkt werden. Dies erfordert die Kooperation aller Nationen. Und schließlich müßten alle Nationen einverstanden sein, sich den Anti-Terror-Bemühungen anzuschließen, und sich vor allem verpflichten, Terroristen keine Zuflucht anzubieten, ihre subversiven Aktionen also nicht indirekt zu unterstützen.

Dieser Text hat viel von dem, was wir Lehrer gerne sehen. Das Thema wurde ausreichend eingegrenzt, so daß es sinnvoll zu bearbeiten war. Aspekte, die leicht zu Mißverständnissen führen könnten, wurden gut durch Definitionen abgesichert. Außerdem beginnt der Text auf eine Art, die Aufmerksamkeit erregt. Es werden genau die richtigen Fragen gestellt, um das Interesse des Lesers zu wecken und ihn auf die richtige Spur zu führen: „Ist es das, was die Zukunft für amerikanische Bürger bereithält?" Als Randbemerkung möchte ich hinzufügen, daß der Text 1986 geschrieben wurde und daher Fragen hervorhebt, die sich 1990, angesichts der Geiselnahmen durch Saddam Hussein während des Golfkrieges als geradezu prophetisch herausgestellt haben. Der Autor setzt rhetorische Tricks wirkungsvoll ein: Er definiert die Begriffe, klassifiziert die verschiedenen Bereiche, die für den Leser wichtig sind, belegt die ausgewählten Beispiele mit Zitaten und betracht die Konsequenzen des Terrorismus anhand des Schemas von Ursache und Wirkung. Man kann die Schlußfolgerungen des Autors zwar leicht anfechten, aber von größerer Wichtigkeit ist die Möglichkeit, die er uns anbietet, das Problem des Terrorismus mit neuen Augen zu betrachten. Besonders hilfreich, interessant und provokativ fand ich die Definition von „Opfer" als ein zu religiösen oder anderen höheren Zwecken geopfertes Objekt.

Zusammenfassung

In diesem Kapitel habe ich deutlich zu machen versucht, warum Schüler, die über Erfahrungen mit dem Schreiben von Erlebnisberichten verfügen, sich mit größerem Vertrauen an das analytische Schreiben heranwagen. Schüler, die schon eine Reihe von Erlebnisberichten geschrieben haben, werden erkennen, daß gute Resultate beim Schreiben von der Auswahl der Themen abhängen, die dem Autor klar vor Augen stehen und für die er oder sie ein starkes Gefühl empfindet. Der Autor wird Erfahrungen damit gesammelt haben, eine Geschichte ohne *übereilte* Selbstkritik erst einmal zu Ende zu schreiben und das Ergebnis dann beim Überarbeiten zu beur-

teilen, zur Klärung und zur besseren Wirksamkeit umzuschreiben und schließlich die Fehler zu korrigieren. Wenn er
Übung darin hat, die eigene Person ins Rampenlicht zu stellen, wird der Schüler erkennen, daß jedes Erlebnis, ob erzählt
oder geschrieben, vom Publikum mit den Augen des Autors
oder Erzählers gesehen wird. Erfahrung im Schreiben von
Erlebnisberichten wird den Schülern zu der Erkenntnis verhelfen, daß jede Sichtweise ihre eigene Bewertung benötigt
und man zunächst einmal unvoreingenommen sein sollte.

Auch werden die Schüler erkannt haben, daß Ideen am besten durch beispielhafte Handlungen von Personen illustriert
werden. Jene Beispiele, die eine emotionale Bedeutung für
den Schreibenden haben, wirken auf dem Papier besonders
stark. Der Gebrauch von Dialog, wie auch die Verwendung
von Zitaten in analytischen Texten, sorgt für Abwechslung
und bringt eine menschliche Komponente ins Spiel, während
der Leser gleichzeitig zusätzliche Informationen erhält. Die
Autoren von Erlebnisberichten kennen die Bedeutung einer
dynamischen Einleitung und sind besser in der Lage, einen
analytischen Text mit einer Einleitung zu versehen, die eine
Behauptung und die Erläuterung einer Absicht beinhaltet.
Die wohl schwierigste Aufgabe beim Lehren von analyti-
schem Schreiben besteht darin, die Schüler dazu zu bringen,
daß sie verschiedene Gesichtspunkte gründlich erklären, ko-
härent argumentieren und voll und ganz hinter ihren Standpunkten stehen. Diese Aufgabe fällt Schülern leichter, die Erfahrung im Ausdehnen des Höhepunktes einer Geschichte
durch Hinzufügen von mehr Handlung, mehr Dialog und
zusätzlichen handelnden Personen haben. Eine weitere Aufgabe für den Lehrer ist, dem Gebrauch einer sentimentalen,
blumigen oder aufgeblasenen Sprache von Seiten des Schülers
entgegenzutreten. Schüler mit Erfahrung im „Schreiben von
innen" haben gelernt, ihre Arbeit von einer aufgeblasenen
Sprache zu befreien und alles, was erwachsen, leer, vage oder
farblos klingt, zu vermeiden. Diese Schüler wissen, daß Adjektive und Adverbien sehr vorsichtig eingesetzt werden müssen, und daß aktive Verben die wichtigste Rolle beim guten
Schreiben spielen. Die vielleicht wichtigste Erfahrung für
Schüler, die lernen, über die objektive Welt zu schreiben, ist,

daß sie Wesen sind, die denken, fühlen und am Leben teilnehmen. Sie haben gesehen, wie sie in bestimmten Situationen reagieren und wie die Menschen um sie herum reagieren. Sie hatten die Möglichkeit, die lebendigsten Momente in ihrem Leben zu sehen und zu fühlen, und sie hatten auch die Möglichkeit, von diesen Momenten Abstand zu nehmen und ihre Bedeutung zu reflektieren. Autoren von Erlebnisberichten erkennen die Wichtigkeit ihres Lebens und ihrer Gefühle. In ihren analytischen Texten haben sie die Chance, das Leben objektiver zu betrachten, ihre eigenen Sichtweisen zu artikulieren und für ihre Gedanken geschätzt zu werden.

Aufgaben für Schüler

1. Vergleiche zwei Filme oder Fernsehserien, bei denen sich Gemeinsamkeiten im Inhalt, Thema oder Genre feststellen lassen, aber unterscheide sie in anderen Aspekten, zum Beispiel in der Glaubwürdigkeit, der Intention des Autors, der Effektivität oder der Technik.
2. Vergleiche zwei Musikstücke, zwei Musikgruppen oder zwei Schallplatten.
3. Vergleiche zwei Sportteams, ihren Stil zu spielen (Geschicklichkeit versus Kraft), ihre Einstellungen oder Trainingsmethoden.
4. Vergleiche einen interessanten und menschlich anrührenden journalistischen Bericht mit einem Erlebnisbericht oder einer Kurzgeschichte. Untersuche beide nach Glaubwürdigkeit, Intention des Autors, Techniken usw.
5. Vergleiche dich selbst mit deiner Mutter und deiner Großmutter (deinem Vater und deinem Großvater).
6. Schreibe einen Text über jemanden, der großen Einfluß auf dein Leben hat. Arbeite Ursachen und Wirkungen heraus.
7. Schreibe einen Text über deine Art, Entscheidungen zu treffen.

13

Erfahrungen einer Lehrerin mit dem „Schreiben von innen"

Janet Ford schrieb mir und fragte nach einem Sommerworkshop für Lehrer, und ich antwortete ihr in einem Telefongespräch. Sie erzählte mir in ihrer singenden Mundart, daß sie und ihr Ehemann James seit einigen Jahren in einer ländlichen Gemeinde in den Appalachen als Englischlehrer arbeiteten. Im Laufe unseres Gesprächs merkte ich schnell, daß sie eine kreative und hochmotivierte Lehrerin war.

„Ich habe vor, eine Klasse für kreatives Schreiben zu bilden, in der ich Kinder, die aus der normalen weiterführenden Schule ausgestiegen sind, in Ihrer Methode unterrichten möchte. Halten sie das für machbar, Bernard?" fragte sie mich. Wir beschlossen, daß ich ihr am besten behilflich sein könnte, indem wir vor jeder Unterrichtseinheit telefonierten, um Probleme und Erfolge der vorangegangenen Sitzung zu diskutieren. Im folgenden wird Stück für Stück Rechenschaft über diese vier Unterrichtseinheiten abgelegt.

Ein Jahr, nachdem sie das Unterrichtsprojekt abgeschlossen hatte, machte Janet ihren Magister in Volkskunde und wurde fest an der Schule angestellt. Nun konnte sie ihr Interesse am Schreiben von Erlebnisberichten mit Volkskunde und Theater verbinden. „Ich werde den Kindern Geschichten aus der Volkskunde erzählen, die ich entdeckte, als ich für mein Examen geforscht habe, und dann werden wir aus den Geschichten Theaterstücke machen. Später möchte ich, daß sie Interviews mit ihren eigenen Familien machen, sie aufschreiben und Wandgemälde aus den Geschichten machen, die ihnen ihre Familien über die Vergangenheit erzählt haben."

Meine Unterrichtserfahrung im ländlichen Nord-Carolina
von Janet Ford

Ich trete einer Klasse von Schülern der Sekundarstufe II gegenüber. Wie oft bin ich schon hier gewesen, frage ich mich nach 13 Jahren Englischunterricht in der Sekundarstufe II. Ich halte Ausschau nach einem Gesicht, das ich betrachten kann: leuchtende Augen, lebhaft, bereit für das Auftauchen des Lehrers. Ich bemerke den großen, kräftigen Jugendlichen mir gegenüber. Er blickt zurück und schnaubt aufgeregt durch die Nase wie ein professioneller Ringkämpfer, der für den Kampf bereit ist. Zwei Mädchen kommen gemeinsam herein. Sie suchen ihren Klassenlehrer, meinen Mann James, der eine Videokamera in dem Raum installiert, in dem ich heute abend den Schreibworkshop leiten werde.

Ich bin guter Dinge angesichts dieses erweiterten Tagesprogramms, das eine abendliche Stundenplanergänzung für etwa dreißig Schüler bereithält, die die weiterführende Schule in Tylorville, Nord-Carolina, besuchen. Tylorville liegt mitten im Appalachen-Bergland, einer sehr arme Gegend. Alle, die hier unterrichtet werden, sind „Problem"-Schüler, nur eine Haaresbreite davon entfernt, gänzlich von der Schule zu fliegen. Es sind liebe Kinder . . . aber es wird eine Menge Arbeit sein, sie zum Schreiben zu bewegen.

Die beiden Mädchen lächeln und setzen sich.

Ich habe *Schreiben von innen* gelesen, und die alte Leidenschaft für das Schreiben, die mich auch inspiriert hat, Lehrerin zu werden, ist wieder aufgeflackert. Ich war bewegt von der Qualität der Geschichten, die der Autor Bernard Selling aus seinen Schülern hervorgelockt hat, und dieser Workshop soll ein Test sein: Was werden diese Techniken bei den unwilligen jungen Autoren bewirken? Was werden wir produzieren?

Bernard Selling übernimmt die Leitung des Projektes von seinem Zuhause in Kalifornien aus. Ich hatte ihm einen Brief geschickt, in dem ich ihm von meinem Interesse an seinen Trainingsworkshops für Lehrer erzählte, und er hat geantwortet. Als er herausfand, daß ich dabei war, mit diesem Projekt anzufangen, bot er mir an, in Telefongesprächen vor jedem meiner vier Workshops etwas Anleitung zu liefern. Ich fühle mich stark und zuversichtlich und gehe entsprechend seinen Instruktionen vor.

James läßt die Kamera laufen.

„Ich möchte mit euch über Geschichten sprechen", beginne ich. „Haben euch eure Eltern oder Großeltern Geschichten erzählt?" frage ich. Die Reaktion ist ein bißchen verhalten. Lukas hat Lust zu reden und ist bereit mitzumachen. Mein Mann ist sein Lehrer, und ich weiß, daß Lukas nicht regelmäßig am Unterricht teilnimmt. Ich bin überrascht über die flaue Reaktion der Schüler.

„Was ist mit Fernsehen? Was für Geschichten schaut ihr euch an?" Jetzt kommen mehr Antworten.

„Gewöhnlich gibt es im Mittelpunkt einer Geschichte jemanden, der darum kämpft, Gutes zu tun: einen Helden", sage ich. Wir diskutieren den Stellenwert des Heldentums. Wir sind uns einig, daß es mit Kämpfen gegen Ungerechtigkeit und Unterdrückung zu tun hat, nicht nur für einen selbst, sondern auch für andere.

„Habt ihr jemals an euer Leben als Geschichte gedacht, mit euch selbst im Mittelpunkt?" frage ich. Bedeutungsvolles Schweigen. Aha!

„Niemandes Leben ist ohne Geschichten. Niemandem mangelt es in seinem Leben an Heldentum. Ihr habt Geschichten in euch, die nur ihr erzählen könnt, und ihr seid die Helden eurer Lebensgeschichte", sage ich. Das hat jeden in diesem Raum getroffen. Wenn ich die Klasse jetzt entlassen hätte, hätte ich schon etwas erreicht gehabt. „Nun, versucht, zu eurer ersten Erinnerung zurückzugehen. Nehmt euch ein paar Minuten Zeit, um euch zu erinnern, und dann schreibt eure Erinnerung nieder."

Das ist hart. Einige Fragen tauchen auf. Ich gebe ein paar Beispiele: ein Erlebnis mit einem Lieblingshaustier oder Spielkameraden, die Küche eurer Oma …

„Müssen wir das der Klasse vorlesen?" fragt … Ich erkenne das wirkliche Problem: die Angst vor dem Schreiben. Wir sprechen darüber.

„Es ist manchmal schwierig, mit dem Schreiben anzufangen. Wir haben manchmal Angst, daß wir nichts Interessantes zu sagen haben, oder daß das, was wir schreiben, Müll ist", beruhige ich sie. Ich rede kurz über die linke Gehirnhälfte, die analysiert und kritisiert, während die rechte Gehirnhälfte Bilder und Vorstellungen hervorbringt. „Es ist okay, einfach nur zu schreiben. Versucht zu entspannen. Erzählt der inneren Kritik, daß ihr sie später brauchen werdet, aber daß sie jetzt Ruhe geben soll."

Ruhe breitet sich im Klassenzimmer aus. Bleistifte fangen an, sich zu bewegen. Ich bin gerührt von der ehrlichen Mühe, die ich sehe. Zwei Minuten später haben alle bis auf zwei Jungen mit dem Schreiben aufgehört. Fünf Minuten... die zwei schreiben immer noch. Ich muß mich an die Mehrheit wenden: „Nun, wenn ihr mit dem Schreiben fertig seid, bereitet euch darauf vor, eure Erinnerung jemandem neben euch zu erzählen. Ihr müßt nicht das vorlesen, was ihr geschrieben habt, erzählt es nur."

Einige entscheiden sich, Wort für Wort abzulesen und dann aufzuhören. Der professionelle Ringkämpfer erzählt seine Erinnerung, ohne einen Blick auf das Papier zu werfen. Die beiden Mädchen lachen laut und reden mit all ihren Nachbarn. Ich gehe zu ihnen rüber. „Darf ich sehen, was du hast, Nadine?" frage ich.

Ich erinnere mich, als ich ungefähr fünf war, da war Weihnachten, und meine Mama kaufte mir diese Puppe, die ich wirklich haben wollte. Ich spielte den ganzen Tag mit ihr und die ganze Nacht als ich ins Bett ging, und der Hund biß der Puppe das Bein ab.

Ich bemerke, daß beide Mädchen ihren zweiten Namen auf das Blatt geschrieben haben und nicht den Namen, mit dem sie normalerweise gerufen werden. „Interessant", sage ich mir. Ich schaue auf die Arbeit des anderen Mädchens. Ihr Name ist Dawn.

Ich war ungefähr drei Jahre alt, und meine Mama wollte mich nicht machen lassen, was ich wollte, und ich saß auf der

Couch und schrie, ich hasse dich, und von Zeit zu Zeit sage ich ihr immer noch, daß es mir leid tut, daß ich das gesagt habe.

Dawns Mutter hat Krebs, und Dawn hat sich entschlossen, diese Erinnerung zu erzählen. Ich blicke durch den Raum. An einem Tisch hören drei zu, wie ein junger Mann vorliest und dann sorgfältig an seiner Erinnerung arbeitet.

Ich spreche jetzt die ganze Gruppe an. „Habt ihr euch an mehr erinnert, als ihr euch gegenseitig die Geschichte erzählt habt?" frage ich.

Sie erkennen, daß sie freier denken und sprechen, als sie schreiben. Die Selbstkritik ist in ihren mündlichen Erzählungen nicht anwesend.

„Nun schreibt eure Erinnerung um, und setzt sie diesmal in die Gegenwartsform." Wir sprechen über die Gegenwartsform. „Beginnt mit: ‚Ich bin ... Jahre alt' und schließt die Dinge mit ein, die ihr eurer Geschichte hinzugefügt habt, als ihr sie laut erzählt habt."

Ich gehe im Raum umher und helfe einigen beim Überarbeiten. Ich nehme den Bleistift eines Jungen namens James und schreibe: „Ich bin sechs Jahre alt ... "Er beginnt. Als das Umschreiben beendet ist, bitte ich die Schüler, ihre beiden Texte einander gegenüberzustellen. Ich schaue mir Nadines Geschichte an.

Es ist Weihnachtsmorgen. Ich bin vier oder fünf Jahre alt. Ich öffne mein Geschenk. Es ist genau das, was ich will. Ich spiele den ganzen Tag mit meiner Puppe. Ich bin so glücklich. Ich lege meine Puppe auf einen Stuhl und gehe ins Bett. Ich wachte auf und suchte meine Puppe. Ich fand sie auf dem Boden. Der Hund kaute ihr Bein ab. Ich bin wütend.

Die zweiten Fassungen sind ganz ohne Zweifel detaillierter und spannender zu lesen. Es liegt ein spürbarer Hauch von Aufregung in der Luft; es ist zwar nur eine kleine Sache, aber es verspricht mehr zu werden. Im Präsens werden die Geschichten lebendig. Nach einer großzügigen Pause, rede ich über das Einbringen von Gefühlen. „Wie hast du dich gefühlt, als du in das Büro des Rektors geholt wurdest, James?" frage ich. Er fügt einen Satz in den umgeschriebenen Text ein.

Dawn liest ihr Stück noch einmal durch und fügt dann einen Satz über ihre Gefühle hinzu: „Ich weine. Ich fühle mich richtig schlecht." Sie schließt auch die Gefühle ihrer Mutter mit ein: „Sie weint."

Bevor ich die Schüler entlasse, frage ich, ob irgend jemand seine Geschichte der Gruppe vorlesen möchte. Mutig meldet sich Paul. Paul ist über ein Meter achtzig groß; seine dunklen glänzenden Augen geben mir das Gefühl, mit einem Hirsch im Wald zu sprechen. Er liest seine erste Version.

Ich erinnere mich, als ich vier Jahre alt war, und meine Mama schnitt sich an einem Stück Metall, und ich rannte zu den Nachbarn, um Hilfe zu holen.

Dann liest er seine umgeschriebene Version: Ich bin vier, und meine Mama und ich sind draußen und bringen Blechdosen weg, um Papa zu überraschen, wenn er von der Arbeit nach Hause kommt. Dann dreht sich Mama um, und ein Stück Blech schneidet ihr das Bein auf. Ich renne los durch zwei Felder, um Hilfe von den Nachbarn zu holen. Als ich ankam, fuhren wir zurück zum Haus, und dann brachten wir sie ins Krankenhaus. Ich hatte Angst.

Das Heldenhafte an diesem Vierjährigen ist offensichtlich. Das ist ein perfektes Ende für die erste Sitzung.

„Heute habt ihr eure erste Erinnerung wachgerufen. Ihr habt sie aufgeschrieben, ihr habt sie erzählt, dann habt ihr sie ins Präsens umgeschrieben und Details und Gefühle einbaut. Wie fühlt ihr euch jetzt mit dem, was ihr geschrieben habt?" frage ich und bekomme ein paar Okays zu hören. Dies mag eine hohe Form der Anerkennung sein von einer Gruppe cooler, zurückhaltender Schüler der Sekundarstufe II.

„Denkt für das nächste Mal an eure lebhafteste Erinnerung", sage ich ihnen. „Es wird aufregend sein zu sehen, wie sich eure Geschichten entfalten, wenn ihr mit dem Schreiben weitermacht."

Bernard ruft mich an, um die erste Unterrichtseinheit mit mir zu diskutieren. Ich lese ihm Dawns Abschnitt vor und teile ihm meine Einschätzung mit:

„Die Leute erzählen die Wahrheit. Du gibst ihnen ein leeres Blatt Papier, sagst ihnen, sie sollen die früheste Erinnerung aufschreiben, und sie werden dir eine kurze Skizze davon geben, wie sie sich selbst und die Welt sehen."

Ich erzähle ihm, daß das Mädchen, dessen Mutter gegen den Krebs kämpft, über die Wut auf ihre Mutter, unsensible Lehrer und die Enttäuschung über eine kaputte Puppe geschrieben hat.

Schritt für Schritt erzähle ich die Unterrichtsstunde nach. Ich lese Pauls ersten Entwurf. „Ich bemerkte, daß Paul erst angefangen hat, im Präsens zu schreiben und dann schnell zurück in die Vergangenheitsform gerutscht ist", sage ich. „Passiert das oft?"

„Ja, und das ist kein grammatikalischer Fehler, sondern eine psychologische Methode, um eine Erinnerung abzuwehren", antwortet Bernard. „Manchmal ist es für den Schreibenden notwendig, die Distanz zu einem Ereignis aufrecht zu erhalten, um mit der Erinnerung weiterzukommen. Du kannst ihn darauf hinweisen. Er wird sich dessen bewußt werden, ohne daß du ihn dazu prügeln mußt." Ich lese ihm Rodneys erste Fassung vor:

Als ich etwa drei Jahre alt war, erinnere ich mich, daß ich unser neues Haus anschaute, das gerade gebaut wurde. Es schaute groß aus, fast wie ein Herrenhaus. So viele Pfähle guckten aus der Erde.

Und dann die umgeschriebene Fassung: Mama hält mich hoch, um mir das Skelett unseres Hauses zu zeigen, das gerade gebaut wird. Ich bin ungefähr drei Jahre alt. Es ist sehr groß. Es sieht fast wie ein Herrenhaus aus. Irgendwie wirkt es unheimlich auf mich. Es ist so groß, und so viele Pfähle gucken aus dem Boden. Es ist beinahe dunkel, und die Sonne geht dahinter unter.

„Das ist typisch für die umgeschriebenen Fassungen", sage ich. „Sie sind detaillierter und lebendiger."

„Das mündliche Erzählen der Geschichten hilft. Hier kommt die erwünschte hilfreiche Rückmeldung ins Spiel. Hilfreiche Rückmeldung zu geben und zu erhalten, ist der Schlüssel zum Schreibvorgang", antwortet Bernard. „Die meisten Leute denken, daß Autoren im stillen Kämmerlein arbeiten. In Wirklichkeit sind die meisten Autoren stark von den Antworten anderer abhängig." Er erzählt etwas über Feedback-Techniken: Bilder, Gefühle, „Ich"-Berichte, Lernen, wie man nicht bevormundende unterstützende Behauptungen aufstellt. „Das ist das, womit sie in der zweiten Sitzung anfangen können," rät er. „Feedback ist der Schlüssel." „Nachdem sie ihre lebhaftesten Erinnerungen im Präsens geschrieben und ihre Gefühle eingebaut haben, bringe sie dazu, daß sie jedes erwachsen klingende Wort entfernen, das unpassend für ihr Alter zum Zeitpunkt ihrer Erinnerung ist", fährt Bernard fort. „Es hört sich an, als ob du mit deiner Vorgehensweise auf der richtigen Fährte bist," schließt er. Das ist der Traum eines jeden Lehrers: die unterstützende Prüfung und Ermutigung durch einen Mentor.

Am nächsten Tag beginne ich mit der zweiten Unterrichtseinheit. Ich gebe den Schülern die Aufgabe, über ihre lebhaftesten Erinnerungen zu schreiben. Sie haben zum größten Teil das Präsens benutzt. Wenn ihre Klassenkameraden ihre Arbeiten vorlesen, achten die Schüler auf die Lebendigkeit der Details und auf Gefühle, aber als ich in der Klasse umhergehe, bin ich erschrocken über das, was ich sie als Feedback sagen höre: „Es war okay." „Mir hat es gefallen." Nachdem ich ihnen einige Beispiele von „Ich"-Aussagen und nicht bevormundenden Beobachtungen gegeben habe, bekomme ich ausschließlich freundliche nichtssagende Botschaften zu hören. Dies wird Übung und Zeit brauchen. Ich will dieses Konzept nicht in den Wind schlagen, deshalb fahre ich fort.

„Nun schaut euch an, was ihr heute geschrieben habt. Ihr habt es auf Lebendigkeit des Details und Gefühle geprüft; nun möchte ich, daß ihr nach Erwachsenensprache sucht, die nicht richtig für das Alter klingt, in dem ihr gewesen seid, als dies passierte. Das gehört dazu, wenn wir uns selbst an den Ort und in die Zeit versetzen, über die wir schreiben."

James läßt mich seinen Text lesen.

Meine lebendigste Erinnerung ist, als ich zum ersten Mal von einer Schlange gebissen wurde. Ich war vier Jahre alt. Meine Mama arbeitete im Blumenbeet, und sie grub ein Nest mit schwarzen Schlangen aus. Ich dachte, es wären große Würmer, und ich nahm eine hoch. Sie biß mich in die untere Seite meiner linken Hand. Es tat sehr weh, aber mir war nur ein paar Stunden lang schlecht, dann ging es mir wieder gut.

Und seine umgeschriebene Fassung: Ich bin vier Jahre alt. Ich spiele mit einigen grünen Soldatenmännchen in der Erde, während meine Mutter das Blumenbeet neben unserem Haus säubert. Ich schaue hoch und sehe ein Nest voller schwarzer Babyschlangen. Sie sind größer als Würmer, grau und wakkeln hin und her. Ich nehme eine der schleimigen Schlangen hoch. Ich schreie und werfe die Schlange weg. „Au! Das tut weh!" schreie ich. Es fühlt sich an, als ob eine Nadel in die untere Seite meiner linken Hand gestochen worden ist. Meine Mama dreht sich um. Sie schnappt sich die Schlange, die ich gehalten habe, und hackt ihr den Kopf ab. Sie bringt mich ins Haus ins Badezimmer zum Medizinschrank. Meine Hand tut weh. Meine Mutter tut irgendeine Medizin drauf. Mir ist richtig schlecht. Ein paar Stunden lang fühle ich mich überall schlecht. Ich liege im Haus, während meine Mutter meinem Vater erzählt, daß ich von einer Schlange gebissen wurde. Er geht raus und tötet die Babyschlangen.

Dawn B. schreibt eine lebendigste Erinnerung über sich selbst im Alter von drei oder vier Jahren.

Ich erinnere mich, wie ich auf meinem Dreirad gefahren bin, als ich drei oder vier war auf dem Hof vor dem Haus, und meine Mama und meine Schwester haben mir zugeschaut. Dann kam meine Schwester auf mich zugelaufen und fing an, meine Hand zu schlagen, und weder ich noch meine Mama wußten, was los war, und als sie aufhörte, erzählte sie meiner Mama, daß da eine Riesenspinne auf meiner Hand war.

Dann schreibt sie sie um: Ich fahre auf meinem Dreirad im Hof vor dem Haus und habe Spaß. Ich kann meine Mama und meine Schwester sehen, wie sie im Gras neben dem Bürgersteig sitzen. Sie lachen und reden und machen Fotos von mir auf meinem kleinen roten Dreirad. Dann kommt meine Schwester ohne Vorwarnung zu mir gelaufen und fängt an, mir auf die Hand zu schlagen. Ich frage mich, was ich wohl gemacht habe. Dann plötzlich . . .

Ihre umgeschriebene Fassung enthält mehr Details und Gefühle, aber die Aufforderung, alle erwachsen klingenden Worte zu entfernen, ist nicht zu ihr durchgedrungen. Manchen Schülern fällt das sehr schwer. Ich bin gerührt von der Aufrichtigkeit ihrer Geschichten und überwältigt von der Art und Weise, wie sie zum Teil ihre geheimsten Gefühle preisgeben. Das ist Angela Dawns lebendigste Erinnerung:

Ich bin gerade nach Hause gekommen, und mein Bruder und meine Schwägerin sind da und erzählen uns, daß ihr Baby gerade gestorben sei, und jetzt ist jeder sehr entsetzt.

Rodney schreibt: Ich und meine Schwester hatten einen Autounfall. Das Auto überschlug sich viermal. Ich war nicht angegurtet. Ich fiel durch das Seitenfenster raus mit meinem Rücken, und es schnitt mir überall den Rücken auf, und ich schlug mir den Kopf. Ich fürchtete mich zu Tode.

Nadine erzählt: Eines Tages gerieten meine Tante und ihr Freund in einen richtig großen Streit. Er sagte ihr, daß er vorhabe, sich zu erschießen, und sie schrie ein paar Stunden lang, dann nahm sie eine Überdosis, und wir mußten sie ins Krankenhaus bringen. Ich hatte solche Angst. Meine Tante und ich stehen uns sehr nahe, und ich fühlte mich, als ob ich ihren Schmerz fühlen könnte. Aber nach ein paar Tagen war sie wieder in Ordnung. Ich habe noch nie solche Angst gehabt.

Ich gehe zu Nadines Tisch und setze mich neben sie. Wir gehen ihre Geschichte durch, und dann arbeite ich zwanzig Minuten lang mit ihr und weise sie auf Details hin, darauf, das Präsens zu bestimmen und die richtigen Worte zu finden. Zeitweise bin ich ihr Schreiberling und lasse ihr die Möglichkeit, sich nur zu erinnern und nachzudenken. Sie arbeitet hart an diesen Aufgaben. Ihre umgeschriebene Version zeigt einen bemerkenswerten Fortschritt ihrer ersten Fassung gegenüber.

Nadines zweiter Entwurf: Ich bin im Haus meiner Großmutter. Meine Tante lebt bei meiner Oma. Der Freund meiner Tante ist da. Sie sind verlobt. Sie streiten. Er hat gehört, daß sie über ihn getratscht hat. Sie schreien beide und kreischen und schlagen sich gegenseitig. Es ist irgendwie lustig, aber auch beängstigend. Er drückt sie nach unten, und sie geht weg. Sie schlägt und weint und kreischt. Ich bin dazwischen und versuche sie zu beruhigen. „Hör auf!" sage ich zu ihr. Ich bringe sie dazu, ihn loszulassen. „Ich bring' mich um", sagt er. Er kratzt die Kurve und verschwindet.

Mehr Leute kommen. Wir merken, daß meiner Tante schlecht wird.

Die Zeit ist um, und ich habe das Gefühl, als ob wir mitten in der Stunde sind und noch nicht am Ende. Ich entlasse die Klasse ohne Abschlußdiskussion.

Bernard ruft an. „Hallo, Janet. Ich bin's. Dein Trainer aus Kalifornien", lacht er. Ich rede gern mit ihm. Das Arbeiten an diesem Prozeß hat eine richtige Verbindung zwischen uns beiden geschaffen. Wir reden ein paar Minuten lang über uns. „Der Prozeß geht voran", erzähle ich ihm. „Es klappt bemerkenswert gut. Diese Kinder erinnern sich an Dinge, die sie vergessen hatten; alles mögliche kommt an die Oberfläche, und ich spüre, wie sie nach Worten ringen, um es auszudrücken. Aber wie soll ich einer ganzen Klasse helfen, eine Sprache zu finden. Die Zeit erlaubt es mir nicht, mich neben jedes Kind zu setzen und Details und

Lebendigkeit herauszukitzeln. Was sollen die anderen Schüler machen, während ich mich mit einem einzelnen beschäftige?"

„Stelle vorn im Raum und in der Mitte Platz zur Verfügung, und laß die Schüler freiwillig kommen, wenn sie für Rückmeldungen bereit sind. Dann setze deine Arbeit mit den einzelnen dort fort, wo die anderen dich hören und von dem profitieren können, was du sagst."

Bernard erinnert mich daran, daß Feedback der Kern des Schreibvorganges ist, und daß das Modellieren von nicht bevormundender Rückmeldung das Wertvollste ist, was ich beitragen kann.

„Was ist mit meinem Schreiben für die Kinder? Ich merke, daß ich ihnen den Bleistift aus der Hand nehme und Worte niederschreibe. Das ist falsch, nicht wahr?"

„Manchmal schreibt man für einen Schüler, um eine Schreibblockade zu durchbrechen. Es ist nicht so, daß man seine Arbeit übernimmt, sondern es ist auch eine Form des Modellierens. Es ist nicht falsch."

Bernards Anrufe bauen mich auf und machen mir Mut. Er findet das Positive in dem, was ich tue, und reflektiert es für mich, mit dem Resultat, daß ich mich befreit fühle und besser in der Lage bin, im Umgang mit den Problemen, die auftauchen, meinen Instinkten zu folgen.

„Schreibst du selbst über deine Erfahrung mit diesem Workshop?" fragt mich Bernard. Wir hatten kürzlich über den Wert eines Tagebuchs für mich als Lehrerin gesprochen. „Wie geht's voran?"

„Ich mache eine Menge Notizen, aber ich habe Schwierigkeiten mit dem Aufschreiben meiner Erfahrungen", berichte ich Bernard. „Gerade Lehrer haben oft eine Schreibblockade, durch die sie durchmüssen", antwortet er. „Vielleicht kommt das von all den Jahren, in denen man Texte benoten mußte, immer diese rote Tinte!" Er lacht. „Der innere Kritiker eines Lehrers ist so stark, daß er dich völlig sprachlos machen kann. Fang einfach an zu schreiben, und schick mir das, was du geschrieben hast. Es muß nicht perfekt sein. Es muß nichts Besonderes sein. Erlaube dir, einfach zu schreiben und die Selbstkritik für eine Weile auszuschalten."

Als ich auflege, wird mir klar, daß ich nun in den selben Vorgang involviert bin, den ich unterrichten will: nicht vernichtende Rückmeldung suchen und dann umschreiben. Ich erkenne, was ich am meisten lernen wollte: selbst schreiben.

Ich eröffne die dritte Unterrichtsstunde mit einer Zusammenfassung dessen, was in den ersten beiden passiert ist. Wir haben gelernt, im Präsens zu schreiben und eine passende Sprache für das Alter zum Zeitpunkt der Erinnerung zu finden. Wir haben begonnen, unsere Gefühle einzuschließen... und lebendig detailliert zu schreiben.

Ich stelle die Aufgabe, den Vorgang weiterzuverfolgen und noch eine Erinnerung unter Berücksichtigung dieser Punkte zu schreiben. Die Texte werden besser. Nicht jeder Entwurf berücksichtigt alle Punkte, aber es vergehen inzwischen 10 bis 15 Minuten, in denen die Klasse ruhig schreibt. Jetzt folgen Rodneys, Pauls und James' Geschichten aus der dritten Stunde.

James: Ich jage Tauben mit meinem Stiefbruder. Wir laden unsere Gewehre. Mein Bruder steht auf der Seite ungefähr einen Meter hinter mir. Er steckt Patronen in sein Gewehr. Es geht genau neben meinem Ohr los, als er es zumacht. Ich habe Brandflecken auf der ganzen rechten Seite meines Gesichts.

Paul: Es ist früh. Papa hat mich gerade aufgeweckt, es ist Zeit, jagen zu gehen. Mein Geburtstag war vor zwei Tagen. Inzwischen ziehen wir uns warm an, öffnen die Haustür, und es hat geschneit. So gingen wir los, es fängt an, kalt zu werden, und es scheint, als ob wir seit Stunden gehen, und auf einmal sind wir zu Hause ... Mama hatte ... heißen Kakao gemacht.

Rodney: Vor ungefähr drei Jahren hatte ich einen Autounfall. Mein Schwager und ich fuhren in die Stadt. Wir kamen auf eine Kreuzung. Ein Auto sah das Stoppschild nicht und fuhr in den Kotflügel und die Tür auf der Beifahrerseite. Das Auto hatte einen Totalschaden. Meine Schulter war verletzt und mein Kopf. Seine Knie und seine Brust waren verletzt.

Ich hatte Glück, daß ich nicht rausgeschleudert worden bin, weil, als er in uns reinfuhr, war meine Tür aufgedrückt. Es war fast Weihnachten.

Der Tisch für die Rückmeldungen bildet sich in der dritten und vierten Stunde. Es ergibt sich, daß ein Tisch in der Nähe meines Pultes zum Versammlungsplatz wird. Nachdem alle Stühle besetzt sind, stellen die Schüler noch mehr Stühle hin, sitzen in der zweiten Reihe um den Tisch herum und hören zu, wie ich mit jemandem einzeln arbeite, fragen und beantworten die Fragen.

Ich schlage vor, Dialoge in die Geschichten einzubauen, und nehme mir einen oder zwei Schüler vor. Alle anderen Schüler schreiben weiter und werden immer besser. Bernard rät mir, jeden einzelnen Schritt des Vorganges der Reihe nach aufzuzeigen, aber auch die Arbeiten der Schüler in einem großen Maß zu akzeptieren.

„Sie müssen nicht alles auf einmal machen und Texte abliefern, die aussehen, als ob man für sie geblutet hätte", rät Bernard. „Sie werden sich ganz von selbst entwickeln, wenn sie mit dem Schreiben weitermachen."

Es ist offensichtlich, daß diese jungen Leute inzwischen viel gewillter sind zu schreiben, als sie es jemals waren. Und es gibt einen Anhaltspunkt dafür, daß ihre Fähigkeit zunimmt, produktiver über die Arbeiten ihrer Klassenkameraden zu sprechen. Ich belausche eine Unterhaltung im Anschluß an eine Übung in der vierten Stunde. Zwei Mädchen hören sich die Geschichte eines Klassenkameraden an und erzählen ihm, was sie davon halten. Es sind dieselben beiden Mädchen, die vorher mit den Achseln gezuckt und gesagt haben: „Es ist okay."

Ich höre Fragen wie „Schreiben wir heute wieder?", wenn die Schüler mich sehen, und es ist keine Rede mehr von der Sorge um ihre Zeit. Wir sprechen über eine Veröffentlichung der Arbeiten im Frühjahr. Diese Idee hätte sie vor einem Monat noch abgeschreckt, aber jetzt ruft sie einiges Interesse hervor. In der vierten Stunde verfaßt Paul die folgende Geschichte über eine lebhafte Erinnerung.

Etwas ist draußen. Ich kann es näher an mein Schlafzimmer herankommen hören, und alle schlafen, deshalb denke ich, daß ich Papa aufwecke. Ich schleiche auf Zehenspitzen, und auf dem Weg gibt es ein lautes Geräusch draußen, deshalb renne ich in das Schlafzimmer von Papa. Als ich ihn aufwekke, lacht er und erklärt mir, was los ist. Ich fand heraus, daß es starken Wind gab und daß Schnee gefallen ist. Ich ging ins Bett und schlief bis zum nächsten Morgen. Papa holte mich nach draußen, um mir das Eis zu zeigen, das zehn Zentimeter tief war, und wir hatten kein Licht. Eiszapfen fielen von der Hochspannungsleitung. Als sie runterfielen, brachen sie, und das ist das einzige Geräusch, das ich durchs Haus höre.

Die Aufmerksamkeit am Feedback-Tisch gilt Paul, während andere Schüler noch schreiben. Nach zwanzig Minuten ist Pauls überarbeitete Fassung fertig.

Pauls überarbeitete Fassung
Angst im Winter

Es ist draußen. Ich kann es näher an mein Schlafzimmer herankommen hören. Alle schlafen. Ich werde Papa aufwecken. Ich schleiche auf Zehenspitzen durchs Haus. Es ist ein lautes Geräusch draußen, als ob Glas kaputt geht. Ich renne ins Zimmer von meinem Papa. Ich muß ihn finden. Er ist in einem Bündel von Decken versteckt. Ich nehme die Decken weg, bis ich seinen Umriß sehen kann, wie er auf der Seite eingerollt im dunklen Zimmer liegt. Ich bin erleichtert, ihn zu finden. Er setzt sich auf und lacht. Dann erzählt er mir, was los ist. Starke Winde blasen, und Eis fällt runter. Ich gehe zurück ins Bett. Ich höre etwas aufs Dach und gegen die Fenster fallen, aber nicht lange. Ich schlafe bis morgens, und dann holt mich Papa nach draußen und zeigt mir zehn Zentimeter tiefes Eis. Wir haben kein Licht. Eiszapfen fallen von den Hochspannungsleitungen. Wenn sie runterfallen, gehen sie kaputt, und das ist das einzige Geräusch, das ich höre.

Die Klarheit dieses Textes hat bei James (meinem Mann) und mir Aufmerksamkeit erregt. Mit Pauls Einverständnis reichen wir ihn für einen Nachwuchswettbewerb der *New York International Reading Association* ein. Zwei Monate später erhalten wir die Nachricht, daß Pauls Geschichte unter den Gewinnern ist. Zu dieser Zeit kommt Paul nicht mehr zur Schule. Er hat geheiratet, und sein erstes Kind ist unterwegs. „Es wäre interessant zu sehen, was passieren würde, wenn Paul weiterhin über seine Erlebnisse schreiben könnte", reagierte Bernard auf diese Neuigkeiten.

Es ist schwer zu sagen, wie Paul mit den Erfolgen, die er in den vier Sitzungen unseres Schreibworkshops zu verzeichnen hatte, umgehen wird, aber diese Erfolge sind nicht zu verleugnen. Es sind Erfolge in bezug auf Einsicht und Selbstbewußtsein ebenso wie in bezug auf die Fähigkeit, Papier und Tinte als Werkzeuge zu benutzen, um sich auszudrücken.

In der vierten Sitzung unseres Schreibworkshops wurde deutlich, daß wir uns durch unsere Geschichten sehr gut kennengelernt hatten. Ich spürte eine wachsende Toleranz in der Klasse: Junge Männer erfuhren etwas über die Erfahrungen und die Leiden junger Frauen; junge Frauen hörten etwas über die Ängste junger Männer. Diese Klasse war nicht mit Arbeitsblättern über Grammatik und Satzbau beschäftigt, sondern hatte Gelegenheit, ins Herz der Kommunikation vorzudringen. Ich selbst stand bei all diesen Lernprozessen nicht außen vor. Auch ich habe gelernt, genug zu riskieren, um etwas aufzuschreiben, es mitzuteilen und die Reaktionen eines anderen Menschen anzuhören.

„Ich habe den ersten Teil deines Tagebuchs bekommen", sagt Bernard. Ich bin gespannt auf seine Reaktion, aber ich habe auch ein bißchen Angst davor. „Es ist genau das, was ich erwartet habe", sagte er. „Es wird sehr gut." Dann sagt er mir, was ihm an meinem Bericht gefallen hat. Er stellt einige Punkte heraus, die noch mehr Gedanken benötigten, einige Stellen, an denen ich arbeiten könnte.

Während ich an meiner Magisterarbeit für die Universität schreibe, stelle ich fest, daß ich kontinuierlich das Konzept meines Workshops benutze und mich frage: „Ist das lebendig? Benutze ich eine ausreichend einfache Sprache?" Ich merke auch, daß ich Rückmeldungen von anderen suche. Ich spüre, daß ein alter Panzer der Selbstzensur aufbricht und einem neuen Fluß von Ausdrucksmöglichkeiten Raum gibt.

Teil drei
Erlebnisberichte

Die folgenden Beispielgeschichten zeigen, wie „Schreiben von innen" Autoren jeden Alters zum Schreiben anregt. Wann immer es möglich war, habe ich sowohl den ersten Entwurf als auch späteren Überarbeitungen aufgenommen, damit man den Entwicklungsprozeß der Arbeiten nachvollziehen kann.

Die Beispiele sind in Gruppen aufgeteilt: *Das junge Kind*, *Das mittlere Kind, Das ältere Kind* und schließlich *Erwachsene*. Letztgenannte schreiben über Erlebnisse aus ihrer Kindheit aus der Perspektive des unschuldigen Kindes, das sie damals waren. Es ist ihnen in ihren Arbeiten gelungen, die Stimme des Kindes wiederzuentdecken und zu bewahren.

14
Das junge Kind

Beispiel 1
Bootsfahrt
von Natalie Chicha
Alter: 7½ Jahre

Vor ein par Tagen furen wir mit dem Boot nach Katalina.
Zuerst war es geschmeidich und weich. Als der Motor anke-
macht wurde, war das Wasser weich und wellig. Ich versuchte mein Kleichgewischt zu halten aber ich fiehl auf den
Boden. Ich ging zur Kapine um eine Schwiemweste zu holen. Die Schwiemweste paste nich ich zog sie aus. Dann
gingen wir nach Katalina und jeder bekamm ein Geschenck
ich bekamm eine Kaptitinsmühtse. Mein Bruder bekamm
Spihlsacken für dehn Strand. Meine Freundin bekamm eine
Pupe. Meine Oma kaufte etwas Bongbongs für die Faht. Wir
bekahmen Kahrten für ein Glasbodenboot.
Klick! Klick! Klick! machte meine Kamera.
Das Boot fuhr ohne uns. Wir nahmen ein Boot spähter. Auf
dem Heimweg muste ich brechen. Als wir zuhause wahren
gieng es mir besser. Ende.

Obwohl diese Erinnerung in der Vergangenheitsform erzählt
ist, enthält sie die Frische und spontane Verzauberung eines
spielenden Kindes. Dies ist die Qualität, die wir in unseren
schriftlichen Arbeiten erreichen möchten.

Beispiel 2
Meine erste Erinnerung
von Courtney H.
Alter: 9 Jahre

Als ich etwa vier Jahre war erinnere ich mich, daß meine
Familie rüber zum Haus von einem Freund ging und sie einen

Hund hatten. Als ich an den Hund rankam, biß er mich in die Oberlippe. Mein Vater hatte ein grün-rot gestreiftes Polohemd mit weißem Kragen an. Meine Lippe war am bluten, so daß seine Schulter ganz rot vom Blut wurde, als er mich hochnahm. Sie brachten mich zum Krankenhaus, wo ich einen Jungen sah, der sein Kinn aufgeschnitten hatte. Der Arzt mußte seine Hände festgurten, weil er sich sonst nicht anfassen ließ. Ich konnte meinen Papa hören, wie er mit den Aufsehern herumstritt, damit jemand zu mir kommt. Er kam rein und ließ mich seine Hand drücken, wenn etwas wehtat. Als ich wieder zu Hause war, schlief ich im Zimmer von meinem Bruder, weil meine Schwester bei meinen Großeltern war. Ich konnte nicht an meinem Daumen lutschen.

Courtneys Freundin Roz, eine fünfzigjährige Dame und Teilnehmerin an einer meiner Schreibklassen, gab ihr Instruktionen, in der Gegenwartsform zu schreiben und Dialoge einzubauen. Courtney blätterte ihr Arbeitsbuch durch und entdeckte noch weitere Anweisungen.

Meine erste Erinnerung
(zweite Fassung)
von Courtney H.
Alter: 9 Jahre

Ich bin vier Jahre alt. Ich gehe rüber zu einem Freund. Sie haben einen großen Hund.

„Darf ich den Hund streicheln" frage ich.

„Na klar, ich komme mit", sagt meine Mama.

„Sei vorsichtig", warnt sie mich. Ich streichle ihn ein paarmal, während meine Mama dabei ist. Sie setzt sich wieder.

„Kann ich ihn alleine streicheln?" frage ich.

„Klar", sagen meine Eltern.

Also strecke ich mich hoch zum Hund. Er ist viel größer als ich. Ich greife rauf und streichle ihn, aber er stürzt auf mich zu, und ich drücke meine Augen zu. Er bellt einmal und gleichzeitig beißt er mich in die Oberlippe. Das passiert so plötzlich, daß ich mich sehr fürchte.

Ich schreie und weine und renne zu meinem Papa. Er hat ein grün-rot gestreiftes Polohemd mit einem weißen Kragen an. Er drückt mich gegen seine Schulter und versucht mich zu beruhigen, indem er sagt: „Du bist sehr tapfer."

Meine Eltern bringen mich ins Krankenhaus, wo ich einen Jungen sehe, der sein Kinn aufgeschnitten hat. Es gibt mir eine gutes Gefühl, daß ich nicht in seiner Lage bin. Die Ärzte müssen seine Hände festgurten, weil er sich sonst nicht berühren läßt. Ich höre, wie mein Papa mit der Aufsicht streitet.

Endlich kommt er wieder rein und tröstet mich. Sie müssen ein grünes Stück Filz über meine Augen legen. Es riecht schlecht. Papa sagt: „Drück meine Hand, wenn irgendwas weh tut."

Ich fühle mich (jetzt) besser, weil mein Papa bei mir ist.

Als wir nach Hause kommen, schlafe ich bei meinem Bruder.

„Ich möchte meine Nachtischlampe hier haben, es ist zu dunkel", sage ich.

„Gut", sagt mein Bruder mit einem Seufzer. Ich beklage mich bei meiner Mama, weil ich nicht am Daumen lutschen kann.

Hier sieht man die Vitalität, die Courtney mit Hilfe der Umwandlung der Verben in die Gegenwartsform und der Benutzung von Dialog in ihre Schreibweise hineingebracht hat, wie es von ihrer Freundin Roz vorgeschlagen wurde. Ganz alleine, mit der Hilfe des Arbeitsbuches, hat sie noch viel mehr über dieses Ereignis herausgefunden und hat viele innere Gedanken und Gefühle hinzugefügt und wunderbare Dinge beobachtet („Gut", sagt mein Bruder mit einem Seufzer.)

Beispiel 3
Meine erste Erinnerung
von John Lynch
Alter: 11 Jahre

Meine erste Erinnerung passierte, als ich vier Jahre alt war. Ich hatte meinen Familie-Feuerstein-Schlafanzug an und saß auf dem Schoß meiner Mama und hörte, aber hörte nicht zu. Sie sagt, daß ich nicht im Haus rennen soll, und deutet auf die Bettkante. Sie geht ins Badezimmer, und dreimal dürft ihr raten, was ich mache, ich renne umher wie ein kleiner Indianer, der ums Feuer tanzt, und bum! Genau in die Bettkante, ich schreie, als ob das der letzte Tag auf Erden ist.

Meine Mama ist noch im Badezimmer und hört mich schreien. Sie kommt raus mit einem Blick des Entsetzens – ich habe Schmerzen, sie macht ein Pflaster drauf und ruft meinen Papa an. Sie bringt mich in die Notaufnahme und bringt mich zum Arzt rein. Der Arzt gibt mir eine Spritze, und ich weiß nicht, was passiert. Am nächsten Tag schaue ich auf meine Beine und sehe Stiche. Ich mag den Anblick nicht, also rufe ich nach meiner Mama. Sie sagt: „Du bist genäht worden." Nach einer Woche gehe ich wieder in die Notaufnahme und frage mich, was wohl passiert. Ich gehe dahin und gehe zum Arzt. Ich sehe, daß der Arzt mir keine Spritze gibt wie das letzte Mal und mache mir Sorgen. Ich bekomme die Fäden gezogen und bin erleichtert.

Meine erste Erinnerung
(zweite Fassung)
von John Lynch
Alter: 11 Jahre

Ich habe meinen Familie-Feuerstein-Schlafanzug an und sitze auf dem Schoß meiner Mama. „John, hör mir zu. Renn nicht im Haus rum", sagt sie und deutet auf die Bettkante. Sie geht ins Badezimmer, und dreimal dürft ihr raten, was ich tue. Ich weiß, daß ich nicht im Haus rumrennen soll, aber ich renne wie ein kleiner Indianer um das Feuer, und bum! Genau in die Bettkante rein. Ich schreie, als ob es der letzte Tag auf Erden ist. Meine Mama ist noch im Badezimmer und hört mich schreien. Sie kommt raus mit einem Blick des Entsetzens, und ich habe große Schmerzen. Sie macht ein Pflaster drauf, hofft, daß das Blut aufhört, und ruft meinen Papa an.

„Chris, John hat sich gerade verletzt, und ich bringe ihn in die Notaufnahme, so daß wir uns dort treffen." Als wir dort ankommen, habe ich noch mehr Angst. Ich frage mich: „Wird das weh tun? Werde ich in den OP kommen? Werde ich sterben?" Oh, nein, sage ich mir, als ich in das Sprechzimmer des Arztes gehe. Er gibt mir eine Spritze, und ich ruhe.

Am Morgen schaue ich auf meine Beine und sage zu meiner Mama: „Was sind das für Dinger am Ende meiner Beine?" „Das sind Fäden. Du wirst sie nicht lange haben", sagt sie.

Eine Woche später, als ich mich etwas besser fühle, sagt meine Mama, daß wir in die Notaufnahme gehen müssen. Ich mache mir wieder Sorgen und denke, daß wir jetzt jede Woche ins Krankenhaus gehen müssen. Ich gehe in das Sprechzimmer des Arztes und merke, daß der Arzt mir keine Spritze gibt, da bekomme ich noch mehr Angst. Es stellt sich raus, daß er meine Fäden zieht, und ich bin erleichtert.

Dies ist ein Beispiel für eine Schülerarbeit, die einige Male umgeschrieben wurde. Beachten Sie, daß John kontinuierlich im Präsens schreibt und sich daher klarer an die Geschichte erinnert. Beachten Sie, wie sich Dialog und Dialogform in der zweiten Fassung verbessert haben. Er hat dieses Mal auch über seine Ängste geschrieben.

Wenn sich Ihre Schüler mißbraucht, herumkommandiert, ignoriert, besiegt, machtlos, mißverstanden, vernachlässigt und verlassen fühlen und all die anderen Dinge, die junge Leute fühlen, dann ermutigen Sie sie, über die Erfahrung zu schreiben. Schlagen Sie aber auch vor, daß ihre Eltern ebenfalls über die Erfahrung schreiben. Viele Mißverständnisse können auf diesem Wege geklärt werden.

15

Das mittlere Kind

Das erste Mal, daß ich mit einem Fahrrad fuhr, war als ich sechs Jahre alt war an einem Samstag Nachmittag im Sommer von Sacramento. Weil ich niemals Stützräder auf einem Rad gebrauchen wollte, aber mein Bruder tat sie gebrauchen und gebrauchen, ging er mir an dem Tag total auf die Nerven. „Halt's Maul, Jason! Ich wette, ich kann besser auf dem Rad fahren als du", sagte ich. „Nein, das kannst du nicht", sagte Jason. „Doch, kann ich", sagte ich. „Ich wette um einen Dollar." „Okay, gilt", sagte ich. Tony, ein Freund von mir, hatte eine Idee, die mir helfen könnte. Wenn er mich anschieben würde, könnte ich vielleicht mein Gleichgewicht halten. Also schob mich Tony an: „Fahr Damie, fahr", sagte er. Ich hielt mein Gleichgewicht und konnte es gar nicht glauben, ich fuhr tatsächlich Fahrrad, ohne Stützräder zu benutzen. Als ich meinen Kopf umdrehte, um meinen Bruder auszulachen, krachte ich in das Auto unserer Nachbarn. Mein Freund Tony half mir von der Kühlerhaube des Autos.

Nachdem der Lehrer den Schülern „Schreiben von innen" beigebracht hat, schreibt Damien seine zweite Fassung.

Meine erste Fahrradtour
(zweite Fassung)

„Papa, ich will nicht wie Jason mit diesen doofen Stützrädern fahren", sage ich. Ich bin sechs Jahre alt; es ist ein heißer Samstagmorgen in Sacramento. „Jason sieht mit Stützrädern wie ein Schwachsinniger aus."

Heute fuhr Jason ohne Stützräder auf seinem Rad. Ich bin so neidisch!

„Damien, wenn ich dich anschiebe, hältst du vielleicht dein Gleichgewicht", sagt Tony, ein Freund von mir.

„Mach", sage ich. Tony schiebt mich an. Ich halte mein Gleichgewicht und kann es kaum glauben. Ich fahre ohne Stützräder. Ich drehe mich um und lache Jason an und pralle gegen die Stoßstange eines Autos. Ich fliege durch die Luft und lande auf der Kühlerhaube.

„Damien, bist du in Ordnung?" fragt Tony.

„Ja, natürlich", sage ich.

In einer einzigen Unterrichtsstunde, die weniger als 45 Minuten dauerte, hat Damien das Schreiben von Dialogen erlernt und seine Geschichte dadurch erheblich vereinfacht und auf den Punkt gebracht.

Beispiel 5
Meine erste lebhafte Erinnerung
von Maria Sanchez
7. Klasse, Sonderschule

Die erste Fassung dieser Geschichte finden Sie auf Seite 73, die zweite auf Seite 81. In dieser Arbeit spielen die feinen Unterschiede eine große Rolle. Die Verwendung der Gegenwartsform in der zweiten Version trägt dazu bei, daß die Autorin mehr *in* dem Erlebnis zu sein scheint – und wir als Leser auch. Die Sprache verändert sich auf subtile, aber bedeutsame Weise: „Als ich zwei... lernte mich meine Mami... hatte ich Angst, weil ich dachte, ich würde reinfallen" wird jetzt zu: „Ich bin zwei Jahre alt, und nun bin ich hier ..., um zu lernen, wie man die Toilette benutzt. Ich habe wirklich große Angst, weil ich denke, daß ich hineinfalle."

In der ersten Version schaut die Verfasserin vom Standpunkt ihrer Mutter auf das Ereignis. („lernte mich meine Mami"), während sie in der späteren Version das Ereignis von ihrem eigenen Standpunkt aus erlebt. („... nun bin ich hier und lerne ...")

16

Das ältere Kind

Beispiel 6
Meine erste lebhafte Erinnerung
von Sabina Krich
Alter: 15 Jahre

Ich war fast vier Jahre alt, als ich zum ersten Mal Löcher in die Ohren gemacht bekam. Ich war voller Erwartung, aber auch sehr nervös. Ich hörte Geschichten, daß sie überall auf dir rumschreiben, und dann schießen sie mit einem Gewehr auf dich. Meine Mutter wollte mich an den Ort bringen, wo ich es gemacht bekommen sollte. Wir gingen dahin, und es gab eine riesige Auswahl von Schmuck. Meine Freundin ging zuerst, und ich hatte Angst zuzusehen. Dann war ich dran. Mein Herz schlug ganz schnell, und ich schwitzte. Ich verstand nicht wirklich, was passierte, weil ich so klein war, aber plötzlich wurde ich in einen Sessel gesetzt, und jemand markierte meine Ohren mit einem Stift. Dann kriegte ich richtig Angst. Ich sah eine Frau mit einem Gerät in der Hand. Ich nahm an, sie wolle mich erschießen, also zuckte ich zurück vor Angst. Ich hielt, nein ich drückte die Hand von jemandem, und ich fühlte zwei Piekser. Ich öffnete die Augen und hatte zwei goldene Ohrringe in meinen Ohren. Ich war sehr glücklich und fing an, mich wie eine Erwachsene zu fühlen. Als wir zu Hause waren, sagte meine Mutter, daß die Löcher nicht gerade seien und „wir" sie noch mal machen müßten, als ob sie dasselbe durchmachen müsse! Ich lehnte es ab, nochmal hinzugehen, und entschloß mich, es so zu lassen, anstatt noch einmal durch die ganze Angst durchzugehen.

Meine erste lebhafte Erinnerung
(zweite Fassung)
von Sabina Krich
Alter: 15 Jahre

Heute werde ich Löcher in meine Ohren geschossen bekommen. Ich bin so nervös. Ich bin erst dreieinhalb! Ich gehe sofort nach der Schule mit der Mutter meiner Freundin.

„Es ist Zeit fürs Mittagessen", sagt der Lehrer. Das ist die richtige Zeit, um meine Freundin darüber auszufragen.

„Es ist schrecklich", sagt Jennifer. „Die schreiben überall mit einem Stift auf dir rum, und dann nehmen sie ein Gewehr und schießen auf dich."

„Oh, nein", denke ich. Nun bin ich so nervös, daß mein Herz ganz schnell schlägt. Nach der Schule ruft mich meine Freundin, ins Auto zu steigen. „Ich bin so aufgeregt!" sage ich. Innerlich fühle ich mich richtig nervös.

Wir sind endlich da. Ich gehe in das Geschäft. Ich sage meiner Freundin, sie soll zuerst gehen. Ich beobachte, wie sie auf den Sessel klettert. Ich entscheide mich, mich umzudrehen. Ich kann nicht hingucken. Fünf Minuten vergehen. Das fühlt sich wie eine Stunde an. Nun bin ich dran. Ich fange an, überall an den Händen und im Gesicht naß zu werden. Ich bin jetzt ... Ich schließe schnell meine Augen, und jemand hebt mich auf den Stuhl. Ich sehe einen Stift auf mich zukommen, und ein Bild kommt in meinen Kopf von einer Frau, die mich überall anmalt. Sie malt zwei Punkte auf mich, auf jedes Ohr einen. Ich kriege richtig Angst.

„Nun fangen sie an, auf mich zu schießen, wie Jennifer erzählt hat", denke ich mir.

Die Frau neben dem Stuhl sagt: „Keine Sorge, Süßes, es wird nicht weh tun."

Ich fühle mich ein bißchen besser, aber ich glaube ihr immer noch nicht. Ich sehe, wie sie mit einem Gewehr auf mich zukommt. Ich zucke zurück. Ich kralle mir schnell den Arm meiner Freundin und drücke ihn. Ich schließe auch meine Augen. Ich spüre zwei Piekse. Ich schreie, weil es ein bißchen weh tut.

„Mach die Augen auf, Süßes", sagt die Frau. Ich öffne meine Augen. Sie gibt mir einen Spiegel. Ich sehe zwei goldene Ohrringe, in jedem Ohr einen. Ich fühle mich wie eine Erwachsene jetzt!

Die Mutter meiner Freundin fährt mich nach Hause. „Laß mich sehen, wie du aussiehst", sagt meine Mutter. „Die Löcher sind nicht gerade", sagt sie. Ich kriege Angst. Nun muß ich es noch einmal machen. Mein Magen dreht sich um. „Wir müssen da noch einmal hingehen."

Ich denke mir: „Was meinst du mit ‚wir‘. Ich bin diejenige, die den ganzen Schmerz ertragen muß." „Ich mag es", sage ich. Ich will nicht zurückgehen.

Meine Mutter sagt: „Wenn du glücklich bist, bin ich auch glücklich."

In dieser Version fühlen wir uns *in* der Erfahrung zusammen mit Sabina. Sie fängt ein bißchen den Charakter der Verkäuferin ein („Mach die Augen auf, Süßes") und zeichnet ein gutes Bild ihrer inneren Gedanken und Gefühle.

Beispiel 7
Mein kleiner Bruder
von Erin Amason
Alter: 16 Jahre

Im Alter von zwei Jahren und neun Monaten war ich der Ansicht, daß ein kleines Baby in unserem Haus ziemlich unwichtig war. Seine einzigen Talente waren essen, schlafen und so laut es konnte zu schreien. Während ich über seiner Wiege lehnte in seinem warmen gelben Zimmer, meditierte ich über das unglaublich kleine finstere Gesicht.

Leute gingen in unserem kleinen Haus ein und aus, füllten die Räume mit lächerlichem Gurren und anderen ähnlich dumm klingenden Babygeräuschen.

Ein kleiner Funke Eifersucht entwickelte sich in meinem Kopf, aber obwohl ich wußte, daß die Eifersucht da war, konnte ich mir nicht helfen, ein besonderes Gefühl der Aufregung zu spüren, wenn ich den kleinen Menschen hilflos in seine Wiege lagen sah, der wachsen und mein Freund und mein Bruder werden würde.

In dieser Geschichte glauben wir nicht, daß wir erleben, was eine Dreijährige sagt und fühlt. Es ist beeindruckend, wie sprachgewandt diese Sechzehnjährige ist, aber das Erlebnis erfahren wir eher aus der Distanz.

Nachdem sie eine Weile mit ihrer Großmutter gearbeitet hatte, schrieb Erin ihre nächste Fassung.

Mein kleiner Bruder
(zweite Fassung)
von Erin Amason
16 Jahre

Ich weiß nicht, was der ganze Wirbel soll. Er ist furchtbar klein, überall rosa und kahl. Blöd aussehende Handschuhe bedecken seine Hände. Ich bin viel größer und habe einen Haufen mehr Haare. Mein Haar geht bis zum Rücken runter. Er heult total viel, ein wirklich lautes Kind. Sein großer Mund platzt gerade auf und läßt den lautesten Lärm ab, den man jemals gehört hat. Ich schreie niemals, jedenfalls nicht so viel. Leute strömen in unser Haus und versammeln sich um seine Wiege. Sie reden mit ihm, dem klitzekleinen Ding. Weiß nicht, warum. Ich kann sicher eine Menge mehr verstehen als er. Ich kenne sogar das ganze Alphabet. Meine Mama und mein Papa sagen, daß er richtig schnell groß wird. Versteh nicht, wie er das wird, aber ich bin richtig froh. Werd' ihm was beibringen über große Räder und Spielplätze. Er wird richtig gut groß werden, und ich werde ihm helfen.

In dieser Version, die im Präsens erzählt wird und in einer Sprache, die sich weitgehend von der Sprache einer Sechzehnjährigen frei macht, führt uns die Verfasserin in ihre Welt. Aus dieser kommt subtiler Neid, Eifersucht, Unschuld, Hoffnung für die Zukunft und ein offenes, herzliches Gefühl, das man als Freundschaft interpretieren kann.

Beispiel 8
Meine lebhafteste erste Erinnerung
von Erin Amason

Die lebhafteste Erinnerung meiner Kindheit ist die an meine beiden älteren Cousins.

Mit dicken Brillen und wilden braunen Haaren taten sie alles, um mich mit ihren amüsanten Spielen und Tricks zu unterhalten. Sie lebten in der Nachbarschaft von meiner Oma und meinem Opa in einem kleinen Einfamilienhaus. Wahrscheinlich war es ihre erstaunlichste Leistung, als sie den indianischen Regengott um Wasser anflehten. Die Zeremonie fand im Garten meiner Großeltern statt, neben einer grauen Steinmauer. Die Ruhe vor der Zeremonie lag schwer in der Luft. Die lebendige grüne Farbe des zarten sich kräuselnden Farns sprang ins Auge und fing meinen Blick ein. Feuchtigkeit tanzte und funkelte anmutig in der Atmosphäre. Ernsthaft begannen meine Cousins das Ritual. Fremde, vielsilbige Worte strömten aus ihren Mündern. Langsam begannen sie uralte Stammestänze zu tanzen, und Wasser sickerte tropfenweise aus den Ritzen in der fleckigen grauen Steinmauer.

Nachdem meine Cousins heimgegangen waren, schlich ich mich zurück in den Garten. Es dämmerte schon. Summende und surrende Insekten ließen sich auf meiner Haut nieder. Feierlich begann ich das Ritual, wobei ich genau die Silben und Bewegungen meiner Cousins nachmachte, aber ohne Erfolg, das Wasser erschien nicht. Allem Anschein nach verfügte ich nicht über die magischen Kräfte, die meine Cousins besaßen. Tief enttäuscht ging ich zurück in das Haus meiner Großeltern.

An was für absurde Sachen ich wirklich glaubte! Was ich nicht wußte, ist, daß das Wasser, das zwischen den Steinen floß, aus einem grünen Gummischlauch kam, den meine Cousins hinter die Mauer gelegt hatten.

Später brachte Erins Großmutter ihr noch mehr „Schreiben von innen"-Techniken bei.

Meine lebhafteste erste Erinnerung (zweite Fassung)
von Erin Amason

Ich habe zwei Cousins. Sie sind beide wirklich alt, viel älter als ich. Sie wohnen direkt neben meiner Oma, also können sie mich besuchen, wenn ich zum Haus meiner Oma komme. Beide Cousins können zaubern. Sie können es wirklich.

Eines Tages nehmen sie mich mit raus in den Garten meiner Oma zu einer modrigen grauen Mauer. Wir machen geheime indianische Regentänze, und plötzlich kommt Wasser aus den Ritzen der Mauer herausgesprudelt. „Das ist absolut erstaunlich." Ich denke, es ist der indianische Regengott, der das Wasser gemacht hat.

Nachdem meine Cousins gegangen sind, schleiche ich mich raus zum Gartenhaus und versuche den Tanz ganz alleine. Ich singe und tanze und singe noch mehr. Ich singe zum Regengott, bis ich nicht mehr singen kann. Ich weiß nicht, warum ich nicht zaubern kann. Vielleicht kann ich es auch, wenn ich wachse und so groß bin wie meine Cousins. Das wäre toll!

Diese Geschichte entspricht eher der Erfahrung eines kleinen Kindes, obwohl man sich fragt, wie alt das Kind ist. Wir sind *im* Geschehen und beeindruckt von der Macht der Cousins. In dieser Version läßt die Verfasserin jedoch eine Reihe von wichtigen Details aus, die in der früheren Version Erwähnung fanden. Das wichtigste von allem ist, daß die Information über den Gummischlauch in die Geschichte eingebaut wird. Das könnte durch ein Nachwort geschehen, in dem das Erlebnis aus einer anderen Perspektive dargestellt wird und zusätzliche Informationen gegeben werden. Auch könnte die Geschichte durch Dialoge zwischen den Cousins ergänzt werden und dadurch, daß die Verfasserin selbst mehr Gefühle einbringt. In der folgenden Geschichte schreibt Erins Großmutter, wie sie Erin dazu brachte, diese Veränderungen vorzunehmen.

Beispiel 9
Wie man Fräulein Erin anspornt
von Mary Hanner
Alter: 72 Jahre

Ich schaue auf die Uhr. Es ist wohl die richtige Zeit, um Erin anzurufen. Kurz nach dem Abendessen, bevor sie mit ihren Hausaufgaben beginnt. Sie geht in eine katholische Mädchenschule und hat immer viel auf. Ich drücke die automatische Wähltaste, und sie antwortet sofort. Sie hat wohl auf einen Anruf gewartet, scheint aber nicht enttäuscht zu sein, als sie meine Stimme hört.

„Hallo Oma, was gibt's Neues?"

„Nicht sehr viel. Ich bin heute in den Schreibkurs gegangen und habe Bernard Selling deine Geschichten gegeben", erzähle ich ihr.

„Oh?" sie zögert, dann fragt sie vorsichtig: „Was hat er gesagt?"

„Er war erfreut, sie zu bekommen, und es fehlt nur noch eine weitere Sache."

„Was meinst du mit einer weiteren Sache?"

„Nun", ich taste mich vor, „er mag sie und glaubt, daß sie sogar noch besser wären, wenn du etwas Dialog einfügst und irgendwie den grünen Gummischlauch erwähnst. Du hast das in der Verbesserung ausgelassen. Vielleicht im Nachwort am Schluß."

„Oh, ich würde niemals ein Nachwort schreiben, und ich hasse Dialog", informiert sie mich.

Hm, dies wird ein bißchen schwierig, besonders am Telefon, also paß auf, Oma. Sie schreibt gern, und ich will es ihr nicht verderben, indem ich sie antreibe.

Ich kann mich noch genau erinnern, wie ich selbst mit sechzehn war.

„Nun, das macht nichts", sage ich, „ich bin dein größter Fan, seit du mit dem Schreiben deiner kleinen Geschichten begonnen hast. Du warst noch ziemlich klein, als du über die weise Mutter Fuchs geschrieben hast, die ihre Bibliothek mit so vielen Büchern ausstattete. Sie wollte, daß ihre Babies lesen lernen, damit sie der gefährlichen Welt draußen gewachsen sind.“

„Oh, ich erinnere mich ... das ist schon lange her. Das war eine ziemlich coole Geschichte.“ Sie lacht.

„Das war weniger als eine Seite, und natürlich warst du dir des Dialogs nicht bewußt. Aber deine Beschreibung der Füchsin war einmalig.“

„Kann sein, ich frage mich, ob ich diese Geschichte noch habe. Ich denke, ich werde sie finden. Ich heb alles auf.“ Sie schien amüsiert zu sein.

Ich fahre fort: „Es gab eigentlich keine Zeit, wo du nicht in deine beiden älteren Cousins verliebt warst. Du folgtest ihnen überall hin mit wahrer Begeisterung.“

„Ja, ich weiß. Ich dachte, sie wären wirklich wunder ... und ich war so naiv, ich kann es kaum glauben.“

Ich fahre fort, in der Erinnerung zu schwelgen: „Aber ihr drei hattet eine Menge Spaß, als ihr Papierkostüme gebastelt, die Ferien vorbereitet und Zaubertricks vorgeführt habt.“

„Ja, die Kerle haben mich zum Narren gehalten, und wir haben Fotos, die das beweisen.“

„Ich weiß“, sage ich, „aber kannst du dich daran erinnern, wie ihr drei gequasselt habt? Ihr hattet alle so viele Ideen.“

„Hatten wir wirklich“, grübelt sie nach, „das war ziemlich genial.“

„So“, mache ich weiter, „wenn du über diese Zeiten schreibst, denkst du nicht, daß es vielleicht interessanter sein könnte, wenn man einiges in lebhaften Dialog setzt?“

„Aber woher soll ich genau wissen, was wir gesagt haben? Das ist lange her, und ich war nur ein leichtgläubiges kleines Kind.“

Schnell sage ich: „Bernard Selling sagt, daß es okay ist, das aufzuschreiben, wovon du *denkst*, daß es gesagt wurde. Es löst Erinnerungen in dir aus, und du kommst ziemlich nah an die tatsächliche Unterhaltung heran. Das ist eines der wichtigsten Dinge, die ich in seiner Klasse gelernt habe.“

„Findet dein Lehrer, daß du gut schreibst?“ fragt sie.

„Nun, ich denke, vielleicht irgendwie um so lala herum. Ich habe spät angefangen“, antworte ich.

„Und ich denke, du bist meine Auf-Draht-Oma.“

Es ist still. Ich warte. Dann höre ich sie sagen: „Also gut, ich werde ein bißchen Dialog in meine Geschichte einbauen. Ich kann das machen, und ich werde auch den grünen Gummischlauch irgendwie erwähnen, aber ich schreibe kein Nachwort."

„Großartig. Ich werde dich morgen wieder anrufen, und dann können wir darüber reden."

Ich denke: „Nachwort: Rom wurde auch nicht an einem Tag erbaut."

Meine lebhafteste erste Erinnerung (dritte Fassung) von Erin Amason

Ich habe zwei Cousins. Sie sind beide viel älter als ich. Ich bin schon fünf. Sie wohnen direkt neben Oma und Opa auf der anderen Seite der großen grauen Mauer. Ich sehe sie immer, wenn ich meine Oma besuche.

Beide Cousins können zaubern. Heute fragt mich Doug: „Willst du in den Garten kommen und uns beim Zaubern zusehen?"

„Wir werden einen Regentanz machen. Wir können dir zeigen, wie man Wasser von dem indianischen Regengott bekommt", erzählt mir Brian.

„Ja", ich will sehen, wie ihr das macht", sage ich. Das wird ein Spaß!

Wir rennen in den Garten, und Doug sagt: „Stell dich hier hin neben den große Farn und beweg dich nicht. Wir werden eine magische Zeremonie machen."

„Ich werde diesen grünen Gummischlauch aus dem Weg räumen. Wir brauchen viel Platz", sagt Brian.

Ich bin sehr still. Ich atme fast nicht mehr. Omas Farn kräuselt sich überall um mich herum, aber ich bewege mich nicht. Es ist ganz still. Ich warte darauf, daß sie anfangen.

Nun beginnen sie, geheime indianische Regentänze zu tanzen. Sie schlagen sich mit den Händen auf die Münder und machen verschiedene Geräusche. Sie singen und tanzen umher und hüpfen auf und ab.

„Schau!" sagen sie. Sie deuten auf das Wasser, das aus den Ritzen in der Mauer läuft. Ja, meine Cousins können zaubern. Sie können es wirklich.

Sie sind jetzt nach Hause gegangen, und ich bin allein im Garten. Ich will versuchen, den Regentanz zu machen. Ich singe und tanze für den indianischen Regengott. Ich mache alles genauso, wie sie es gemacht haben. Ich weiß nicht, warum ich nicht zaubern kann. Vielleicht kann ich es, wenn ich wachse und so groß bin wie meine Cousins. Das wäre toll!

17

Der junge Erwachsene

Beispiel 10
Grüne Erbsensuppe
von Liz Kelly
Alter: 18 Jahre

Ich bin die einzige, die am Tisch sitzt. Nur ich sitze noch da. Alle anderen sind gegangen. Mama ist in der Küche, um zu spülen. Papa und die anderen Kinder sitzen hinter mir und sehen fern. Ich drehe mich um, um zu gucken, was sie anschauen, und Papa schreit mich an: „Dreh dich um und iß deine Suppe auf! Du stehst nicht eher auf, bis du aufgegessen hast."

Ich drehe mich wieder um. Ich bin vier Jahre alt, und ich weiß, daß ich keine grüne Erbsensuppe mag. Ich lege mein Kinn auf den Tisch und schaue die Schüssel an ... ich will das nicht essen. Mir macht's nichts, wenn ich die ganze Nacht hier sitzen muß. Ich hasse grüne Erbsensuppe. Ich weiß nicht, wie alle anderen ihre gegessen haben.

Ich sitze lange hier. Mama ist noch nicht fertig mit Spülen, weil der Tisch noch schmutzig ist. Jetzt kommt sie, um den Tisch abzuputzen. Nun ist sie fertig. Sie werden jetzt fernsehen und dann ins Bett gehen. Und ich werde immer noch hier sitzen mit dieser ekelhaften grünen Erbsensuppe.

„Du kannst jetzt gehen", sagt Mama.

„Was?" sage ich.

„Bring deine Schüssel in die Küche", sagt sie.

Ich kann es kaum glauben! Ich kann jetzt aufstehen! Ich kann jetzt fernsehen oder spielen. Ich muß meine grüne Erbsensuppe nicht essen! Ich frage mich, was es wohl morgen zum Abendessen gibt.

Beispiel 11
Spritzer mit Folgen
von Liz Kelly
Alter: 18 Jahre

„Los, kommt! Laßt uns um den Block rennen!" schreit meine Schwester. „Ja!" denke ich. „Ich kann das, und ich gehöre auch zur Gruppe."

Alle machen mit, meine Schwester Kate, mein Bruder Pat, Danny und Linda, die Nachbarn meiner Oma, und ich mache auch mit. Das ist meine große Chance, bei den großen Kindern mitzumachen, ich bin nämlich erst fünf, und sie denken, daß ich noch ein Baby bin.

Kate ist die Anführerin. Sie fängt an, den Gehweg runter zu hüpfen. Es ist ziemlich heiß draußen, aber es ist immer heiß, wenn wir Oma besuchen. Oma lebt in Nebraska. Ich hoffe, daß wir bald zu ein paar Rasensprengern kommen. Fast jeder bewässert seinen Rasen, und wenn das Wasser über den Gehsteig spritzt, rennen wir mittendurch. (Ich bin der Schwanz der Gruppe, und ich bleibe ein bißchen hinter den anderen, als wir um die Ecke biegen.)

„Oh, nein. Ich muß aufs Klo. Es ist zu weit, um den ganzen Weg zurück zu Oma zu rennen, und ich weiß, daß die anderen nicht auf mich warten werden. Was soll ich machen? Ich weiß, was ich machen werde. Wenn wir durch den nächsten Rasensprenger rennen, werde ich ein bißchen Pipi machen, und niemand wird es merken, weil sowieso alles naß ist."

Wir kommen zu einem Rasensprenger, und als wir mitten drin sind, mache ich ein bißchen. Aber es hört nicht auf, und ich hinterlasse eine kleine Pfütze auf dem Gehweg neben dem Wasser vom Rasensprenger.

„Hey", sagt Danny, „schau, alles ist naß."

„Liz", sagt Kate, „was hast du gemacht?"

„Nichts", sage ich, „das war der Rasensprenger."

„Sie hat Pipi auf den Gehweg gemacht", sagt Pat. Er glaubt, er weiß alles, nur weil er sechs ist.

„Das erzähle ich Papa", schreit Kate, und sie rennt los zu Großmutter.

„Wartet!" schreie ich. Niemand hört mir zu. Ich renne hinter ihnen her. Ich werde Ärger kriegen.

Alle sitzen auf Omas Veranda, als ich angerannt komme. Kate steht vor Papa und verpetzt mich. Tante Barb und Onkel Emil werfen mir komische Blicke zu, als ich ankomme. Ich weiß, daß ich in Schwierigkeiten bin. Niemand muß mir das sagen.

„Komm her", sagt Papa.

Ich gehe langsam. Vielleicht bin ich sicher, wenn ich genug Zeit herausschinde. Mama hat diesen Blick in ihren Augen. Sie hat Mitleid mit mir, aber ich weiß, daß sie nichts sagen wird.

„Cornelius", sagt meine Großmutter.

„Los Oma, rette mich", bete ich zu mir selbst.

„Hast du den Gehweg als Klo benutzt?" fragt mich Papa.

Ich schaue runter auf die Veranda. „Ja", flüstere ich.

„Weißt du, was eine Toilette ist?" Ich halte meinen Mund. „Ist es so schwer, herzukommen und auf der Toilette Pipi zu machen?" Ich werfe einen kurzen Blick in sein Gesicht. Er ist richtig böse. Sein Gesicht wird rot, und ich kann die Zornesfalten auf seiner Stirn sehen.

„Wann wirst du das lernen, Mädchen? Wenn du Pipi machen mußt, komm her und geh aufs Klo und mach nicht auf den verdammten Gehweg, Herrgottnochmal." Er macht eine kurze Pause.

Ich denke, er schnappt nach Luft. „Warum?" fragt er. „Warst du zu beschäftigt, um herzukommen und aufs Klo zu gehen?" Ich kann nicht sprechen. Ich denke, daß ich gleich anfange zu weinen. „Antworte, Mädchen!!!"

„Nein", flüstere ich.

„Was war dann das Problem?" fragt er.

„Ich weiß nicht", sage ich. Ich weiß, daß er mir nicht glauben wird, selbst wenn ich erkläre, daß ich nicht zurückkommen konnte zu Omas Haus, um aufs Klo zu gehen.

„Zieh deine Hose runter", sagt er.

Oh, nein. Ich sage nichts, aber ich kann nicht glauben, daß ich einen Klaps auf den Hintern hier vor allen Leuten kriege. Ich ziehe langsam meine kurze Hose und meine Unterhose runter. Er packt mich am Arm und legt mich über sein Knie.

Er schlägt mich hart auf den Po. (Es tut weh, aber ich weine nicht). Er hört nicht auf. Ich werde einen zehnfachen Stern kriegen. Das ist die schlimmste Prügel. Zehn Schläge auf einmal.

Ich zähle jeden Schlag, und bei Nummer fünf weine ich. Nach Nummer zehn, stellt er mich hin. „Zieh deine Hosen an und zieh dich um", sagt er.

Ich schaue ihn an, um sicher zu sein, daß das alles ist. Dann gehe ich.

Mein Po brennt. Ich reibe meine Augen und schnappe nach Luft. Ich laufe ins Haus und die Treppe runter in den kühlen Keller, um meine Hosen zu wechseln.

„Warum mag Papa mich nicht?" frage ich mich. „Ich werde nie wieder Pipi in den Rasensprenger machen. Vielleicht mag er mich dann."

Beispiel 12
Heimkehr
von Teresa S.

Ich bin sechzehn Jahre alt und sitze im Flugzeug nach Peru, meinem Land. Ich bin sehr gespannt, meinen Vater zu sehen. Ich habe ihn zehn Jahre nicht gesehen. Meine Schwester sitzt neben mir. „Bist du nicht gespannt?" frage ich sie.

„Ja, ich sehr gespannt", sagt sie „aber ich bin auch ein bißchen nervös."

„Mach dir keine Sorgen. Alles wird gut."

Wir kommen endlich an, aber es ist zu spät, um ihn heute noch zu sehen.

„Laß uns bis morgen warten", sagt meine Schwester.

Wir wachen am nächsten Morgen auf, und ich rufe in seinem Haus an. Das Telefon läutet, und sie gehen endlich dran. Meine Tante hebt ab.

„Hallo", sagt sie.

„Wie geht es dir?" frage ich. „Gut", antwortet sie.

„Wo ist mein Papa?" frage ich.

„Tut mir leid, daß ich dir das sagen muß", sagt sie, „aber dein Vater ist im Krankenhaus. Er wird eine Weile dort sein.

Weißt du, seit dein Vater Probleme mit dem Trinken hat, nimmt er Tabletten, damit er keine Lust mehr auf Alkohol hat. Aber eines Tages war er sehr depressiv und nahm die ganze Packung auf einmal. Er wäre beinahe gestorben."

Ich fange an zu weinen, und meine Schwester schaut mich an und denkt sich: „Was zum Teufel ist los?" Ich frage meine Tante, in welchem Krankenhaus er ist und wann wir ihn sehen können. Sie nennt den Namen des Krankenhauses, sagt aber, daß wir ihn nicht sehen können, bis der Arzt ihm erlaubt, Besuch zu bekommen.

„Wenn ihr ihn sehen könnt, werde ich euch anrufen, dann kann ich euch mitnehmen", sagt sie.

Ich lege auf und erklärc alles meiner Schwester. Sie fängt an zu weinen und umarmt mich. „Mach dir keine Sorgen. Alles wird gut", sage ich.

Tage vergehen, und meine Tante hat noch nicht angerufen. Wir sind beide sehr traurig, weil wir in anderthalb Wochen wieder abreisen müssen und das nicht genug Zeit ist, um bei unserem Vater zu sein, nachdem wir ihn zehn Jahre nicht gesehen haben.

Endlich ruft sie an und sagt, daß wir morgen hingehen können.

„Ich werde euch um 5.00 Uhr abholen", sagt sie.

„Okay", sage ich.

Sie holt uns ab, und wir machen uns auf den Weg. Wir kommen endlich an. Wir erzählen der Krankenschwester: „Wir sind hier, um unseren Dad zu sehen."

Sie fragt nach unseren Namen, und wir sagen sie ihr. „Wartet einen Moment, er wird gleich bei euch sein", sagt sie.

Meine Schwester und ich sind sehr nervös. Unsere Herzen schlagen sehr schnell. Endlich kommt er durch die Tür, und wir beide rennen zu ihm und umarmen ihn fest. Wir alle fangen an zu weinen und weinen, weil wir so glücklich sind.

Beispiel 13
Tod am Nachmittag
von Eduardo G.
Alter: 18 Jahre

Eduardo war vor einigen Jahren Mitglied einer Latino-Bande. Er besucht eine alternative weiterführende Schule des Los Angeles Unified School District.

Erste Fassung

Ich erinnere mich, wie mir mein Freund erzählte, daß mein Freund getötet wurde. Ich war am schlafen, und er kam rüber und bat meine Schwester, mich rauszuholen. Zuerst wollte ich nicht raus, aber er sagte, es sei dringend, also bin ich rausgegangen, und er erzählte mir, was passiert war, ich konnte es kaum glauben, ich dachte er spielt, aber er spielte nicht.

Zweite Fassung

Ich bin fünfzehn Jahre alt. Ich schlafe, und meine Schwester sagt mir, mein Freund ruft mich. Ich will nicht gehen, ich bin müde, aber meine Schwester sagt, es sei dringend, also gehe ich raus und frage, was er will. Er erzählt mir, daß mein Homie getötet wurde, ich werde verrückt und sage ihm, er soll nicht sowas spielen, aber er sagt, es ist wahr, also gehen wir dahin, wo mein Freund ist. Ich bin sehr wütend, weil ich nicht glaube, daß er hätte getötet werden müssen.

Dritte Fassung

Ich bin fünfzehn Jahre alt. Ich bin müde, deshalb gehe ich schlafen. „Weck mich nicht auf, wenn jemand für mich vorbeikommt, okay?" sage ich zu meiner Schwester. Eine Weile später weckt sie mich auf und sagt:„ Dein Freund sucht dich." „Ich dachte, ich hätte dir gesagt, daß du mich nicht wecken sollst", sage ich zu ihr. „Er sagt, es sei dringend", sagt sie. Also gehe ich raus und frage ihn: „Was willst du?" „Hey, Homes Woody wurde gerade unten auf der Straße getötet", erzählt er mir. Ich werde böse und sage ihm: „Hey, spiel nicht so was, das ist nicht lustig!" „Ich lüge nicht, komm mit und sieh es dir selber an", sagt er, und ich ziehe mich an, und wir gehen runter auf die Straße, wo Homie ist. Ich fühle mich so schlecht, daß ich jetzt allein zu Hause sein möchte. Am nächsten Tag bin ich geschockt, als mein Bruder erzählt, daß es ein paar Mädchen waren, die ihn erschossen haben.

Beispiel 14
Sonnentop
von Liz Kelly
18 Jahre alt

Mit meiner begrenzten Garderobe weiß ich nicht, wie ich mich jemals cool anziehen soll. Es ist schwer, überhaupt bemerkt zu werden, wenn man wie ein Schulmädchen aussieht, und wie ein Geck will ich mich auch nicht anziehen. Ich starre in meinen Schrank; dieselben alten Hemden, alten Hosen und alten Röcke. Ich habe jede mögliche Kombination getragen, und an diesem Morgen weiß ich nicht, was ich anziehen soll.

Ich spähe aus dem Fenster. Es ist ein dunkler grauer Morgen, zugedeckt mit weichem weißem Schnee. Alles sieht ruhig und friedlich aus. Ich gehe rüber zu meiner Kommode, öffne die mittlere Schublade und suche geistesabwesend in dem Durcheinander von Kleidungsstücken nach einem passenden Outfit. Mir kommt eine Idee, als meine Hand über ein dunkelgraues Sonnentop streicht. Ich schnappe das Top aus dem Haufen.

„Okay, ich probiere jetzt mal was aus", denke ich mir. Ich ziehe das Top über meinen Kopf und gehe zurück zum Schrank. Ich nehme die dunkelbraune Kordhose von ihrem Bügel und die hell-lila Hemdbluse. Ich bin in Sekunden angezogen, öffne meine Tür und gehe in den Korridor. Aus der

Küche riecht es nach Kaffee und Toast. Ich höre die Dusche, und ich weiß, daß alle auf sind. Ich schaue mich in dem langen Spiegel an, der an der unebenen Holzwand hängt. „Nicht schlecht. Anders zwar, aber nicht häßlich", denke ich. Ich stopfe meine Bluse rein und öffne die obersten Knöpfe so, daß man das graue Sonnentop sieht. Ich gehe zurück in mein Zimmer, um meine Springerstiefel zu holen. Ich will lässig aussehen. Ich mache meine Schnürsenkel zu, und dann gehe ich frühstücken. In der Küche treffe ich meinen älteren Bruder Pat. Er ist ein Jahr älter als ich, und wir kommen hin und wieder nicht gerade großartig miteinander aus. „Bringt ein bißchen viel zum Vorschein, was?" ist sein Kommentar zu meinem Hemd.

„Nein, ich zeige nicht alles", schieße ich zurück.

„Nur ein bißchen Dekolleté." Er dreht sich um, um Milch über seine Cornflakes zu gießen. Ich stehe auf der anderen Seite der großen Theke und bin dabei, mir ein bißchen Toast zu machen. „Guten Morgen", sagt mein Vater, als er reinkommt, und gießt sich eine Tasse Kaffee ein.

„Guten Morgen", antworten wir beide gleichzeitig.

Papa guckt mich an. „Willst du das zur Schule anziehen?"

„Ja", sage ich.

„Sie setzt Modemaßstäbe", pflichtet Pat bei.

„Ich trage es heute, alle anderen tragen es morgen." Ich lache.

„Geh dich umziehen", sagt Papa. Pat und ich hören auf zu lachen. (Pat schaut weg. Wenn er für sich selbst eintreten muß, dann tut er das, aber ansonsten meidet er Papa.) Ich schaue in Papas Gesicht, um herauszufinden, was eigentlich los ist. Ich bin nicht sicher, ob er wirklich wütend ist. Sein Gesicht ist ernst, und seine Stirn ist gerunzelt.

Ich warte nicht, bis er anfängt zu schreien, sondern gehe in mein Zimmer, mich umziehen. Ich höre seine schweren Schritte im Korridor. Ich beobachte die geschlossene Tür meines Zimmers. Die Bretter, die an den Fugen auseinanderklaffen, die glatte schwarze Klinke und der stabile Riegel, der die Tür geschlossen hält.

Der Riegel wird unvermittelt aufgerissen, Metall klirrt auf Metall. Die Tür öffnet sich, und ihr Quietschen klingt wie

eine Warnung an mich. „Oh Gott", denke ich, „warum mußte ich mich so anziehen? Warum habe ich es nicht besser
gewußt?" Bewegungslos beobachte ich, wie mein Vater der
Tür einen kräftigen Stoß verpaßt, daß sie auffliegt, an die
Wand schlägt und dann langsam zurückfällt, wobei sie die
ganze Zeit über heftig zittert.

In drei langen Schritten ist mein Vater auf meiner Seite des
Zimmers, schnappt sich meinen Arm und schleudert mich
gegen die Bettkoje. Mein Kopf knallt gegen den Rahmen der
oberen Koje, aber ich wage nicht, meine Hand zu heben, um
den Schmerz zu lindern.

„Das ziehst du nicht in die Schule an", schreit er, „hast du
nicht irgendwelche dezenten Klamotten?"

„Nein", will ich zurückschreien. „Ich versuche aus dem bißchen, was ich habe, was zu machen." Aber ich schreie das
nicht. Ich weiß, daß ich diesen ganzen Mist ertragen muß. Er
richtet seinen Finger auf mich und sticht mir damit in die
Brust.

„Dies ist mein Haus! Ich mache die Regeln, und wenn du
hier leben willst, befolgst du sie verdammt noch mal." Sein
Finger ist das einzige, was seine Faust davon abhält, mich zu
schlagen, wieder und wieder, als ob er versucht, im Takt mit
meinem pochenden Herzen zu bleiben.

„Ich werde nicht weinen", sage ich mir. Ich beiße mir auf
die Lippe und halte meinen Tränen zurück. „Ich werde mich
umziehen, und ich werde seine Regeln befolgen und seinen
Mist ertragen, aber er wird mich niemals seinetwegen weinen
sehen." Ich schaue ihm in die Augen und höre jedes Wort, das
er sagt. Ich ignoriere das Zittern in meinen Beinen und die
Tränen, die hinter meinen Augen fließen. Er gibt mir einen
harten Schubs, und ich sitze auf der Bettkante.

„Keine meiner Töchter verläßt das Haus wie eine Hure gekleidet!!" sagt er schließlich und stürmt aus dem Zimmer. Ich
sitze auf dem Bett, wage nicht, mich zu bewegen und zittere
wie Espenlaub.

„Ich weine nicht", sage ich mir immer und immer wieder.
„Es ist okay." Ich atme tief durch. „Ich werde gehen. Ich
werde gehen und mit jemand anderem leben. Ich werde weg-
laufen. Ich werde auf irgendeine Weise hier rauskommen."

Langsam bringe ich mich auf die Beine und gehe zu meinem Schrank. „Es kümmert ihn nicht. Es hat ihn nie gekümmert und wird ihn nie kümmern. Wart ab, bis ich weg bin."

Ich schnappe mir eine andere Bluse vom Bügel und ziehe die aus, die ich anhabe. Dann ziehe ich die Schuhe aus und tausche meine Hose gegen eine Jeans. Weit in der Ferne höre ich, wie die Tür aufgeht und dann wieder zugeschlagen wird. „Gut, er ist zur Schule gegangen", denke ich. Ich öffne meine Tür und gehe in den Korridor, um mich im Spiegel anzuschauen.

Pat kommt aus der Küche und beobachtet mich.

„Die Bluse brachte wirklich ein bißchen viel zum Vorschein", sagt er.

„Sie brachte nicht viel zum Vorschein", streite ich.

„Liz, wenn ich Papa wäre, würde ich dich auch nicht so rumlaufen lassen. Du läßt deine Titten raushängen, und jede Schweinbacke in der Schule kann auf deine Brust starren", sagt Pat.

„Ich bin nicht dick", sage ich. „Du hast große Titten", sagt er und folgt mir ins Schlafzimmer.

„Wir leben in einem freien Land. Ich kann anziehen, was ich will. Ich war nicht gekleidet wie eine Hure. Papa kann sagen was er will, und machen, was er will, aber sobald ich weg bin, werde ich mit diesem Bastard kein Wort mehr sprechen." Obwohl ich mit mir selbst spreche und obwohl ich etwas tue, fühle ich mich innerlich wie Spaghetti. Ich gehe zurück in die Küche und verhalte mich so normal wie möglich.

Ich esse meinen Toast und versuche, nicht daran zu ersticken. Mein jüngerer Bruder Michael schaut mich mit seinen großen braunen Augen an und schüttelt den Kopf. Er ist drei Jahre jünger als ich, aber naiv für sein Alter. Er glaubt, seine Nase sauber halten zu können. Er liest seine Bücher und macht seine Hausaufgaben.

Ich bin fertig für die Schule und mache einen Schritt aus der Tür in den eisig kalten Morgen. Ich schlittere über die gefrorene Veranda und die rutschigen Holzstufen runter. Knirsch, knirsch, knirsch. Meine Fußstapfen im Schnee machen das einzige Geräusch. Bum, bum, bum. In meinem Kopf höre ich seinen Finger in meine Brust stechen. „Verdammt. Ich werde nicht weinen. Ich habe meinen Stolz, und wenn ich diesen kleinen Vorfall an mich rankommen lasse, werde ich niemals in der realen Welt überleben." Die Schule ist nicht weit entfernt. Die graue gepflasterte Straße streckt sich endlos in den grauen Himmel. Als ich das Schultor erreiche, nehme ich einen tiefen Atemzug und versuche meine strapazierten Nerven zu beruhigen. „Ich bete zu Gott, daß ich ihm nicht über den Weg laufe", sage ich zu mir. Es nervt wirklich, daß mein Vater an dieser Schule unterrichtet. Ich sehe ihn nicht. Ich werfe meine Sachen in mein Schließfach und suche im Aufenthaltsraum nach meinen Freundinnen. Lori und Joszi sind da. „Hallo, Leute", sage ich. „Hallo, Liz, wie geht's?" fragen sie.

(Den von der Autorin erweiterten Schluß dieser Geschichte finden Sie auf Seite 112.)

Nachwort von Bernard Selling: Kurz nach diesem Vorfall, der passierte, als Liz sechzehn Jahre alt war, ging sie von der Schule, verließ Wyoming und kam nach Südkalifornien, wo sie anfing, als Haushälterin zu arbeiten. An ihren freien Vormittagen besuchte sie eine meiner Schreibklassen.

Inzwischen ist Liz zwanzig Jahre alt und lebt in Santa Cruz. Sie erzählte mir, daß Geschichtenschreiben nicht nur ihr, sondern auch anderen Mitgliedern der Familie geholfen hat, ihre Gefühle zum Ausdruck zu bringen. Zu guter Letzt hat die ganze Familie angefangen, sich mit den Wutanfällen des Vaters auseinanderzusetzen und mit dessen Alkoholismus, der oft der Auslöser dafür ist.

18

Der Erwachsene
....

Beispiel 15
Die Indianerjungen
von Bennie Trenkamp
Alter: 80 Jahre
(wie es Margaret T. erzählt wurde)

Ich bin sieben Jahre alt und lebe in Spearville, Kansas, auf dem Bauernhof meines Großvaters. Es ist 1918. Ich helfe, die Kuhherden heimzutreiben. Eines Tages, als wir ungefähr sieben Meilen von zu Hause weg sind, kommen fünf Indianerjungen in meinem Alter angeritten. Ich denke: „Oh, sie wollen mit mir spielen, bevor es dunkel wird." Sie sagen etwas, was ich nicht verstehen kann. „Wollt Ihr spielen?" frage ich. Sie schauen sich an. Sie verstehen mich nicht. Dann nehmen zwei von ihnen, einer auf jeder Seite von meinem Pferd, meine Zügel und führen mich weg. Ich denke, wir werden ein Spiel oder sowas spielen, aber sie führen mich zu einem Indianercamp, das drei oder vier Meilen entfernt ist. Es ist immer ein Kuhhirte da, der auf mich aufpaßt, wo immer ich bin, so daß ich mich nie allein fühle oder Angst habe, wenn ich etwas für meinen Großvater tue, aber jetzt… Als wir im Camp ankommen, holen sie mich vom Pferd runter. Dann führen sie mich rüber zu einem Holzgestell, wo sie ihre Kleider und Felle zum Trocknen aufhängen. Dann binden sie meine Daumen mit Lederstreifen zusammen und binden mich mit den Armen nach oben an das Gestell. Meine Füße sind auf dem Boden. Dann lassen sie mich allein. Ich weiß nicht, wie lange ich da bin. Es scheinen Stunden zu sein, und ich kann mich nicht losmachen. Und es wird dunkel. Ich habe Angst. Ich schaue auf, und da kommt Großvater. Er reitet in das Indianercamp und holt den Häuptling raus. Großvater kann ihre Sprache sprechen. Er erzählt ihm, was mir passiert ist, als ich auf seine Kühe aufgepaßt habe. Großvater ist groß und stark, einen halben Kopf größer als andere. Er sagt etwas zum Häuptling in ihrer Sprache. Der Häuptling sagt: „Hu ... hu ..." und läßt die Jungen mir mein Pferd zurückbringen. Als wir gehen, erzählt mir Großvater: „Sie haben indianische Spiele mit dir gespielt. Es sind Cherokee-Indianer. Sie sind die freundlichsten von allen und würden dich nie verletzen." „Großvater", sage ich, „ich bin sehr froh, daß du hinter mir hergekommen bist, und ich bin froh, daß du immer einen Kuhhirten auf die Herde und auf mich aufpassen läßt, wo immer ich bin."

Nachwort: Bis zum heutigen Tag habe ich noch die Narben an meinen Daumen, wo sie die Lederstreifen rumgebunden haben, als ich als kleiner Junge meinem Großvater mit den Kühen geholfen habe.

Beispiel 16
Der erste Kuß
von Diane Hanson
Alter: 45 Jahre

Ich komme gerade von der Schule nach Hause, lungere in der Küche rum und versuche, den Mut aufzubringen, meiner Mutter etwas zu erzählen. Alle paar Minuten schaut sie mich an und fragt sich, was ich will. Ich hätte früher etwas sagen sollen, weil es jetzt viel schwieriger ist, es ihr zu erzählen. Je länger ich es aufschiebe, um so schlimmer wird es. „Mama", versuche ich anzufangen. Sie schaut mich an. „Nun, was ist?" „Mama", fange ich wieder an, „ ... Tommy hat mich gefragt, ob ich mit ihm gehen will, und ich habe ja gesagt." Sie sieht überrascht aus. „Warum willst du dich an einen Jungen binden, wo du erst 14 bist?" „Weil keiner von den anderen Jungen mich fragt, ob ich irgendwohin gehen will, und deshalb muß ich." Meine Antwort bringt sie zum Schweigen, darauf hat sie keine Antwort. „Mama, er wird um vier Uhr hier sein, um mir seinen Ring zu geben." Sie zuckt mit den Schultern, sagt nichts mehr, und ich verlasse erleichtert die Küche. Um vier Uhr klingelt Tommy an der Tür. Er ist ungefähr so groß wie ich, kurzer brauner Bürstenschnitt und blaue Augen. Er ist nett und redet eine Menge mit mir in der Schule. Es ist

Sommer, also sitzen wir draußen auf der Veranda. Er legt seinen Arm um mich. Das fühlt sich schwer und unbequem an. „Du willst nun meine Freundin sein?" fragt er. „Klar", antworte ich. Ich frage mich, was das Großartige dabei ist. Schließlich ist das schon entschieden worden, und er ist hier, um den Pakt zu schließen, indem er mir seinen Ring gibt. „Hier", sagt er, während er mir den Ring in die Hand legt. Ich ziehe das Halstuch aus, das ich für die Gelegenheit trug, und ziehe es durch den schweren Männerring. Dann bindet Tommy das Tuch hinter meinem Nacken zusammen, während ich die Haare hochhalte. Er lächelt mich an, und ich lächle ihn an. Sein Arm fällt wieder auf meine Schulter. Sein Gesicht kommt näher an meins. Ich kann einen Popel in seiner Nase sehen. „Wir sollten uns jetzt küssen", informiert er mich. „Küssen? Küssen?!!!" denke ich. „Irgendwie weiß ich, daß sein mich Küssen Teil des Vertrages war." Sein Gesicht kommt näher an meins. Ich frage mich, ob meine Nase auf dem Popel landen wird. Ich fühle mich sehr steif und unbequem. Er atmet schwer, und sein Atem riecht schlecht. Plumps, seine Lippen landen auf meinen. Meine Augen sind offen, und daher kann ich sehen, daß seine geschlossen sind. „Warum sind sie geschlossen?" frage ich mich. Seine Lippen bleiben auf meinen, und ich warte ungeduldig, bis er fertig ist. Er zieht sich lächelnd zurück. Ich bin froh, daß er fertig ist, also lächle ich auch. „Nun, ich sehe dich morgen in der Schule", sagt er, als er aufsteht, um zu gehen. „Klar, ich sehe dich dann." Er geht, und ich gehe wieder ins Haus und denke: „Hoffentlich küßt er mich morgen nicht wieder. Das ist schrecklich naß und schmutzig." Am nächsten Tag küßte er mich, deshalb gab ich ihm seinen Ring zurück, damit er mich nicht mehr küssen würde.

Beispiel 17
Die Brücke
von Edward White

Ich gehe gern zum Postamt, um unsere Post abzuholen. Das Postamt ist ungefähr zwei Meilen von Omas Haus im Zentrum von Ruston, Lousiana, entfernt. Die Nummer unseres Postfachs ist 107. Ich mache den Briefkastenschlüssel von der Kordel um meinem Hals ab und öffne das Postfach. „Ahhh, uiiii!" schreie ich mir selbst zu, „Oma hat heute sicher eine Menge Post." Weil meine Mama Lehrerin in der Schule ist und mir bei allen Schulaufgaben hilft mit ihren beiden jüngeren Schwestern „Baby Lowell" und Sally Brooks, kann ich sehr gut lesen, und ich kenne viele Wörter und habe ein besseres Sprachgefühl als die meisten anderen Kinder. Mit drei guten Lehrerinnen kann jedes Kind schnell lernen, mindestens etwas. Seit ich drei Jahre alt bin, lese ich besser als die meisten anderen Kinder. Ich bin jetzt sieben. „Oh! Hier ist ein Brief von meiner lieben Mutter; ich frage mich, ob sie etwas Geld reingetan hat für Oma und mich? Einer ist von Tante ‚Brookside' ein anderer von ‚Baby Lowell.' Ich wette, sie wollen was. Sie sind weg in der Schule, College oder so!"

„Ohh, hier ist einer von Tante Anna. Sie hat lange Zeit nicht geschrieben; dieser ist von ‚Tante Tee'. Ich weiß nicht, warum wir sie ‚Tante Tee' nennen. Und hier ist der letzte – ein Brief von dem guten alten Onkel Charlie, Omas ältestem Sohn. Das sollte meine Oma glücklich machen, sechs Briefe in allem, aber ich weiß, was sie sagen wird, wenn ich heimkomme. ‚Sonny, wir haben keine Post vom ‚Kleinen Bruder' bekommen. Jeder nennt Onkel John Glover Harvey entweder ‚Kleiner Onkel' oder ‚Kleiner Bruder' oder ‚Baby'. Lieber Gott! Warum schreibt er nicht, um mich wissen zu lassen, wie es ihm geht. Ich mache mir die ganze Zeit solche Sorgen und frage mich, ob ihm etwas passiert ist. Mein Baby hat sein Bein verloren, als er mit dem Güterzug gefahren ist, als er noch keine neun Jahre alt war, und seitdem ist er ein Landstreicher und fährt mit den Zügen durchs ganze Land. Er war in jedem Staat, glaube ich. Lieber Gott, hab Erbarmen!"

Es scheint, als ob Oma inzwischen weiß, daß „Kleiner Onkel" ihr oder jemand anderem immer nur dann schreibt, wenn er Geld oder was anderes braucht. Wir sehen ihn nur sehr selten.

Eines Tages wird „Kleiner Onkel" für einen Tag oder so nach Hause kommen, dann wird er wieder gehen, wie er gekommen ist, wie der Weihnachtsmann. Nur, „Kleiner Onkel" wird nichts außer sich selbst mitbringen. „Ich kann es nicht ertragen, das Pfeifen eines Güterzuges zu hören. Ich muß dann meine Reiseklamotten anziehen und gehen." Das ist es, was „Kleiner Onkel" jedem erzählt.

„Hallo, Junge!" brüllt ein Postbeamter mir zu, als ich durch die Tür des Postamtes gehe. „Sag' deiner Oma, daß das ein guter Schokoladenkuchen war, den sie ihrer Tochter geschickt hat. Und erzähl ihr auch, daß sie nächstes Mal einen größeren Kuchen machen soll, damit alle in *unserem* Postamt was davon abbekommen." Er lacht richtig laut. „*Hah! hah! hah*!" Ich drehe mich um und schaue ihn an. Er wirft seinen Kopf zurück. Er hat ein sehr *rotes* Gesicht, einen dicken Hals, und mit seinen Falten am Hals erinnert er mich sehr an einen Truthahn. Ich sage nichts und frage mich: „Gehört er zu der Sorte Leute, die die reichen weißen Leute ‚schmieriges Gesindel‘ nennen?" Ich komme an die *alte Brücke*. Sie ist gebaut und geformt wie ein *großer Regenbogen*. Ich muß die Brücke überqueren, wenn ich zum Postamt und zurück gehe. Züge in die Stadt fahren alle unter der Brücke durch.

Auf einem alten Rohrstuhl am Ende der Kreuzung sitzt ein sehr alter, grauhaariger weißer Mann. Er redet mit einem sehr großen weißen Jungen, während er mit seinem Stuhl hin und her schaukelt. Als ich näherkomme, sehe ich, daß der Junge ungefähr im Alter von „Baby Lowell" ist, siebzehn oder so, und er ist nicht alt und häßlich wie der alte Mann. Der Junge trägt keine Kopfbedeckung. Sein Haar ist kurz, hell und sieht sandig aus. Der alte Mann hat einen schmutzigen, abgerissen aussehenden Overall an und trägt einen alten Strohhut, der ein Loch hat. Keiner von beiden hat Schuhe an, genau wie ich. Weil der alte Mann und der Junge arm aussehen, denke ich, daß sie nett sein müssen und nicht wie weiße Leute sind, wie der alte Postbeamte, der „Baby Lowells" Schokoladenkuchen aufgegessen hat, den Oma ihr gebacken und geschickt hat.

Als ich an den beiden, dem alten Mann und dem Jungen vorbeigehe, lächle ich sie an und denke, daß es nette Leute sind.

„Wart mal ’ne *Minute*!" schreit der große Junge richtig gemein und ekelig. „*Wat hast‘n da*?" fragt er lauernd.

„Das ist Post für meine Oma", flüstere ich, etwas ängstlich, aber nicht zu sehr, weil der häßliche alte Mann in der Nähe ist. „Jib mir de Post", sagt der Junge lallend und reißt mir die Briefe aus der Hand. Ich schaue den häßlichen alten Mann an und warte darauf, daß er den großen Jungen dazu bringt, mir die Post zurückgeben. Weil ich klein bin und der Junge groß, weiß ich, daß der häßliche alte Mann auf meiner Seite sein wird und den Jungen dazu bringt, mir die Post zurückzugeben.

Der armselige alte grauhaarige Mann *grinst nur sein zahnloses Grinsen* und beobachtet mich. Tabak oder Schnupftabak tropft aus dem Mundwinkel seines *häßlichen Mundes*, der fast in der Mitte eines absonderlich häßlichen Gesichts zu sitzen scheint. Er hat grünliche Vogelaugen, die von mir zum großen Jungen blicken. Er erinnert mich an einen Habicht.

Der große Junge fängt jetzt an, meine Post zu öffnen. Er nimmt sich Zeit, um dem alten Mann die Briefe sehr langsam vorzulesen, und sie lachen über alles, was ihnen lustig vorkommt. Weil Oma nicht lesen und schreiben kann, wissen alle Familienmitglieder, daß ich ihr die Briefe vorlese. Sie schreiben groß und deutlich und achten darauf, daß sie nur Wörter benutzen, die ich verstehen kann.

Der große Junge stolpert über ein Wort, das er nicht aussprechen kann. Es ist ein leichtes Wort, sogar für mich. „Laß misch sehen", stottert er, „Ppp-rr-o-grammm? Prigrin-Äääh! Wat zum Teufel is'n dat?"

„Das ist kein Prigrin. Das ist *Programm*. Weißt du nicht, was ein Programm ist?" frage ich ihn.

„*Hey, hör zu! Du hältst dein Maul, Nigger!* Du wirst dat ja wohl nisch wajen, einen weißen Mann zu verarschen! Haste misch verstanden, Nigger Junge?"

„Ja!" antworte ich.

„*Wat* meinste mit *Ja*. Weißte nisch, dat du mit einem weißen Mann sprichschst? Dein Volk soll dir besser Benehmen beibringen, bevor de groß wirscht und gelyncht wirscht. Wir machen liebend gern Krawattenparties für eusch süßen überheblischen Nigger. Se sollen dir beibringen, wie man *rischtisch* erwachsen wird und *weiße Leute respektiert*! *Hörste misch*?"

„Ja, Sir." antworte ich. Tränen laufen mir das Gesicht runter und fallen auf den heißen Boden. Es ist nicht das Wort
Nigger oder daß ich *ja Sir* sagen muß, was mich zum Weinen
bringt. Es ist, daß er unsere *Post* liest – *unsere Post* – *Omas
Post*. Er steckt alle Briefe in die richtigen Umschläge. Ich denke, er versucht mich wissen zu lassen, daß er so gut lesen kann
wie ich, aber ich weiß, daß er das nicht kann. Er gibt mir die
Post zurück.

„*Nun hau ab*! *Ich will, dat de abhauscht*!! *Renn*! *Wag
nischt, dich umzugucken*! Er klatscht laut in die Hände und
tritt mit dem Fuß nach mir. Er tritt daneben. Ich renne fast
den ganzen Weg nach Hause. Ich bin wütend, und ich habe
Angst, während ich heimrenne. Zwei Meilen ist ein langer
Weg für einen Siebenjährigen, also renne ich ein bißchen, tra-
be aber die meiste Zeit. Ich denke an den alten Mann und den
großen Jungen. Wie sie stinken. Ich denke, daß es ein sehr
heißer Tag ist und daß beide erbärmlich sind und stinken.
‚Aber der *häßliche alte Mann stinkt schlimmer als der Junge*‘,
sage ich mir. ‚Vielleicht ist das so, weil der alte Mann erbärm-
licher ist und schon länger stinkt als der Junge.‘ Es gibt einen
Unterschied zwischen dem Postbeamten und den beiden Erbärmlichen. Der Postbeamte muß jemand sein, den sie reichen weißen Leute ‚fettes Gesindel‘ nennen, und die beiden
Erbärmlichen müssen das sein, was reiche weiße Leute ‚armes
weißes Gesindel‘ nennen.

Oma arbeitet manchmal für eine richtig reiche weiße Frau,
und Oma erzählt mir, daß Frau Satterfield, wenn sie aus ir-
gendeinem Grund ihr Haus verläßt, zu Oma sagt: ‚Lucinda,
wenn irschendwelsche Nigger kommen und um Essen betteln, dann möchte ich, daß Sie den Niggern auf jeden Fall was
geben, aber wenn irschendwelsches arme weiße Jesindel hierher kommt für irschendwat, möchte ich, dat Sie Sheriff Thig-
pen rufen und sie loswerden. Jeben Sie dem *Jesindel* nichts!
Lassen Sie dat Jesindel verhungern! Dat is, wat se verdienen.
Sie sind frei jeboren worden. Haste misch verstanden, Lucinda?‘„

„Ja, ich habe verstanden, Frau Satterfield." Eines Tages
fragte ich meine Oma: „Was machst du, wenn Bettler kommen?"

„Gott mag keine Häßlichkeiten, mein Kind. Ich gebe allen was, die kommen und um Essen betteln. Ich gebe allen, Schwarzen und Weißen."

Endlich bin ich zu Hause. Es scheint, als sei ich den ganzen Tag weggewesen. Ich renne ins Haus. Oma weiß genau, daß ich geweint habe, und ich bin ein bißchen außer Atem. „Was ist los, Kind? Was ist passiert? Erzähl's der Oma."

Ich erzähle Oma alles. Der Süden ist, wie er ist, nichts kann das verändern, was mir passiert ist. Oma nimmt mich in die Arme und flüstert: „Wir werden es dem lieben Gott im Gebet sagen. Er wird alle Tränen wegwischen und alles Leid wegwaschen. Laß es uns versuchen und es vergessen. Gott verändert die Dinge, Sonny."

Am Abend, bevor ich ins Bett gehe, denke ich: „Oma hat recht. Oma hat immer recht. Meine Oma hat immer *recht*? Es gibt keine Tränen mehr und kein Leid und keine Wut.

Nun schaue ich zurück und lache über alles – aber wie *kann ich vergessen?*

Beispiel 18
Abschied von der Plantage
von Florence M.
Alter: 65 Jahre

„Zeit zum Füttern", höre ich meinen Vater rufen, als er von der Arbeit auf den Feldern nach Hause kommt. Mein jüngerer Bruder und ich gehen mit, um bei der Pflege der Tiere zu helfen. Kühe melken, Hühner füttern, Schweine abspritzen, all das sind Jobs, die zu unserem Alltag auf dem Bauernhof gehören. Wir sind immer müde und erschöpft vom Arbeiten auf der Plantage von Sonnenaufgang bis Sonnenuntergang. Oh, wie sehr wir uns nach einem besseren Leben sehnen. Mein Vater und meine Brüder beklagen sich oft, daß sie bei der Maisernte einen Sonnenstich kriegen oder daß sie die Felder in der Hitze der südlichen Sonne pflügen müssen. Manchmal werden die Zustände beinahe unerträglich, und meine Brüder sprechen einer nach dem anderen davon, die Plantage zu verlassen. Wir fühlen uns immer besser, wenn wir uns selbst einreden, daß wir genügend Geld sparen, um ein eigenes Haus kaufen zu können.

Schlechte Ernten und niedrige Baumwollpreise machen dies fast unmöglich, weil der Lohn der Arbeiter vom Gewinn abhängig ist.

Viele Jahre lang hat man meinem Vater einen Whiskey gegeben, ihm auf die Schulter geklopft und gesagt: „Entschuldige, Henry, aber du bist dieses Jahr nicht aus den Schulden rausgekommen."

„Wenn ich sowas höre, bekomme ich Herzschmerzen", sagt mein Vater.

Der Landbesitzer bemüht sich, ihn zu beruhigen, indem er sagt: „Nun, Henry, wenn du mit deinen Kindern hart arbeitest, bin ich sicher, daß du nächstes Jahr aus den Schulden rauskommst."

Mein Vater versucht ihm zu erklären, was wir brauchen, um gerade mal existieren zu können.

„Mach dir keine Sorgen", sagt der Landbesitzer. „Habe ich mich nicht immer um dich und deine kleinen farbigen Kinder gekümmert? Ich habe Vereinbarungen mit dem Gemischtwarengeschäft, und du kannst dort alles bekommen, was du brauchst."

Mein Vater sagt: „Ja, Sir, Mr. Temp."

Mr. Temp steckt sich eine Zigarre in den Mund und schraubt den Deckel von der Whiskeyflasche ab: „Nimm noch einen Schluck, Henry", sagt er. „Ich freue mich, mit euch braven farbigen Leuten auf das Ende des Jahres zu trinken."

Irgendwann in den frühen Vierzigern, gerade als wir uns damit abgefunden haben, daß unsere Träume niemals wahr werden, haben die Bauern überall im Süden ein gutes Jahr, die Ernten sind hervorragend, und der Preis für Baumwolle geht extrem in die Höhe. Es hat sich herumgesprochen, daß dieses Jahr absolut niemand in seinen Schulden steckenbleibt. Sie haben Recht. Der Landbesitzer kommt und bezahlt meinem Vater mehr Geld, als wir jemals in unserem Leben gesehen haben. Wir haben mehr als genug, um unser eigenes Haus kaufen und in der kleinen Stadt Keo, 25 Meilen von unserem Zuhause entfernt, ein fortschrittlicheres Leben führen zu können.

Jetzt, wo wir das Geld haben, warte ich jeden Tag darauf, daß meine Eltern sagen, daß wir bald umziehen werden. Wir wissen, daß mein Vater noch zögert, aber wir wissen nicht warum.

Dann, eines Tages kommt er ohne Vorwarnung mit einem großen Auto nach Hause – lang, schwarz, leuchtend und neu.

Er hat ein breites Lächeln auf dem Gesicht. Als wir das große Auto sehen, lächeln wir ebenfalls. Meine Mutter empfängt ihn an der Tür, aber sie lächelt nicht.

„Henry, was ist das?" fragt meine Mutter.

„Nun, Florence, wie du sehen kannst, ist das ein Auto", antwortet mein Vater.

„Was ist mit unserem Haus?" fragt sie. „Wir können unser Haus nächstes Jahr bekommen", antwortet mein Vater.

Irgendwie ist meine Mutter fähig, ihre Tränen zurückzuhalten, aber sie ist nicht in der Lage, freundlich zu bleiben.

„Ich kann nicht noch ein Jahr warten", schreit sie und schaut meinen Vater böse an. „Es liegt an dir, daß wir niemals von dieser Plantage wegkommen."

Meine Mutter fängt an herumzurennen, gegen die Stühle zu treten und auf die Tische zu trommeln. Viele wütende Worte fließen über ihre Lippen. Jedes Lächeln, das wir bis jetzt in unseren Gesichtern hatten, verblaßt. Gebannt sitzen wir da, beobachten und lauschen, wie unsere Mutter mit unserem Vater schimpft, weil er Geld, das wir für unser Haus benutzen wollten, für ein Auto ausgegeben hat. Sie beschuldigt ihn tatsächlich, daß er Angst habe, die Plantage zu verlassen. Sie sagt, daß er vom Aufseher entmutigt worden sei wegzuziehen. Mein Vater hat wenig zu seiner Verteidigung zu sagen. Ich denke nicht, daß es was gibt, was er sagen kann.

Als alles vorbei ist, ist es meiner Mutter gelungen, ein so klar negatives Bild von meinem Vater zu zeichnen, daß wir es regelrecht sehen können. Sie hat ihn dargestellt, als hätte er weniger als ein Spatzenhirn. Wir sitzen da, ohne uns zu rühren, schauen ihn tieftraurig und mit glasigen Augen an und empfinden wenig oder keine Sympathie für ihn. Es ist offensichtlich, auf welcher Seite wir stehen.

Die nächsten paar Tage in unserem Haus sind die reine Schwermut. Die Schwermut hebt sich, als meine Mutter die

Angelegenheiten in die Hand nimmt und ankündigt, daß wir die Tiere verkaufen werden, um von dem Erlös unser neues Haus zu bezahlen. Meine älteren Schwester und Brüder sind glücklich. Mein jüngerer Bruder und ich sind sehr traurig, weil wir mit den meisten Tieren groß geworden sind, die sie verkaufen will, und sie herzugeben wird nicht einfach sein.

Diese Tiere, die verkauft werden, sind wie Familienmitglieder. Zum Beispiel die alte Rosie, unsere braun-weiße Kuh. Sie ist so zahm wie ein Lamm. Sie hat niemals in ihrem Leben einen Eimer Milch umgeworfen. Die alte Rosie muß als erste gehen. Dann kommt der fette Sam, das Schwein. Wir haben den fetten Sam als kleines Ferkel bekommen und großgezogen. Sam war so gefräßig, er schlürfte die ganze Brühe von den anderen Schweinen auf und quiekte laut, wenn wir ihm nicht mehr gegeben haben. So sehr wir uns über ihn beschweren, können wir den Schmerz nicht verbergen, als Sam an der Reihe ist, uns zu verlassen. Tränen kullern über mein Gesicht, als ich auf Wiedersehen zu den meisten Tieren sage, die ich als Kind gekannt habe. Ich weine dieselben unkontrollierten Tränen, als es Zeit ist, die Haustür des alten Plantagenhauses zu schließen, das mein Geburtsort gewesen ist und das einzige Zuhause, das ich jemals gekannt habe.

Glossar

Adjektive: Wörter, die den handelnden Personen, Ereignissen und Gegenständen Farbe verleihen: „Er war ein großer dicker Mann mit hängenden Augenlidern und einem schmutzigen Overall." Beim Schreiben von Erlebnisberichten versuchen wir, Anhäufungen von Adjektiven zu vermeiden. Stattdessen verwenden wir mehrere Sätze, die den Gegenstand oder die Person jeweils aus einer bestimmten Perspektive erfassen: „Er ist einen halben Kopf größer als alle anderen. Sein Bauch ragt über seinen Gürtel, als wenn er einen Fußball unter seinem Hemd hätte. Seine Augenlider hängen runter, als ob er halb am Schlafen wäre, aber ich merke, daß er alles sieht, was ich mache."

Adverbien: Wörter, die Handlungen Farbe verleihen. „Er ging langsam die Straße entlang und paßte auf, daß er keinen Krach machte." Beim Schreiben von Erlebnisberichten sollte man versuchen, Adverbien zu vermeiden, wenn sie zur Charakterisierung von Handlungen dienen, die keine Charakterisierung benötigen. In Formulierungen wie: „Ich schrie laut" oder „er lief geschwind" oder „sie kroch unbemerkt durchs Unterholz" sind Adverbien eigentlich überflüssig. „Ich schrie", „er lief" und „sie kroch durchs Unterholz" erfüllen ihren Zweck voll und ganz.

Ausgewogenheit: Gute Texte zeichnen sich durch Ausgewogenheit von Erzählung, Dialog und innerem Monolog aus. Auf diese Weise kann der Autor dem Leser sowohl vermitteln, was in der äußeren Welt der Taten, Ereignisse und Gefühlsäußerungen geschieht, als auch, was sich in der inneren Welt der Gedanken und Empfindungen der Hauptperson abspielt.

Außenwelt: Die öffentliche Welt der Menschen und Ereignisse, die außerhalb unserer selbst existiert. Dialog und Erzählstruktur dienen dazu, die Außenwelt darzustellen.

Dialog: Das, was zwei oder mehr Personen miteinander sprechen. Dialoge machen jede Geschichte interessanter. Glaubwürdige Dialoge sind Dialoge, die zu den Sprechenden passen.

Distanz oder distanzierender Effekt: Gefühl des Lesers, auf Armlänge von den Ereignissen und den Empfindungen der Hauptpersonen ferngehalten zu werden. Distanz kann bei einem Leser Frustration auslösen, der gern mehr über Ereignisse und Personen wissen und sich tiefer in sie einfühlen möchte. Die Vergangenheitsform schafft automatisch eine gewisse Distanz. Zu viele Adjektive und Adverbien schaffen Distanz. Intellektuelle und emotionslose Ausdrücke schaffen Distanz. Steife und verschachtelte Sätze rufen ebenfalls Distanz hervor.

Erzähler: Die Person, die die Geschichte erzählt. Manchmal eine der handelnden Personen, manchmal jemand, der die Ereignisse von außerhalb betrachtet und das Geschehen von oben überblickt, sozusagen aus einer gottähnlichen, allwissenden Perspektive.

Erzählhaltung: Dies ist der Standpunkt des Erzählers, von dem aus er die Geschichte erzählt. Im 19. Jahrhundert wurde meist eine gottähnliche und unpersönliche Erzählhaltung verwendet, die es dem Autor ermöglichte, dem Leser direkt etwas über Stimmung und allgemeine Atmosphäre mitzuteilen. („Es war eine dunkle und unheimliche Nacht, als Geronimo am Höhleneingang stand und hineinschaute.") Im 20. Jahrhundert neigen die Leser dazu, Geschichten eher dann als glaubwürdig zu empfinden, wenn erkennbar ist, aus welcher Perspektive die Ereignisse betrachtet werden, das heißt, wenn erkennbar ist, wer sie erzählt („Geronimo stand am Höhleneingang. ‚Da drin ist es sehr dunkel', sagte er sich. ‚Dunkel wie die Nacht.' Er ging hinein und tastete sich in die Schwärze vor.")

Erzählstruktur: Die Entfaltung der Ereignisfolge, die das Interesse des Lesers wecken und wachhalten soll.

Glaubwürdigkeit: Sie ist der subjektive Maßstab für den Wahrheitsgehalt einer Geschichte. Wenn eine Geschichte glaubwürdig klingt, neigt man dazu, sie für wahr zu halten. Ziel fast jeden Schriftstellers ist es, den Leser dazu zu bringen, die Personen und Ereignisse der Geschichte als glaubwürdig anzuerkennen. Praktisch jeder Leser bringt ein gewisses Maß an Skepsis mit, wenn er beginnt, eine Geschichte zu lesen. Das ist eine durchaus gesunde Einstellung. Aufgabe des Autors ist es, die Leser dazu zu bringen, ihre natürliche Skepsis freiwillig aufzugeben, ihnen den Einstieg in die von ihm erschaffene Welt zu ermöglichen und sie bis zum Ende der Geschichte dort festzuhalten.

Hauptperson: Die Person, auf die sich die Ereignisse in der Geschichte beziehen. Beim Schreiben von Erlebnisberichten wird die Geschichte fast immer aus der Sicht der Hauptperson erzählt. Eine wichtige Aufgabe des Autors besteht darin, eine interessante Figur zu schaffen, durch deren Augen wir am Geschehen teilnehmen, die jedoch nicht unbedingt über alles Bescheid zu wissen braucht, was in der Geschichte passiert. Es kann zum Beispiel vorkommen, daß die Hauptperson hört, wie Nebenpersonen wichtige Aussagen machen, deren Bedeutung sie aber nicht versteht. Auf diese Weise entwickelt sich die Geschichte weiter, auch ohne daß die Hauptperson über alles Bescheid weiß. Ein Beispiel:

„Sei gut in der Schule, mein Junge", sagt Vati zu mir. „Dann wirst du in Ruhe gelassen. Sie lassen dich abhauen, und du kannst lernen, was du willst", grinst er mich an.

Ich verstehe nicht, was er meint, aber es scheint ihm ernst zu sein. Ich sage nichts.

„Weißt du, was ich meine?" fragt er.

„Na klar, Vati. Klar doch", sage ich. Was meint er bloß? Daß die Schule kein Ort zum Lernen ist? Hmmm …

Er lächelt und tätschelt meinen Kopf.

In diesem Beispiel weiß die Nebenperson, der Vater, etwas, das die Hauptperson noch nicht weiß.

Innenwelt: Das ist die private Welt, in der wir uns die meiste Zeit über aufhalten. Diese Welt umfaßt unsere Freuden, Ängste und Gedanken. Innerer Monolog, persönliche Gefühle und Gedanken lassen ein Abbild davon entstehen.

Innerer Monolog oder innerer Dialog: Wörter, die die Hauptperson im Innern ihres Kopfes zu sich selbst spricht. Zum Beispiel: „Vati guckt beim ganzen Abendessen Fernsehen. ‚Ich wette, er merkt noch nicht mal, wenn ich etwas von seiner Eiscreme klaue,‘ denke ich mir." Solche inneren Monologe bereichern jede Geschichte.

Intimität oder emotionale Nähe: Das Gefühl, zu wissen, was die handelnden Personen denken und fühlen, und die Fähigkeit, so dicht an die Ereignisse heranzukommen, daß der Leser sofort in Handlung und Gefühle hineingezogen wird. Dialoge erzeugen Nähe zwischen dem Erzähler und den anderen handelnden Personen. Innere Monologe und Gefühle vermitteln das Gefühl, man kenne den Erzähler so gut, als wäre man selbst der Erzähler.

Person: Die Geschichte kann in der ersten Person („Ich ging zum Markt"), in der zweiten Person („du gingst zum Markt") oder in der dritten Person („sie ging zum Markt") erzählt werden. Die meiste Prosaliteratur wird in der dritten Person geschrieben, die wirkungsvollsten Erlebnisberichte sind in der ersten Person geschrieben.

Selbstkritik: In unserer inneren Welt sagen wir uns oft, daß wir Dinge falsch gemacht oder uns dumm benommen haben. Wenn wir uns selbst niedermachen, bekommen wir ein schlechtes Gefühl uns selbst gegenüber. Das bewirkt in der Regel, daß wir aufhören, das zu tun, was wir gerade tun.

Selbstzweifel: Das Mißtrauen uns selbst gegenüber, das wir alle mit uns herumtragen. Oft trauen wir uns nicht zu, gut, fähig oder sorgfältig zu sein.

Tempus oder Zeit: Es gibt drei Zeiten, in denen eine Geschichte spielen kann: Vergangenheit, Gegenwart oder Zukunft. Erlebnisberichte schreibt man meistens in der Gegenwartsform und nicht in der Vergangenheitsform. Wenn man in der Gegenwartsform schreibt, auch während man auf Vergangenes zurückblickt, wirken die Ereignisses so, als ob sie gerade jetzt, in diesem Augenblick passieren. Das beflügelt die Vorstellungskraft des Verfassers und des Lesers. Ein Beispiel:

Wir sind im Jahr 1963, und ich spiele im Stadion der US-Airforce-Akademie Basketball. Von weitem höre ich den Lautsprecher: „Achtung, Achtung. Es wurde auf den US-Präsidenten geschossen. Informationen über seinen Zustand liegen noch nicht vor." Ich bin erstaunt und geschockt.

Auf diese Weise hat der Leser das Gefühl, als würde er aus der Gegenwart in eine andere Zeit und an einen anderen Ort versetzt. Der Leser schaut nicht in die Vergangenheit. Der Leser *ist* in der Vergangenheit. Wenn der Autor sich in die Vergangenheit zurückversetzt und sie mit Hilfe der Gegenwartsform neu erschafft, wird er sich normalerweise sehr viel deutlicher an das Ereignis erinnern, als wenn er die Vergangenheitsform verwenden würde.

Verben: Sie sind dort anzutreffen, wo etwas passiert. Wirkungsvolle Verben rufen bei den Leuten Emotionen hervor. Kraftvolle Verben sind die Stärke einer Geschichte.

Anhang A
Die Philosophie des „Schreibens von innen"

„Schreiben von innen" verknüpft drei Disziplinen miteinander: traditionelle literarische Elemente, dramatische Prinzipien und psychotherapeutische Grundannahmen. Bei der Arbeit mit dieser Methode könnte es von Nutzen sein, ihre Wurzeln zu kennen.

Traditionelle literarische Elemente

Die traditionellen literarischen Elemente sind Charakterisierung, Handlungsgerüst, Rahmen, Erzählhaltung, Sprache, Bildhaftigkeit, Thema und Stil. Man kann literarische Werke von Shakespeare bis Toni Morrison anhand dieser Gesichtspunkte analysieren, ohne dabei die Wertschätzung für sie zu verlieren.

Sprachlehrer oder andere literaturwissenschaftlich Vorgebildete, die diese Elemente bereits kennen, können beim Lehren des „Schreibens von innen" von diesem Wissen profitieren. Es kann aber auch sein, daß zu viel Vorwissen hemmend wirkt. Vielleicht müssen Sie einen Prozeß des „Verlernens" durchmachen, um loszulassen, was Ihnen viele Jahre lang heilig war. Meiner Erfahrung nach müssen gerade gebildete Menschen häufig diesen Verlernprozeß durchmachen. Halten Sie sich stets vor Augen, daß die meisten Prosa- und Bühnenautoren mit einer keimhaften Idee beginnen, die auf einem eigenen Erlebnis beruht, einer Person, der er oder sie begegnet ist, oder einem Thema, das aus einem von ihm oder ihr gelesenen oder gesehenen Buch, Film oder Theaterstück stammt. Genauso beginnt auch „Schreiben von innen" mit der Rückbesinnung auf besonders eindrucksvolle Momente, Menschen oder Orte, denen man im Leben begegnet ist. Man könnte es als „Schaffen nach dem Vorbild der Natur" bezeichnen, aber in beinahe jeder Geschichte wird man auch

traditionelle literarische Elemente wiederentdecken: Charakterisierung, Handlungsgerüst, Rahmen, Erzählhaltung, Sprache, Bildhaftigkeit, Thema und Stil.

Charakterisierung: Menschen werden um so interessanter, je
mehr durch ihr Handeln und ihr Verhalten unterschiedliche
Aspekte ihres Charakters freigelegt werden. Diese Aspekte
versuchen wir anhand ihrer Gedanken, Gefühle und Handlungen darzustellen.

Handlungsgerüst: Der menschliche Geist kann nur eine begrenzte Menge an Informationen aufnehmen und verarbei-
ten. Eine klare Struktur erleichtert diesen Verarbeitungspro-
zeß. Bestimmte Einzelheiten werden erwähnt, andere weggelassen, und wieder andere werden hervorgehoben und be-
tont.

Erzählhaltung: In der Absicht, den Leser so nah wie möglich
an die Erfahrung des Verfassers heranzuführen, ermöglicht
ihm der Verfasser, das Ereignis durch seine, des Verfassers,
Augen zu betrachten. Wenn der Verfasser zum Beispiel ein
Kind ist oder aus der Sicht eines Kindes schreibt, erlebt der
Leser die Geschichte durch die Augen eines Kindes, für das
alles neu und ungewohnt ist.

Sprache: Wenn sich der Verfasser in die Zeit zurückversetzt,
als er oder sie noch ein Kind war, werden Veränderungen in
der Sprache ganz deutlich erkennbar. Das übt eine enorme
Wirkung auf Leser oder Zuhörer aus. Durch das Verwenden
von Erwachsenenausdrücken wird die Stimmung zerstört,
die Nähe zum Bild beeinträchtigt und die Glaubwürdigkeit
gefährdet.

Bildhaftigkeit: Bilder, die man so schnell nicht mehr vergißt,
scheinen ein Eigenleben zu besitzen. Wenn der König in Mac-
beth getötet wird, verschlingen Vogelmütter ihre Jungen, und
Pferde schlagen gegen ihre Reiter aus – eine Welt ist aus den
Fugen geraten. Eine Schildkröte, die zu Beginn des Films *Gra-
pes of Wrath* über eine in der Sonne glühende Straße kriecht,

wird von einem vorbeifahrenden Auto gestreift und auf den Rücken gewirbelt. Da liegt sie nun, um auf den Tod zu warten, als ein Vorbote dessen, was die Familie Joad erwartet, die in Kalifornien um ihr Überleben kämpfen wird.

Diese ausdrucksstarken Bilder stehen symbolisch für die Welten, in denen die handelnden Personen agieren. Beim „Schreiben von innen" teilt der Autor eindrucksvolle Bilder aus seinem eigenen Erfahrungsschatz mit dem Leser. Das geschriebene wie das gesprochene Wort hat die Fähigkeit, Bilder zu erzeugen. Das wichtigste ist, daß der Leser eine bildhafte Vorstellung von den beschriebenen Ereignissen gewinnt.

Dramatische Techniken

Schauspieler, Bühnenautoren und Regisseure kennen eine Reihe von Techniken, die für das Schreiben von Erlebnisberichten sehr nützlich sein können. Im folgenden möchte ich einige dieser Techniken vorstellen, die ich von Jack Garfein und Lee Strasberg gelernt habe:

1. Einen Charakter herausarbeiten
2. Ausgangsbedingungen festlegen
3. Sich von Situation zu Situation vorarbeiten
4. Das Gedächtnis der Sinne nutzen
5. Die Bedingungen um einen Gegenstand erforschen
6. Das Rückgrat einer Rolle, einer Geschichte oder eines Bühnenstücks finden

Konstantin Stanislawski, russischer Schauspieler, Theaterdirektor und Vater der „Stanislawski-Methode", war in erster Linie darum bemüht, Sentimentalität, Melodrama und „Stimmungsspiel" in der Schauspielkunst seiner Zeit zu überwinden. *Sentimentalität* kann als Vorhandensein überschüssiger Emotionen definiert werden, besonders süßlicher oder positiver Art, wo diese nicht gerechtfertigt sind. Eine lange, wortgewaltige Rede über die Schönheit einer Blume oder die Nase einer Frau kann als sentimental bezeichnet werden. Die handelnde Person muß sich das „Recht, ihre Gefühle auszusprechen, erst erwerben".

Melodrama kann als Gegenwart überschüssiger tiefer Empfindungen definiert werden, besonders negativer Art, wo diese nicht gerechtfertigt sind. Fernsehkrimis, in denen der Mord gleich zu Anfang passiert, sind ein Beispiel dafür. Typischerweise wird dann die Frau oder Freundin des Ermordeten gezeigt, die fürchterlich entsetzt ist. Zu diesem Zeitpunkt ist der Zuschauer jedoch nicht in der Lage, die Emotionen des Opfers oder seiner Angehörigen nachzuvollziehen, auch nicht des potentiellen Täters und auch nicht des Kommisars, weil er sie alle noch nicht kennt.

„Stimmungsspiel" heißt, einen bestimmten Moment in einem Bühnenstück oder Film entsprechend der Gesamtstimmung einer Szene festzulegen. Der Schauspieler X liest sich zum Beispiel das Bühnenstück oder Drehbuch durch, das man ihm gegeben hat, und erfährt, daß er in einer bestimmten Szene wütend oder gequält oder verwirrt zu sein hat, woraufhin er versucht, sich wütend, gequält oder verwirrt zu verhalten. Dies nennt man „Stimmungs-" oder „Effektspiel". Das Publikum bekommt auf diese Weise einen allgemeinen Eindruck davon, was in der handelnden Person vorgeht, aber dies hat nichts mit einer authentischen oder echten Reaktion auf tatsächliche Lebensumstände zu tun.

Sentimentalität, Melodrama und Stimmungsspiel bestimmten das Theater in Stanislawskis Jugend. Er suchte nach Mitteln, mit denen auf der Bühne genau die authentischen Verhältnisse geschaffen werden konnten, innerhalb derer ein Charakter zu seinem Verhalten gezwungen wird – und ein Schauspieler zum Spielen.

In unserer Arbeit, dem Schreiben von Erlebnisberichten, versuchen wir dasselbe zu erreichen. Wir möchten Geschichten entwickeln, die Sentimentalität und Melodrama vermeiden und in denen keine vagen, „stimmungshaften" Verhältnisse auftauchen. Wir möchten klare Charaktere, die zahlreiche, auch widersprüchliche Dimensionen aufweisen.

1. Einen Charakter herausarbeiten

Das, was ein Mensch vom Leben erwartet, ist sein Ziel. Das, was ihm dabei im Weg ist, sind seine Hindernisse. Die Art und Weise, wie er versucht, diese Hindernisse zu überwinden, ist seine Einstellung. Die Eigenschaften, die er tief in seinem Innern findet und die ihm dabei helfen, die Hindernisse zu überwinden, bezeichnet man als Charakterqualitäten – Charme, Vertrauenswürdigkeit, Klugheit, Schläue, Anpassungsfähigkeit, Zähigkeit und so weiter. Mit diesen Eigenschaften bewältigt der Mensch sein Leben. Betrachten Sie sich einmal selbst und benennen Sie die Eigenschaft, die Ihnen in Ihrem eigenen Leben am meisten nützt. Um ein Ziel zu erreichen, muß man in jedem Fall Hindernisse überwinden. Die Handlungen, mit denen wir versuchen, diese Hindernisse zu überwinden, sind unmittelbare Resultate unserer Charaktereigenschaften.

2. Ausgangsbedingungen festlegen

Die besonderen Umstände, in die ein Mensch hineingeboren wurde und in denen er aufwuchs, bestimmen seine Ziele, Hindernisse, Konflikte, Einstellungen und Handlungen. Aber Schauspieler oder Autor erklären uns vor Beginn des Stückes nicht langatmig, wie diese Umstände sind, sondern sorgen dafür, daß diese sich im Lauf des Stückes entfalten. Um Schülern zu helfen, authentische Erlebnisberichte zu schreiben, schlage ich ihnen häufig vor, sie sollen die Ausgangsbedingungen (das, was vor dem Anfang der Geschichte liegt) im Lauf der Geschichte von den handelnden Personen erzählen lassen. Wenn es erforderlich ist, weitere Informationen zu geben, sollte dies erst geschehen, nachdem der dramatische Verlauf dargestellt wurde.

3. Sich von Situation zu Situation vorarbeiten

Um Stimmungsspiel und Sentimentalität zu bekämpfen, wies Stanislawski seine Schauspieler an, sich in jedem einzelnen Moment des Stückes so zu verhalten, als wüßten sie nicht, was als nächstes kommt. Wenn ein Schauspieler zum Beispiel nicht bestimmt genug auftrat, um seinen Partner auf der Bühne zu halten, stand es dem anderen frei, die Bühne zu verlassen. Diese improvisierende Herangehensweise verlieh dem Spiel Frische. Die Schauspieler waren in jedem Augenblick „eins" mit ihrer Rolle. Genauso soll sich der Autor beim Schreiben verhalten. In dem Moment, in dem die Geschichte ihren Höhepunkt erreicht, soll er beginnen, diesen Moment auszudehnen. So verleiht er dem Geschehen, je mehr es sich entwickelt, immer mehr Detailreichtum und Tiefe.

4 Das Gedächtnis der Sinne nutzen

Es ist nützlich, dem Leser zu Beginn, in der Mitte und am Ende der Geschichte sinnliche Eindrücke zu vermitteln. Vielleicht ist es zunächst kalt draußen, später dann drinnen wärmer und zuletzt kühl draußen. Man neigt oft dazu, das Sichtbare überzubetonen, aber die Erwähnung von Geräuschen, Berührungen, Geschmäckern und Gerüchen kann noch viel wirkungsvoller sein.

5. Die Bedingungen um einen Gegenstand erforschen

Ein Schauspieler kann versuchen, sich eine Umgebung zu schaffen, die ihn dazu zwingt, auf eine bestimmte Weise zu handeln. Dazu umgibt er sich mit Gegenständen, die für ihn eine ganz besondere Bedeutung haben. Vertraute Gegenstände tragen oft eine eigene Geschichte mit sich herum und vermögen daher sehr starke Gefühle auszulösen. Solche Gegenstände können auch einem Schreibenden dabei helfen, sich den Situationen, über die er schreiben möchte, besser anzunähern.

6. Das Rückgrat finden

Jede Geschichte besitzt eine eigene emotionale Logik. Was zu dieser Logik gehört, bildet das Rückgrat der Geschichte. Andere Themen, Inhalte und Menschen sollten weggelassen und später behandelt werden. Das Rückgrat zu finden und dranzubleiben, bedeutet, der Geschichte Struktur zu geben. Da das Gehirn nur eine begrenzte Zahl von Einzelheiten gleichzeitig aufnehmen kann, muß man die Aufmerksamkeit auf diejenigen Dinge lenken, die mit dem Rückgrat zu tun haben.

Bezüge zur Gestaltpsychologie

In Kursen für kreatives Schreiben lernt man zuzuhören. Man lernt nicht nur, Berichte über Ereignissen anzuhören, sondern auch, in sich selbst hineinzuhören und auf die Reaktionen zu achten, die der jeweilige Bericht in einem auslöst. Mit einem Ohr hört man auf das, was außerhalb von einem selbst erzählt wird, mit dem anderen lauscht man, wie es in einem widerklingt und welche Gefühle es auslöst. Anschließend geht es darum, Antworten in Form von Gefühlsäußerungen zu geben und nicht in Form von Urteilen darüber, was falsch und was richtig ist. Also nicht: „Das hättest du nicht tun sollen ... ", denn das ist eine intellektuelle, urteilende Aussage, sondern besser: „Das, was du gesagt hast, verletzt mich ... verwirrt mich" usw. Niemand kann diese Gefühle in Abrede stellen. Das bedeutet nicht, daß man so etwas sagen sollte wie: „Ich habe das Gefühl, daß du auf dem Holzweg bist." In diesem Fall steht „Gefühl" nur für „Denken" oder „Glauben". Indem man auf Geschichten mit einfühlenden Aussagen reagiert, gibt man den Autoren wirklich nützliches Feedback.

Einblicke in den Konflikt „Kritiker – Schöpfer"

In der Jungschen Psychologie wird sehr viel Wert auf die Ausgewogenheit zwischen den sich oft gegenseitig bekämpfenden Anteilen unseres Selbst gelegt: männlich/weiblich, analytisch/kritisch, synthetisch/kreativ, „positiv/negativ". Das letzte Paar ist insofern mit Vorsicht zu genießen, als es in Wirklichkeit keine positive und keine negative Seite gibt. Beide haben ihre besonderen Eigenschaften und erfüllen je nach

Situation ihren Zweck. Unter diesem Aspekt sollte man auch den Konflikt zwischen Kritiker und Schöpfer betrachten.

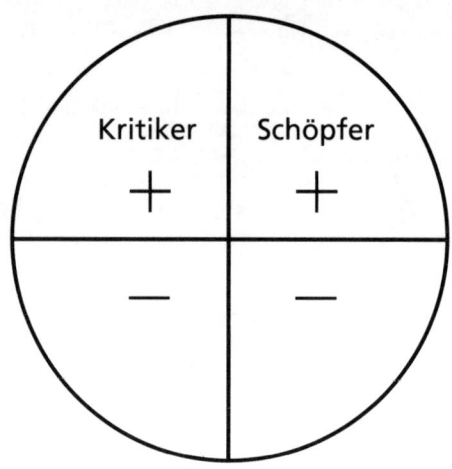

KRITIKER
analytisch
logisch
sequentiell
organisiert
geradlinig

(Gedankenspielereien)
durchdringend
Phantasie geringschätzend
isolierend
unablässig den Gedanken-
fluß strukturierend

SCHÖPFER
synthetisch
ganzheitlich
simultan
organisch
(von langweiligen Gedanken-
gängen) abschweifend
phantasievoll

durcheinanderwürfelnd
verwirrend
verachtet Ordnung/Vernunft

Anhang B
Aufzeichnen mündlicher Erzählungen

Kinder und Erwachsene, die andere interviewen möchten, benötigen dafür Fragen, die die Befragten dazu anregen, möglichst viele interessante Informationen über sich und ihre Erfahrungen preiszugeben. Hier eine Liste von möglichen Fragen, die als Leitfaden dienen kann:

1. Was ist deine erste Erinnerung?
2. Was ist deine erste wirklich starke und eindrucksvolle
   Erinnerung?
3. Kannst du deine Eltern oder eine andere Person/Perso-
   nen beschreiben, die dich großgezogen hat/haben?
4. Was sind die hervorstechendsten guten oder schlechten
   Eigenschaften deiner Eltern?
5. Erinnerst du dich an bestimmte Geschichten, in denen
   diese Eigenschaften deutlich werden?
6. Was ist deine glücklichste Erinnerung?
7. Was ist deine traurigste oder beängstigendste früheste
   Erinnerung?
8. An welche Dinge aus deiner Kindheit erinnerst du dich
   am intensivsten?
9. Erinnerst du dich an Freunde, die besonders wichtig für
   dich waren?
10. Erinnerst du dich an interessante Geschichten über die-
    se Freunde?
11. Wie war die Schule?
12. Erinnerst du dich an interessante Geschichten aus dei-
    ner Schulzeit?
13. Wer war der erste Junge (oder das erste Mädchen) in
    den/das du verliebt warst? Wie war das?
14. Erinnerst du dich, ob du schwierige oder wichtige Ent-
    scheidungen treffen mußtest, als du klein warst?
15. Als was hast du jemals gejobbt oder gearbeitet?
16. Gibt es interessante oder lustige Geschichten über deine
    Arbeit?

17. Oft erinnert man sich an bestimmte Dinge ganz anders, als Freunde oder Verwandte sich daran erinnern. Hast du Erfahrungen damit?

18. Viele Leute haben traurige oder traumatische Erinnerungen, und es ist wichtig, darüber zu sprechen. Was macht dich traurig, wenn du du dich daran erinnerst?

19. Die meisten erinnern sich an einen wirklich wichtigen Menschen, an einen Mann oder eine Frau, den oder die sie sehr geliebt haben. Wer war dieser Mensch in deinem Leben?

20. Warum war dieser Mensch etwas besonderes für dich?

21. Wie hast du ihn kennengelernt? Wie waren die Begleitumstände?

22. Gab es weitere für dich wichtige Menschen – Lehrer, Berater, Freunde –, die dir geholfen haben, dein Leben zu gestalten?

23. Wer war das? Wie waren sie?

24. Viele Leute haben Kinder, mit denen sie viel Angenehmes und viel Schmerzhaftes erlebt haben. Möchtest du deine Erfahrungen mit deinen Kindern beschreiben?

25. Erinnerst du dich an Geschichten, die wirklich etwas über deine Beziehung zu deinen Kindern aussagen?

26. Falls es etwas gibt, was du deinen Kindern und deren Nachkommen erzählen möchtest, was wäre es?

Das folgende ist ein Stück Lebensgeschichte, das der 86 Jahre alte Schneider Nat Leventhal mündlich erzählte. Leventhal war 1914 von Rußland nach Amerika ausgewandert, und seine Erzählung spielt in dieser Zeit.

Wie ich ein Amerikaner wurde
von Nat Leventhal
interviewt und bearbeitet von Betty Springer

Im Juli 1914 kam ich im Hafen von Boston an. Alles sah ganz anders aus. Die Leute, die in den Docks arbeiteten, trugen steife Strohhüte, und sie sprachen eine Sprache, die ich nicht verstehen konnte. Das war fremd für mich. Sie hatten keine

Einwanderungsquoten. Sie haben dich angeschaut und guckten, ob du gesund warst, dann haben sie dich in einen Zug gesetzt und dich dahin geschickt, wo du hingehörtest. Zu der Zeit wurden Einwanderer mit offenen Armen empfangen, egal welcher Rasse, Hautfarbe oder was auch immer sie waren. Fünf Ärzte untersuchten mich, um sicher zu gehen, daß ich gesund war, und dann wurde ich in einen Zug nach Chicago gesetzt. Meine Schwester lebte in Amerika, und sie hatte mir die Fahrkarten gekauft und die Formalitäten erledigt. Als wir in Chicago ankamen, wartete sie draußen vor dem Bahnhof. Sie erkannte mich und nahm mich mit zu ihr nach Hause mit der Straßenbahn.

In jenen Jahren hatte meine Schwester ein Lebensmittelgeschäft im vorderen Teil und im hinteren Teil eine Wohnung. Sie hatte einen großen Ofen, der uns warm hielt. Wir heizten gewöhnlich mit Kohle und standen dann um den Ofen herum. Wir hatten keine Badewanne im Haus. Wir gingen in die Badehäuser. Wir hatten keine Toiletten in der Wohnung. Sie waren im Treppenhaus, und alle hatten einen Schlüssel für die Toilette. So war das Leben in jenen Tagen, 1914 und 1915. In jenen Tagen konntest du am Rand der Innenstadt einen großen Krug mit Bier für fünf Cent bekommen, und am Buffett konntest du soviel essen, wie du wolltest. So war das, damals!

Als ich bei meiner Schwester wohnte, verdiente ich mir öfters ein 5-Cent-Stück. Wir hatten Eimer aus Metall, in die mehr als fünfzehn Gläser Bier paßten. Wir gingen dann zur Brauerei und holten einen Eimer von diesem Bier, an heißen Tagen im Sommer. Die ganze Familie trank Bier, und das war unser Spaß. Wenn wir am Sonntag Zeit hatten, gingen wir in einen Park in der Nähe eines Sees. Meine Schwester nahm Sandwiches mit, und wir hatten eine gute Zeit.

Wir hatten in Chicago auch das jüdische Theater und die jüdische Zeitung. Wir mußten nicht so viel Englisch sprechen. Die meisten von uns sprachen Jiddisch zuhause, deshalb ist auch unser Akzent geblieben. Wir haben uns keine richtige amerikanische Aussprache angewöhnt.

Danach wurde ich zum Schneider ausgebildet. Ich hatte schon in Rußland mit der Lehre begonnen, als ich sechs Jahre alt war. In Amerika konnte ich die Sprache nicht, aber ich las die jüdischen Zeitungen und fand eine Anzeige, in der jemand gesucht wurde, der schneidern konnte. So ging ich sehr früh am Morgen, um sieben, zur Arbeit. Ich machte meine Arbeit, und um sieben Uhr am Abend sagte ich: „Ich gehe nach Hause." „Was ist los mir dir, einen halben Tag?" Von sieben bis sieben ist ein halber Tag! Da wollte ich dort nicht mehr arbeiten.

Zu der Zeit gab es keine Autos, sondern hauptsächlich Pferde und Wagen. Ich wollte lernen, auf eine Straßenbahn aufzuspringen und wieder runterzuspringen. Das war ein Trick, den alle Jugendlichen machten. Ich auch. Aber einmal hatte ich mich extra schick angezogen, um meine Schwester fünfzig Meilen weiter weg zu besuchen. Ich sprang von einer Straßenbahn runter, um eine andere zu nehmen, und sprang falsch. Ich sprang direkt in den Dreck. Ich war überall mit Dreck bedeckt, und als ich bei meiner Schwester ankam, wußte sie nicht, wer das war. Schließlich erkannte sie mich. Ich mußte mich von Kopf bis Fuß umziehen, weil alles beschmiert war.

Diese Art von mündlich erzählten Geschichten haben Vor- und Nachteile. Zu den Vorteilen gehört, daß sie einfach sind und es dem Erzähler leicht machen, sie vorzutragen. Es gibt aber auch Nachteile: Die Geschichte ist beinahe ohne Unterbrechung als Bericht erzählt und enthält wenig oder gar keinen Dialog oder inneren Monolog. Außerdem ist sie in keiner Weise in Form gebracht und wird daher auf die Dauer anstrengend, ja sogar langweilig. Um das Interesse des Lesers wach zu halten, brauchen Geschichten Abwechslung und Unterhaltung. Für den Erzähler fällt außerdem negativ in die Waagschale, daß er um die Suche nach seiner eigenen Wahrheit gebracht wird, weil der Prozeß des Überdenkens und Überarbeitens nicht stattfindet. Geschichten, die Beziehungen enthalten, schreien geradezu nach Überarbeitung, wobei Gefühle, Dialoge und innere Monologe eingebracht werden sollten.

Aitken, Conrad: *Die Nacht vor der Prohibition und andere Erzählungen,* Ullstein, Berlin, 1989

Augustinus, Aurelius: *Bekenntnisse . Gedanken und Erfahrungen eines großen Gottsuchers,* Scherz, München, 1987

Bierce, Ambrose: *Werkausgabe,* 4 Bde., Band 4: *Lügengeschichten und fantastische Fabeln,* Haffmanns, Zürich, 1987

Campbell, Josef: *Die Masken Gottes,* 4 Bde., Sphinx, Basel, 1991–1992

Campbell, Josef: *Der Heros in tausend Gestalten,* Suhrkamp, Frankfurt, 1978

Dillard, Annie: *Am Rand der Neuen Welt,* Klett-Cotta, Stuttgart, 1995

Doctorow, E.L.: *Weltausstellung,* Rowohlt TB, Reinbek, 1995

Dostojewski, Fjodor M.: *Schuld und Sühne,* Winkler, München, 1990

Hemingway, Ernest: *Die Stories,* Rowohlt Sonderausgabe, Reinbek, o.J.

Ibsen, Henrik: *Dramen,* Winkler, München, 1995 (2. Aufl.)

O'Connor, Flannery in: *New American Short Stories,* Engl./Dt. (dtv zweisprachig), Deutscher Taschenbuch Verlag, München, 1990

Orwell, George: *Meistererzählungen,* Diogenes, Zürich, 1991

Rico, Gabriele L.: *Garantiert schreiben lernen. Sprachliche Kreativität methodisch entwickeln,* Rowohlt, Reinbek, 1984

Stanislawski, Konstatin: *Die Arbeit des Schauspielers an sich selbst im schöpferischen Prozeß des Erlebens / Die Arbeit des Schauspielers an sich selbst im schöpferischen Prozeß des Verkörperns,* 2 Bde., Henschel, Berlin, 1993

Wiesel, Elie: *Die Nacht zu begraben,* Ullstein TB, Berlin, 1987

Wilde, Oscar: „Bekenntnisse" in *Sämtliche Werke in zehn Bänden,* Insel TB, Frankfurt, 1982